Schriftenreihe

Studien zum Sozialrecht

Band 2

ISSN 1614-6700

Verlag Dr. Kovač

Britta Könemann

Der verfassungsunmittelbare Anspruch auf das Existenzminimum

Zum Einfluss von Menschenwürde und Sozialstaatsprinzip auf die Sozialhilfe

Verlag Dr. Kovač

Hamburg
2005

VERLAG DR. KOVAČ

Leverkusenstr. 13 · 22761 Hamburg · Tel. 040 - 39 88 80-0 · Fax 040 - 39 88 80-55

E-Mail info@verlagdrkovac.de · Internet www.verlagdrkovac.de

Bibliografische Information Der Deutschen Bibliothek
Die Deutsche Bibliothek verzeichnet diese Publikation
in der Deutschen Nationalbibliographie;
detaillierte bibliografische Daten sind im Internet
über http://dnb.ddb.de abrufbar.

ISSN 1614-6700
ISBN 3-8300-2047-3

Zugl.: Dissertation, Humboldt-Universität Berlin, 2005

© VERLAG DR. KOVAČ in Hamburg 2005

Printed in Germany
Alle Rechte vorbehalten. Nachdruck, fotomechanische Wiedergabe, Aufnahme in Online-Dienste
und Internet sowie Vervielfältigung auf Datenträgern wie CD-ROM etc. nur nach schriftlicher
Zustimmung des Verlages.

Gedruckt auf holz-, chlor- und säurefreiem Papier Munken Book. Munken Book ist
alterungsbeständig und erfüllt die Normen für Archivbeständigkeit ANSI 3948 und ISO 9706.

**Meinen Eltern
Jutta und Gerhard Schuppe
in liebevoller Erinnerung**

Vorwort

Die vorliegende Arbeit wurde im Wintersemester 2004/2005 von der Juristischen Fakultät der Humboldt-Universität zu Berlin als Dissertation angenommen. Für die Publikation wurde sie zum Teil überarbeitet.

Mein Dank gilt zuallererst Herrn Prof. Dr. Neumann, der diese Dissertation in der entscheidenden Phase betreut und mir wertvolle Anregungen gegeben hat. Bei Herrn Prof. Dr. Schlink bedanke ich mich für die Übernahme und rasche Erstellung des Zweitgutachtens. Mein Dank gilt auch Herrn Prof. Dr. Seewald von der Universität Passau, der mir zu Beginn der Arbeit zur Seite stand, und dem Freistaat Bayern für die Gewährung eines Promotionsstipendiums.

Schließlich bedanke ich mich bei meinen Schwiegereltern Helma und Werner Könemann für die Unterstützung bei der Betreuung von Emma und Eleni, diesen beiden wiederum für das Erdulden meiner zeitweiligen (körperlichen und geistigen) Abwesenheit und meinem Mann Dr. Ragnar Könemann für seine ständige Gesprächsbereitschaft und Ermutigung.

Berlin, im Juni 2005

Britta Könemann

Inhaltsverzeichnis

Vorwort 7

Abkürzungsverzeichnis 13

Einleitung 17

Teil 1: Der verfassungsunmittelbare Anspruch auf das Existenzminimum 20

  A. Art 1 Abs. 1 GG 20

    I. Inhalt 20

      1. Begriffsbestimmung durch Literatur und Rechtsprechung 20

        a) Negativdefinition und Konsensmethode 21

        b) Werttheorie 23

        c) Leistungstheorie 25

      2. Vorkonstitutionelles Verständnis 29

        a) Antike Philosophie 30

        b) Theologie 31

        c) Renaissance und Aufklärung 31

        d) Marxismus 34

        e) Arbeiterbewegung 35

        f) Bedeutung für den Würdebegriff des Grundgesetzes 36

      3. Auslegung des Verfassungsbegriffs „Menschenwürde" 36

        a) Historische Auslegung 36

          aa) Frühere juristische Verwendungen des Menschenwürdebegriffs ... 36

          bb) Materialien zum Grundgesetz 39

        b) Grammatikalische und teleologische Auslegung 45

        c) Systematische Auslegung 45

          aa) Das Menschenbild der Verfassung 46

          bb) Art. 74 Abs. 1 Nr. 7 GG 46

          cc) Der Menschenwürdegehalt der Grundrechte 47

      4. Leistungspflicht 49

    II. Leistungsrecht 51

      1. Grundrechtsqualität 51

        a) Herrschende Meinung: Grundrecht 51

        b) Gegenansicht: Würde als Prinzip 52

c) Rechtsprechung ... 58
2. Schutzanspruch ... 59
   a) Ursprüngliche Bedeutung des Schutzanspruchs ... 59
   b) Sozialstaatliche Interpretation ... 62
      aa) Rechtsprechung ... 62
         aaa) BVerwGE 1, 159 ... 62
         bbb) BVerwGE 23, 347; 27, 360 ... 66
         ccc) BVerfGE 33, 303 ... 67
         ddd) BVerfGE 40, 121 ... 68
         eee) BVerwGE 52, 339 ... 69
      bb) Die Diskussion im Schrifttum ... 70
         aaa) Argumente für Leistungsrechte ... 71
         bbb) Argumente gegen Leistungsrechte ... 73
            α) Entstehungsgeschichte ... 73
            β) Verwässerung des Freiheitsbegriffs ... 73
            γ) Primär-Verpflichtung des Einzelnen ... 74
            δ) Finanzierbarkeit ... 74
            ε) Konkretisierungserfordernis ... 75
            ζ) Erosion der Bindungsklausel des Art. 1 Abs. 3 GG ... 76
         ccc) Lösung der Literatur ... 76
      cc) Existenzminimum als Ausnahmerecht ... 81
         aaa) Entstehungsgeschichte ... 81
         bbb) Verwässerung des Freiheitsbegriffs ... 82
         ccc) Primär-Verpflichtung des Einzelnen ... 82
         ddd) Erosion der Bindungsklausel des Art. 1 III GG ... 83
         eee) Finanzierbarkeit ... 83
  III. Ergebnis ... 90
B. Das Sozialstaatsprinzip ... 91
  I. Inhalt ... 92
   1. Entstehungsgeschichte ... 93
   2. Grammatikalische Auslegung ... 95
   3. Entwicklung in der BRD ... 95
   4. Faktische Gleichheit ... 96
      a) Ziel: Abbau tatsächlicher Ungleichheiten ... 96

b) Umfang der Förderung 98
c) Kein soziales Rückschrittsverbot 101
II. Anspruch 102
1. Grundsatz: kein Anspruch 102
2. ALEXYs Ansatz über Art. 3 Abs. 1 GG 103
3. Die Lösung über Art. 20 Abs. 1 i.V.m. Art. 1 Abs. 1 GG 105
   a) Menschenwürde als Begründung subjektiver Rechte 106
   b) Subjektives Recht trotz Unbestimmtheit 107
C. Ergebnis 108

Teil 2: Konkretisierung durch Gesetzgeber und Rechtsprechung 109

A. Die Regelung im Sozialgesetzbuch 109
   I. § 1 Satz 1 SGB XII und § 9 SGB I 109
   II. Die Entwicklung der Rechtsprechung 114
      1. Bundesverfassungsgericht 114
      2. Verwaltungsgerichtsbarkeit 116
         a) Menschenwürdebegriff des Bundesverwaltungsgericht 117
         b) Menschenwürde mehr als das physiologisch Notwendige 118
         c) Relatives Existenzminimum 119
            aa) Ursprünglich: „herrschende Lebensgewohnheiten" 119
            bb) BVerwGE vom 22.5.1975 und vom 3.11.1988: Enges Verständnis 120
            cc) OVG Lüneburg vom 12.7.1989: „soziale Adäquanz" 124
            dd) BVerwGE vom 14.3.1991: „Diskriminierung" 125
            ee) Hess. VGH vom 9.9.1992: Neue Interpretation von § 9 SGB I ... 129
            ff) BVerwGE vom 21. 1.1993 und andere: „soziale Ausgrenzung" ... 132
      3. Ergebnis 135
B. Die Regelsätze 137
   I. Die Bedarfsberechnung 137
      1. Warenkorbmodell 137
      2. Statistikmodell 138
      3. Deckelung von 1993 bis 2004 139
      4. Die Regelsatzbemessung ab dem 1. Januar 2005 140
   II. Überprüfung des neuen Bedarfsbemessungssystems 143
      1. Gerichtlicher Prüfungsmaßstab 143
      2. Referenzgruppe 145

a) Zirkelschluss 145
b) Untere Lohngruppen 146
    aa) Teilhabeniveau 146
    bb) Menschenwürdeniveau 147
    cc) konkrete Datenauswahl 152
3. Bedarfsermittlung 153
    a) Datengrundlage 154
    b) Bedarfseinschätzung 154
        aa) Begründung des Verordnungsgebers 154
        bb) Zweck: Schaffung eines Niedriglohnsektors 157
    c) Fortschreibung 161
4. Festsetzung der Regelsätze für sonstige Haushaltsangehörige 164
5. Pauschalierung von einmaligen Leistungen 164
    a) Inhalt und Ziel der Pauschalierungsregelung 164
    b) Pauschalierung und Bedarfsdeckungsprinzip 166
    c) konkrete Bedarfsermittlung 171
6. Lohnabstandsgebot 174
7. Ergebnis 175
III. Rechtsschutzmöglichkeiten 175
IV. Exkurs: Regelsätze nach dem SGB II 181

Zusammenfassung der Ergebnisse 183
Literaturverzeichnis 189

Abkürzungsverzeichnis

a. A.	anderer Ansicht
Abs.	Absatz
AöR	Archiv des öffentlichen Rechts
ArbuR	Arbeit und Recht (Zeitschrift)
Art.	Artikel
AS Rh-Pf	Amtliche Sammlung von Entscheidungen des Oberverwaltungsgerichts Rheinland-Pfalz Koblenz
Aufl.	Auflage
BAG	Bundesarbeitsgericht
BayVBl.	Bayerische Verwaltungsblätter (Zeitschrift)
Bd.	Band
Bearb.	Bearbeiter
Begr.	Begründer
BSG	Bundessozialgericht
BSGE	Entscheidungen des Bundessozialgerichts
BSHG	Bundessozialhilfegesetz
BR-Dr.	Bundesrats- Drucksache
BT-Dr.	Bundestags- Drucksache
BVerfG	Bundesverfassungsgericht
BVerfGE	Entscheidungen des Bundesverfassungsgerichts

BVerwG	Bundesverwaltungsgericht
BVerwGE	Entscheidungen des Bundesverwaltungsgerichts
Diss.	Dissertation
DJT	Deutscher Juristentag
DÖV	Die öffentliche Verwaltung (Zeitschrift)
DStZ/A	Deutsche Steuer-Zeitung, Ausgabe A (Zeitschrift)
dt.	Deutsch
DVBl.	Deutsches Verwaltungsblatt (Zeitschrift)
ebd.	Ebenda
Erg.-Lfg.	Ergänzungs-Lieferung
EuGRZ	Europäische Grundrechte-Zeitschrift
f., ff.	Folgende
FEVS	Fürsorgerechtliche Entscheidungen der Verwaltungs- und Sozialgerichte (Entscheidungssammlung)
Fin. Arch. N. F.	Finanzarchiv Neue Folge (Zeitschrift)
Fn.	Fußnote
FR	Finanz-Rundschau (Zeitschrift)
GG	Grundgesetz
Hrsg.	Herausgeber
i.V.m.	in Verbindung mit
info also	Informationen zum Arbeitslosenrecht und Sozialhilferecht

JöR N. F.	Jahrbuch des öffentlichen Rechts. Neue Folge
Jura	Juristische Ausbildung (Zeitschrift)
JuS	Juristische Schulung (Zeitschrift)
JZ	Juristenzeitung (Zeitschrift)
KritV	Kritische Vierteljahresschrift für Gesetzgebung und Rechtswissenschaft
lat.	Lateinisch
m.w.N.	mit weiteren Nachweisen
NDV	Nachrichtendienst des Deutschen Vereins für öffentliche und private Fürsorge (Zeitschrift)
NJW	Neue Juristische Wochenschrift (Zeitschrift)
NVwZ	Neue Zeitschrift für Verwaltungsrecht
NWVBL	Nordrhein-Westfälische Verwaltungsblätter
NZA	Neue Zeitschrift für Arbeitsrecht (Zeitschrift)
RdA	Recht der Arbeit (Zeitschrift)
RGBl.	Reichsgesetzblatt
Rz.	Randziffer
S.	Seite
s. o.	siehe oben
SF	Sozialer Fortschritt (Zeitschrift)
SGB	Sozialgesetzbuch
SGB I	Sozialgesetzbuch - Allgemeiner Teil

SGB XII	Sozialgesetzbuch Zwölftes Buch
StGB	Strafgesetzbuch
u. a.	und andere
v.	Vom
VerwArch	Verwaltungsarchiv (Zeitschrift)
VerwRspr	Verwaltungsrechtsprechung in Deutschland (Entscheidungssammlung)
vgl.	vergleiche
VSSR	Vierteljahresschrift für Sozialrecht
VVDStRL	Veröffentlichungen der Vereinigung der Deutschen Staatsrechtslehrer
VwGO	Verwaltungsgerichtsordnung
z. B.	zum Beispiel
ZfF	Zeitschrift für das Fürsorgewesen
ZfS	Zentralblatt für Sozialversicherung, Sozialhilfe und Versorgung
ZfSH/SGB	Zeitschrift für Sozialhilfe und Sozialgesetzbuch (früher: ZfSH)
ZRP	Zeitschrift für Rechtspolitik

Einleitung

Ralf ROTHKEGEL, Richter am Bundesverwaltungsgericht, stellte jüngst fest: „Die Frage nach dem verfassungsrechtlichen Mindeststandard der Sozialhilfe zu beantworten gleicht dem Versuch einer Quadratur des Kreises. Es gehört zu den schwierigsten Problemen des Verfassungsrechts, zu beschreiben, was unter Menschenwürde und ihrem Schutz durch Art. 1 GG zu verstehen ist."[1] Die vorliegende Arbeit stellt sich dieser Aufgabe, um zu erhellen, inwieweit die – jüngst in Neuregelungen des SGB II[2], SGB XII[3] und der hierzu erlassenen Regelsatzverordnung[4] reformierten – einfachgesetzlichen Standards zur Existenzsicherung in Deutschland den grundgesetzlichen Anforderungen genügen und ob die Verfassung den Bedürftigen möglicherweise einen Anspruch auf höhere Leistungen vermittelt.

Die Regelsätze haben weitreichende Folgen für die Gesamtheit der Lebensbedingungen in der Bundesrepublik. Rund 4,5 Millionen Bedürftige[5] werden künftig ihren Lebensunterhalt mit den Regelsätzen der Sozialhilfe und dem betragsmäßig identischen Arbeitslosengeld II bestreiten müssen, hinzu kommen die Angehörigen der Empfänger von Arbeitslosengeld II, die das hieran angelehnte Sozialgeld empfangen, sowie die Bezieher der 2003 eingeführte Grundsicherung im Alter und bei Erwerbsminderung[6]. Daneben werden die Regelsätze der Sozi-

---

[1] ROTHKEGEL, ZfSH/SGB 2003, 643, 646.

[2] Viertes Gesetz für moderne Dienstleistungen am Arbeitsmarkt vom 24. Dezember 2003, BGBl. I S. 2954.

[3] Gesetz zur Einordnung des Sozialhilferechts in das Sozialgesetzbuch vom 27. Dezember 2003, BGBl. I S. 3022.

[4] Verordnung zur Durchführung des § 28 des Zwölften Buches Sozialgesetzbuch (Regelsatzverordnung – RSV) vom 3. Juni 2004, BGBl. I S. 1067.

[5] Allein 2,81 Millionen Menschen = 3,4 % der Bevölkerung haben im Jahr 2003 nach Angaben des STATISTISCHEN BUNDESAMTES (http://www.destatis.de/presse/deutsch/pm2004/p3280081.htm) Hilfe zum Lebensunterhalt bezogen. Künftig wird der erwerbsfähige Anteil dieser Bedürftigen zwar aus der Sozialhilfe herausfallen, aber zusammen mit einem Großteil der 1,7 Millionen Langzeitarbeitslosen, die bisher Arbeitslosengeld bezogen haben (Quelle: STATISTISCHES BUNDESAMT unter http://www.destatis.de/indicators/d/arb110ad.htm; Stand: Oktober 2004), auf das Arbeitslosengeld II angewiesen sein.

[6] Das sind allein rund 100.000 Empfänger über 65 Jahren nebst zahlenmäßig nicht erfasster Jüngerer (Quelle: STATISTISCHES BUNDESAMT unter http://www.destatis.de/presse/deutsch/pm2004/p3280081.htm).

alhilfe vom Gesetzgeber zur Festsetzung des Grundfreibetrags im Einkommen- und Lohnsteuerrecht sowie für Unterhaltsrecht und Pfändungsfreigrenzen herangezogen. Auch die deutsche Lohn- und Gehaltsstruktur wird von der Höhe der Sozialhilfe beeinflusst.

Aufgabe der Sozialhilfe ist es gemäß. § 1 SGB XII[7], den Leistungsberechtigen die Führung eines Lebens zu ermöglichen, das der Würde des Menschen entspricht. Laut § 9 SGB I soll sie dem Bedürftigen zudem die Teilnahme am Leben in der Gemeinschaft eröffnen. Nach überwiegender Ansicht[8] folgt hieraus, dass die Sozialhilfe das sogenannte „sozio-kulturelle" oder auch „relative" Existenzminimum gewährleisten muss. Unter Deckung seines tatsächlichen Bedarfs soll der Sozialhilfebeziehende laut Rechtsprechung[9] in der Umgebung von Nichthilfempfängern ähnlich wie diese leben können.

Mit der Höhe der Regelsätze der vergangenen Jahre, vor allem aber auch nach dem ab dem 1. Januar 2005 geltenden Modell sehen Wissenschaftler, Wohlfahrts- und Betroffenenverbände dieses Ziel gefährdet[10]. Die Regelsätze blieben hinter den steigenden Kosten für die Existenzsicherung zurück. Sie könnten nicht das geforderte Existenzminimum abdecken und die Betroffenen vor Armut schützen. Erstmals würden die Regelsätze sogar unter das Niveau früherer Jahre gedrückt. Für die Zukunft sei keine Verbesserung der Verhältnisse zu erwarten; die jetzigen Reformen würden verdeutlichen, dass dem Gesetz- und Verordnungsgeber angesichts leerer öffentlicher Kassen wenig an der Bedarfsdeckung der Bedürftigen gelegen sei. Zudem würde sich die Funktion der Grundsicherung für Erwerbsfähige nach dem neuen SGB II, weniger als Absicherung denn als negativer Anreiz zur Arbeit zu dienen, unmittelbar auf die Sozialhilfe auswirken. Diese soll zwar allein eine soziale Sicherung bewirken. Als Bezugsgröße der SGB II- Grundsicherung seien die Regelsätze aber nicht isoliert von wirtschafts- und beschäftigungspolitischen Erwägungen festgesetzt worden.

---

[7] Gesetz zur Einordnung des Sozialhilferechts in das Sozialgesetzbuch vom 27. Dezember 2003, BGBl. I S. 3022.

[8] BIRK, in: ARMBORST/ BIRK/ BRÜHL, LPK-BSHG[6] [2003], § 1 Rz. 7; DAUBER, in: MERGLER/ ZINK (Begr.), BSHG[37] [2004], § 1 Rz. 20 a; SCHELLHORN/ SCHELLHORN, Bundessozialhilfegesetz[16] [2002], § 1 Rz. 15; SCHOCH, Sozialhilfe³ [2001], S. 29; **a. A.:** SPRANGER, Verwaltungsrundschau 1999, S. 242 ff.

[9] BVerwG v. 11.11.1970 – V C 32.70 – BVerwGE 36, 256, 258.

[10] Vgl. mit Belegen im Einzelnen unten Teil 2 B.

Wenn nun der Anspruch des Bedürftigen aus § 17 SGB XII[11] auf die Leistungen der Sozialhilfe also betragsmäßig immer weiter geschmälert wird, stellt sich die Frage nach den Grenzen der zulässigen Kürzungen. Wenn das Existenzminimum nur einfachgesetzlich garantiert ist, steht es zur Disposition der politischen Mehrheit im Parlament. Etwas anderes würde gelten, wenn das Recht auf die Gewährung des Existenzminimums verfassungsrechtlich abgesichert wäre. Das SGB XII konkretisiert den verfassungsrechtlichen Menschenwürdesatz (Art. 1 Abs. 1 GG) und das Sozialstaatsprinzip (Art. 20 Abs. 1 GG). Hieran anknüpfend ist ein erheblicher Teil der Literatur der Ansicht, dass sich aus diesen beiden Verfassungsnormen[12] zugleich ein grundgesetzlicher Anspruch auf das soziokulturelle Existenzminimum ergibt[13]. Die zentrale Frage für die Bedürftigen ist also, ob sie unter Berufung auf das Grundgesetz einen über den Regelsatz hinausgehenden Betrag einklagen können.

Der Anspruch aus Art. 1 GG in Verbindung mit dem Sozialstaatsprinzip aus Art. 20 GG wird regelmäßig ohne größere Erläuterungen in den Raum gestellt. Es bedarf aber einer Auseinandersetzung mit den Fragen, ob Verfassungsnormen – zumal diese beiden – tatsächlich einen konkreten Anspruch geben können und welche Funktion bei welchem Inhalt die jeweiligen Artikel in diesem Normenkomplex haben, was Gegenstand des ersten Teils dieser Arbeit sein wird. Der zweite Teil beschäftigt sich zunächst mit der Konkretisierung der verfassungsrechtlichen Vorgaben durch Gesetzgeber und Rechtsprechung. Abschließend erfolgt eine Darstellung und Prüfung der neuen Regelsatzverordnung, so dass im Ergebnis die Frage nach der Verfassungsmäßigkeit der Sozialhilfe und einem höheren Anspruch aus dem Grundgesetz beantwortet werden kann.

---

[11] Früher: § 4 BSHG.

[12] Zum Teil werden die Art. 2 Abs. 2 Satz 1, 3 Abs. 1 und 28 Abs. 1 GG in die Normenkette mit aufgenommen, vgl. BIRK, in: ARMBORST/ BIRK/ BRÜHL, LPK-BSHG[6] [2003], § 1 Rz. 6; HORRER, Asylbewerberleistungsgesetz [2001], S. 147 f.; ROTHKEGEL, Strukturprinzipien [2000], S. 109.

[13] HERDEGEN, in: MAUNZ/DÜRIG/HERZOG (Hrsg.), Grundgesetz[43] [2004], Art. 1 Abs. 1 Rz. 74 und 114; JARASS, in: JARASS/ PIEROTH, Grundgesetz[7] [2004], Art. 20 Rz. 113; NEUMANN, NVwZ 1995, S. 426, 429 f.; SCHOCH, Sozialhilfe[3] [2001], S. 29; SCHULTE/ TRENK-HINTERBERGER, Sozialhilfe[2] [1986], S. 148; STOLLEIS; NDV 1981, 99, 101; WIEGAND, DVBl. 1974, 657, 659; a. A.: SPRANGER, Verwaltungsrundschau 1999, S. 242 ff.;FICHTNER, in: FICHTNER (Hrsg.), Bundessozialhilfegesetz[2] [2003], § 1 Rz. 12; WERTENBRUCH, in: MAYER (Hrsg.), KÜCHENHOFF-Festgabe [1967], S. 343, 356.

Teil 1: Der verfassungsunmittelbare Anspruch auf das Existenzminimum

Um den Anspruch aus Art. 1 GG in Verbindung mit dem Sozialstaatsprinzip begründen und bestimmen zu können, muss man sich mit Inhalt und Wirkung seiner Elemente sowie der Möglichkeit ihrer Verbindung zu einem einheitlichen Anspruch auseinandersetzen.

A. Art 1 Abs. 1 GG

Zunächst sind Inhalt und Rechtsnatur der Menschenwürdenorm, die zumeist als Kern des Anspruchs auf das Existenzminimum angesehen wird[14], zu untersuchen.

I. Inhalt

1. Begriffsbestimmung durch Literatur und Rechtsprechung

Die inhaltliche Bestimmung der Menschenwürde ist schwierig und umstritten. DREIER[15] spricht von Problemen bei Verständnis, Auslegung und Konkretisierung, die über den „Normalfall" der Interpretation unbestimmter, offener Normen des Verfassungsrechts hinausgehen. ENDERS[16] attestiert dem juristischen Stand in diesem Fall gar schlichtweg Ratlosigkeit. Während manche sich um eine Begriffsbestimmung bemühen[17] und andere bedauernd zu der Einsicht gelangen, es gäbe keine „handliche" Definition[18], wird von dritter Seite verlangt, es bei der weitgehenden inhaltlichen Unbestimmtheit des Begriffs zu belassen[19]. Die einzelnen Ansätze sollen im Folgenden genauer dargestellt werden.

---

[14] So die überwiegende Rechtsprechung, vgl. hierzu unten Teil 2 A. II. 2. Aus der Literatur vgl. z. B. ROTHKEGEL, ZFSH/SGB 2003, S. 643, 647; SCHOCH, Sozialhilfe³ [2001], S. 29; SCHWABE, Probleme der Grundrechtsdogmatik [1977], S. 265.

[15] DREIER, in: DREIER (Hrsg.), Grundgesetz I² [2004], Art. 1 I Rz. 1.

[16] ENDERS, Die Menschenwürde in der Verfassungsordnung [1997], S. 6.

[17] Vgl. hierzu unten Teil 1 A. I. 1. b) - d).

[18] HÄBERLE, in: ISENSEE/ KIRCHHOF (Hrsg.), Handbuch Staatsrecht I [1987], § 20 Rz. 46.

[19] STARCK, in: v. MANGOLDT/ KLEIN/ STARCK (Hrsg.), Grundgesetz I⁴ [1999], Art. 1 Abs. 1 Rz. 13 ff.

a) Negativdefinition und Konsensmethode

Ein Grund dafür, auf eine positive Definition zu verzichten, liegt in der ansonsten gegebenen Gefahr, die Würde des Einzelnen gegen diesen selbst zu instrumentalisieren. Aufsehen erregt hat die „Peepshow-Entscheidung" des Bundesverwaltungsgerichts[20], nach der eine solche Veranstaltung die Menschenwürde der freiwillig auftretenden Darstellerinnen verletzt. Eine solche Entscheidung wäre nicht möglich, wenn jeder die Menschenwürde für sich selbst bestimmen könnte[21].

Bei einer positiven Definition bestehe, so die Kritik, außerdem die Gefahr von Subjektivismen oder ungewollten Verkürzungen[22]. Zudem sei zu berücksichtigen, dass die Menschenwürdenorm vom Verfassungsgeber als Generalklausel, die sich durch eine besondere normative Offenheit auszeichne, gedacht sei[23]. Daher verbiete Art. 1 Abs. 1 GG die Definition der „Würdigkeit" des Menschen. Einer positiven Begriffsbestimmung sei eine negative Interpretationsmethode vorzuziehen, die beim Verletzungsvorgang ansetze[24]. Diese habe gegenüber einer „versteinerten" Definition den Vorteil, auch neue Bedrohungen erfassen und die Verfassungsinterpretation flexibel erhalten zu können[25].

Auch das Bundesverfassungsgericht wendet diese Methode an, die statt einer allgemeinen Definition auf punktuelle Entscheidungen im Einzelfall setzt. Was den Grundsatz der Unantastbarkeit der Menschenwürde angehe, so hänge alles von der Festlegung ab, unter welchen Umständen sie verletzt sein kann. Dies

---

[20] BVerwG v. 15.12.1981 – 1 C 232.79 – BVerwGE 64, 274, 278 f.; Kritik hierzu bei DREIER, in: DREIER (Hrsg.), Grundgesetz I² [2004], Art. 1 I Rz. 152 m.w.N.

[21] Ein Nachweis der zahlreichen Reaktionen auf dieses Urteil findet sich bei STERN, Staatsrecht III/1 [1988], S. 31.

[22] GRAF VITZTHUM, ZRP 1987, S. 33, 34.

[23] HÖFLING, in: SACHS (Hrsg.), Grundgesetz³ [2003], Art. 1 Rz. 6.

[24] DÜRIG, in: MAUNZ/ DÜRIG/ HERZOG (Hrsg.), Grundgesetz⁴¹ [2002], Art. 1 Abs. I Rz. 28 ff.; HÖFLING, in: SACHS (Hrsg.), Grundgesetz³ [2003], Art. 1 Rz. 12; GRAF VITZTHUM, ZRP 1987, S. 33, 34.

[25] DREIER, in: DREIER (Hrsg.), Grundgesetz I² [2004], Art. 1 I Rz. 51.

lasse sich nicht generell sagen, sondern immer nur in Ansehung des konkreten Falles[26].

Der Nachteil von Nicht- bzw. Negativdefinition wird darin gesehen, dass sie im konkreten Fall auf Evidenz und Konsens angewiesen sind. Für den zentralen Bereich einschlägiger Fälle reiche dies aber aus[27]. Neben den klassischen Konstellationen wie Erniedrigung, Verfolgung, Ächtung[28] würde demnach auch in anderen Fällen gesellschaftlicher Übereinstimmung, wie sie beispielsweise auch für die Zugehörigkeit des Existenzminimums zur Menschenwürde besteht[29], ein Verweis auf den allgemeinen Konsens genügen.

Für diese einfache Methode spricht, dass in der Tat das Verfassungsverständnis der Gesellschaft ein wichtiger Maßstab ist. Schließlich liegt die Legitimationsgrundlage des heute anzuwendenden Rechts in der Gegenwart, so dass die heute mehrheitlich konsensfähigen Gerechtigkeitsvorstellungen bei der Verfassungsauslegung eine bedeutende Rolle spielen[30]. Nach Ansicht des Bundesverfassungsgerichts sind stets die aktuellen Anschauungen maßgeblich:

> „Das Urteil darüber, was der Würde des Menschen entspricht, kann [...] nur auf dem jetzigen Stand der Erkenntnis beruhen und keinen Anspruch auf zeitlose Gültigkeit erheben"[31].

Gleichwohl darf nicht übersehen werden, dass auch ein offener Verfassungsbegriff wie die Menschenwürde nicht beliebig mit Inhalten aufgefüllt werden kann. Vielmehr kann und muss nach den Regeln der juristischen Auslegung ermittelt werden, wo das Grundgesetz der Menschenwürde einen gewissen Inhalt gege-

---

[26] BVerfG v. 15.12.1970 – 2 BvF 1/69 u. a. – BVerfGE 30, 1, 25; vgl. auch aus jüngerer Zeit BVerfG, Beschluss vom 21.4.1993 – 2 BvR 930/92, NJW 1993, 3315.

[27] DREIER, in: DREIER (Hrsg.), Grundgesetz I² [2004], Art. 1 I Rz. 52.

[28] Vgl. die beispielhafte Aufzählung in BVerfGE 1, 97, 104.

[29] So DREIER, in: DREIER (Hrsg.), Grundgesetz I² [2004], Art. 1 I Rz. 61.

[30] BENDA, Gefährdungen der Menschenwürde [1975], S. 15; ZIPPELIUS, in: DOLZER/ VOGEL/ GRAßHOF (Hrsg.), BK-GG [2004], Art. 1 Abs. 1 u. 2 Rz. 12; BVerfG v. 14.2.1973 – 1 BvR 112/65 – BVerfGE 34, 269, 288 f., BVerfG v. 21.6.1977 – 1 BvL 14/76 – BVerfGE 45, 187, 229.

[31] BVerfG v. 21.6.1977 – 1 BvL 14/76 – BVerfGE 45, 187, 229.

ben hat³². Ein Verstoß gegen jene von der Verfassung vorgegebenen „Eckwerte" der Menschenwürde würde schließlich auch dem von einer noch so großen Mehrheit getragenen Konsens die Berechtigung nehmen.

Darüber hinaus gerät der Verweis auf eine allgemeine Anschauung schnell ins Wanken, sobald konkretere Fragen aufgeworfen werden. Das Existenzminimum ist hierfür ein Paradebeispiel: wenn auch ein weitgehender Konsens darüber besteht, dass dieses vom Staat zu gewähren ist, so gehen die Meinungen bei der genauen Bestimmung der Unterstützung umso mehr auseinander. Während teilweise das gesamte soziokulturelle Existenzminimum, das ein mit den allgemeinen Lebensbedingungen vergleichbares Hilfeniveau gewährleisten soll, aus der Menschenwürde entspringen soll,³³ wird andererseits argumentiert, dass die von der heutigen Sozialhilfe abgedeckten Luxusgüter wie beispielsweise Fernseher nichts mehr mit der Menschenwürde zu tun haben können³⁴. Nicht nur bei den neueren, strittigen Problemfeldern wie Datenschutz, Atomenergie oder Gentechnik³⁵ ist demnach eine stärkere Auseinandersetzung mit dem Inhalt der Menschenwürde nötig.

b) Werttheorie

Vor dem Hintergrund dieser Notwendigkeit wurden in der Wissenschaft verschiedene Konzepte entwickelt, die den Umgang mit Art. 1 Abs. 1 GG ermöglichen sollen. Weit verbreitet ist der auf der europäischen Kulturgeschichte beruhende Ansatz, der die Menschenwürde als Wert begreift³⁶. Ohne das Erfordernis von geistigen, moralischen oder sonstigen Bedingungen weist er jedem Menschen Würde allein kraft seines Personseins zu. Die Würde beruht hiernach auf der besonderen Qualität des menschlichen Individuums, die ihm von seinem Schöpfer oder der Natur mitgegeben ist, weshalb diese Richtung auch „Mitgift-

---

[32] ZIPPELIUS, in: DOLZER/ VOGEL/ GRAßHOF (Hrsg.), BK-GG [2004], Art. 1 Abs. 1 u. 2 Rz. 10.

[33] So die überwiegende Rechtsprechung, vgl. hierzu unten Teil 2 A II 2. und 3.

[34] NEUMANN, NVwZ 1995, S. 426, 429; SPRANGER, Verwaltungsrundschau 1999, S. 242, 245.

[35] Vgl. hierzu BENDA, in: BENDA/ MAIHOFER/ VOGEL (Hrsg.), Handbuch Verfassungsrecht I² [1995] S. 173 ff.; DREIER, in: DREIER (Hrsg.), Grundgesetz I² [2004], Art. 1 I Rz. 77 ff.; HERDEGEN, in: MAUNZ/DÜRIG/HERZOG (Hrsg.), Grundgesetz⁴³ [2004], Art. 1 Abs. 1 Rz. 93 ff.

[36] DÜRIG, AöR 81 (1956), S. 117, 125; DERS, in: MAUNZ/ DÜRIG/ HERZOG (Hrsg.), Grundgesetz⁴¹ [2002], Art. 1 Abs. I Rz. 17 f.; LÖW, DÖV 1958, S. 516, 519; NIPPERDEY, in: NEUMANN/ NIPPERDEY/ SCHEUNER (Hrsg.), Die Grundrechte II [1954], S. 1; WINTRICH, BayVerwBl. 1957, S. 137, 138.

theorie"³⁷ genannt wird. So hat NIPPERDEY in einer häufig zitierten Äußerung erläutert:

> "Der Begriff der Würde des Menschen bedarf keiner weiteren juristischen Definition. Es handelt sich um den Eigenwert und die Eigenständigkeit, die Wesenheit, die Natur des Menschen schlechthin (...)."³⁸

Auch DÜRIG, der von Anfang an in Bezug auf die Begriffsbestimmung der Menschenwürde „das Heft in der Hand"³⁹ hatte, interpretiert die Menschenwürde anhand der spezifischen Qualitäten des Menschen:

> „Jeder Mensch ist Mensch kraft seines Geistes, der ihn abhebt von der unpersönlichen Natur und ihn aus eigener Entscheidung dazu befähigt, seiner selbst bewusst zu werden, sich selbst zu bestimmen und sich und die Umwelt zu gestalten"⁴⁰.

Aus diesem „allgemein menschliche(n) Eigenwert der Würde"⁴¹ entwickelte er die sogenannte Objektformel, die besagt, dass

> „die Menschenwürde als solche (...) getroffen (ist), wenn der konkrete Mensch zum Objekt, zu einem bloßen Mittel, zur vertretbaren Größe herabgewürdigt wird"⁴².

Das Bundesverfassungsgericht stellte ebenfalls fest, dass mit der Menschenwürde der soziale Wert- und Achtungsanspruch gemeint sei, der dem Menschen we-

---

[37] HERDEGEN, in: MAUNZ/DÜRIG/HERZOG (Hrsg.), Grundgesetz⁴³ [2004], Art. 1 Abs. 1 Rz. 31; HOFMANN, AöR 118 (1993), S. 353, 357.

[38] NIPPERDEY, in: NEUMANN/ NIPPERDEY/ SCHEUNER (Hrsg.), Die Grundrechte II [1954], S. 1.

[39] ENDERS, Die Menschenwürde in der Verfassungsordnung [1997], S. 10.

[40] DÜRIG, AöR 81 (1956), S. 117, 125.

[41] DÜRIG, AöR 81 (1956), S. 117, 125.

[42] DÜRIG, AöR 81 (1956), S. 117, 127.

gen seines Menschseins zukomme[43]. Auch die Objektformel machte sich die Rechtsprechung schnell zu Eigen[44].

Der Nachtteil der Wertetheorie liegt in dem Umstand, der zugleich zu ihrer außerordentlichen Popularität beiträgt, nämlich ihrer inhaltlichen Weite. Solange das, was das spezifische Wesen des Menschen ausmacht, nicht näher definiert wird, besteht die Gefahr einer aus der jeweiligen persönlichen weltanschaulichen oder ideologischen Position entwickelten Inhaltsbestimmung der Menschenwürde[45]. Außerdem wird diesem Würdeverständnis vorgeworfen, bei den heutigen „Grenzphänomenen menschlicher Existenz", also etwa beim Umgang mit menschlichen Keimzellen, zu versagen[46]. Tatsächlich gerät die Argumentation mit dem Wert des Einzelnen, die als Ansatzpunkt nicht die Menschheit als solche, sondern das konkrete Wesen mit seinem Vernunftvermögen nennt[47], immer weiter in Bedrängnis, je mehr man sich von einem gezeugten und mehr oder weniger weit entwickelten individuellen Menschen weg zu bloßen Vorstufen menschlichen Seins bewegt[48].

c) Leistungstheorie

Daneben existiert seit einigen Jahren eine wissenschaftliche Strömung, die das herrschende Modell von der Würde als Wert ablehnt. Die Wertetheorie, die die menschliche Persönlichkeit als Substanz deute, verkenne den Stellenwert der sozialen Natur des Menschen, die doch tatsächlich seine Individualität erst for-

---

[43] BVerfG v. 15.12.1970 – 2 BvF 1/69 u. a. – BVerfGE 30, 1, 26.

[44] Vgl. BVerfG v. 8.1.1959 – 1 BvR 396/55 – BVerfGE 9, 89, 95; BVerfG v. 16.7.1969 – 1 BvL 19/63 – BVerfGE 27, 1, 6; BVerfG v. 9.6.1970 – 1 BvL 24/69 – BVerfGE 28, 386, 391; BVerfG v. 21.6.1977 – 1 BvL 14/76 – BVerfGE 45, 187, 228; BVerfG v. 17.1.1979 – 1 BvR 241/77 – BVerfGE 50, 166, 175; BVerfG v. 17.1.1979 – 2 BvL 12/77 – BVerfGE 50, 205, 215; BVerfG v. 26.5.1981 – 2 BvR 215/81 – BVerfGE 57, 250, 275; BVerfG v. 24.4.1986 – 2 BvR 1146/85 – BVerfGE 72, 105, 116; BVerfG v. 20.10.1992 – 1 BvR 698/89 – BVerfGE 87, 209, 228.

[45] BENDA, Gefährdungen der Menschenwürde [1975], S. 14; ZIPPELIUS, in: DOLZER/ VOGEL/ GRAßHOF (Hrsg.), BK-GG [2004], Art. 1 Abs. 1 u. 2 Rz.16.

[46] HOFMANN, AöR 118 (1993), S. 353, 361.

[47] Vgl. LÖW, DÖV 1958, S. 516, 619.

[48] Vgl. zur Problematik der Menschenwürde bei diesen neuen Sachverhalten HERDEGEN, in: MAUNZ/DÜRIG/HERZOG (Hrsg.), Grundgesetz[43] [2004], Art. 1 Abs. 1 Rz. 93 ff.

[49] LUHMANN, Grundrechte als Institution³ [1986], S. 58.

me⁴⁹. Daher wird von den Verfechtern des soziologischen Würdekonzepts, als dessen Begründer LUHMANN gilt, die Menschenwürde als Leistung, also als Prozess, begriffen. Auch hier ist zwar die Vernunftbegabung des Menschen Ausgangspunkt der Betrachtung. Aber erst ihre Umsetzung mache letztlich die Würde des Menschen aus. Sie bestehe in der durch die Vernunft eröffneten Auseinandersetzung mit dem, was möglich ist⁵⁰. Würde ist hiernach die sich durch sozialen Kontakt vollziehende Identitätsbildung, die in der gelungenen Selbstdarstellung in Erscheinung trete⁵¹. Würde komme demjenigen zu, dem es gelinge, sich in den vielfältigen gesellschaftlichen Situationen jeweils dem dortigen Rollenverhalten entsprechend darzustellen und gleichzeitig ein insgesamt stimmiges Gesamtverhalten an den Tag zu legen. Die so nach außen präsentierte Persönlichkeit werde durch die Reaktion der Umwelt zugleich zur tatsächlichen Identität und damit Würde des Menschen. Nachdem die Würde vom Verhalten des Einzelnen abhängen soll, kann der Staat bei diesem Konzept nicht in der Lage sein, Würde zu gewährleisten. Die Funktion der Grundrechte besteht hiernach daher darin, die Bedingungen der Würdeleistung zu erhalten, indem der Einzelne im Staat die Möglichkeit der Selbstdarstellung erhält⁵².

Dieser Würdebegriff ist verfassungsrechtlich sehr fragwürdig. Auf der einen Seite löst er die Würde von dem auf der europäischen Geistesgeschichte beruhenden Menschenbild ab, was in einem weltanschaulich neutralen Staat mit einer pluralistischen Gesellschaft begrüßenswert ist⁵³. Andererseits verkürzt er aber auch den Menschenwürdeschutz in einem empfindlichen Bereich, denn nach diesem Ansatz wären zur „Identitätsbildung" unfähigen Menschen, wie der nasciturus, leistungsunfähige Kinder oder Schwerstbehinderte, von der Menschenwürde ausgeschlossen⁵⁴. Gerade hier wird aber deutlich, dass die Würde nicht davon abhängen kann, dass eine Leistung erbracht wird⁵⁵. So stellte auch

---

⁵⁰ LUHMANN, Grundrechte als Institution³ [1986], S. 60.

⁵¹ GIESE, Das Würde-Konzept [1975], S. 63 ff.: LUHMANN, Grundrechte als Institution³ [1986], S. 60 ff.; modifizierend NEUMANN, KritV 1993, S. 276, 284 und 288.

⁵² LUHMANN, Grundrechte als Institution³ [1986], S. 72 ff.

⁵³ HOFMANN, AöR 118 (1993), S. 353, 361.

⁵⁴ NEUMANN, KritV 1993, S. 276, 284 kombiniert daher den Ansatz von LUHMANN mit dem normativen Achtungsanspruch KANTs, wonach um der Würde der Menschengattung willen auch die gefährdete oder misslingende Selbstdarstellung zu achten sei.

⁵⁵ So auch BADURA, JZ 1964, S. 337, 341; BENDA, Gefährdungen der Menschenwürde [1975], S. 15 f.; HÄBERLE, in: ISENSEE/ KIRCHHOF (Hrsg.), Handbuch Staatsrecht I [1987], § 0

das Bundesverfassungsgericht in seiner Entscheidung zum Schutz des ungeborenen Lebens fest:

„Wo menschliches Leben existiert, kommt ihm Menschenwürde zu; es ist nicht entscheiden, ob der Träger sich dieser Würde bewusst ist und sie selbst zu wahren weiß. Die von Anfang an im menschlichen Sein angelegten potentiellen Fähigkeiten genügen, um die Menschenwürde zu begründen"[56].

Dass die Würde allgemein als leistungsunabhängig angesehen wird, zeigt sich auch an Art. 1 der UNO-Deklaration der Menschenrechte von 1948, wonach allem Menschen gleich an Würde *geboren* sind.

Außerdem führt das Konzept, wonach erst durch die gesellschaftliche Spiegelung der eigenen Darstellung Würde hergestellt wird, ein Element der Fremdbestimmung in die Menschenwürde ein. Bezugspunkt der Menschenwürde ist aber gerade die Selbstbestimmungsmacht des Menschen[57].

Verdeutlicht wird die Problematik der fremdbestimmten Würde an einem ebenfalls als Leistungskonzept anzusehenden Ansatz, der sich in einer frühen Schrift zum Armenrecht aus dem Jahre 1898 findet. Nach damaligem Recht wurde den Bedürftigen allein ein reines physisches Existenzminimum gewährt, das lediglich vor dem „Umkommen im Elend"[58] schützen sollte. Es sollte lediglich das tatsächliche Verhungern und Erfrieren, aber keinesfalls schon auch die Erfahrung von Hunger und Not verhindert werden. CUNO sprach sich dafür aus, in bestimmten Fällen eine über dieses Minimum hinausgehende Unterstützung zu gewähren, wenn denn die erforderliche „soziale Würdigkeit"[59] des Hilfesuchenden vorläge. Dies bestimme sich nach seinem gesamten Kulturzustand und der gewohnten Lebensweise:

Rz. 44; STARCK, in: V. MANGOLDT/ KLEIN/ STARCK (Hrsg.), Grundgesetz I⁴ [1999], Art. 1 Abs. 1 Rz. 14, DERS., JZ 1981, S. 457, 463; GRAF VITZTHUM, JZ 1985, S. 201, 207.

[56] BVerfG v. 25.2.1975 – 1 BvF 1 u. a./74 – BVerfGE 39, 1, 41.

[57] Vgl. soeben Teil 1 A I 1 b) und unten Teil 1 A. I. 2. und 3.

[58] CUNO, Existenzminimum in der Armenpflege [1898], S. 110.

[59] CUNO, Existenzminimum in der Armenpflege [1898], S. 112.

„[...] bei einer in verkommenen Verhältnissen lebenden Familie, die auch ihre Kinder verwahrlosen lässt, wird das Existenzminimum geringer anzuschlagen sein, als in einer Familie, die sich bemüht, ihre Kinder zu ordentlichen Menschen zu erziehen"[60].

Nur im letzteren Fall sollte eine „menschenwürdige Existenz"[61] gewährt werden. „Würdigkeit", die der Würde gleichgesetzt wurde, kam also nur demjenigen zu, der ein „ordentliches" Leben führte – was zu bewerten in der Hand der Obrigkeit lag. Hauptkriterium bei der Bestimmung der Würdigkeit sollte das soziale Milieu des Hilfesuchenden sein[62].

Würde war demnach die nur bestimmten sozialen Schichten überhaupt mögliche Erfüllung von außen diktierter Verhaltensstandards. Auch hier bestand die Leistung in einem gelungenen Rollenverhalten, wobei im Unterschied zu LUHMANNS Vorstellung aber überhaupt keine Wahlmöglichkeit des Einzelnen hinsichtlich seiner Reaktion auf die gesellschaftlichen Maßstäbe bestand, sondern allein eine obrigkeitskonforme „ordentliche" Lebensform mit der wiederum nur von der Obrigkeit auszusprechenden Würde anerkannt wurde. Einer freien Persönlichkeitsentfaltung steht dieses Konzept diametral entgegen und kann wegen Art. 2 Abs. 1 GG in der Bundesrepublik keinen Bestand haben.

d) Funktionale Theorie

Ein alternatives Interpretationsmodell präsentiert PODLECH[63]. Der herrschenden materialen Konzeption, die den rechtlichen Gehalt des Art. 1 Abs. 1 GG aus dem Begriff der Würde selbst abzuleiten versucht, stellt er einen formalen Ansatz gegenüber. Ausgangspunkt seiner Überlegungen ist die Funktion der Würdenorm. Er versteht Art. 1 Abs. 1 GG als Staatslegitimationsnorm nach dem Modell eines Gesellschaftsvertrages. Ihre Beachtung sei es, deretwegen eine Rechtsordnung nicht nur Befolgung erzwingen, sondern auch Zustimmung erwarten könne. Hieraus ergebe sich der Inhalt der Würde: Sie sei der Inbegriff

---

[60] CUNO, Existenzminimum in der Armenpflege [1898], S. 124.

[61] CUNO, Existenzminimum in der Armenpflege [1898], S. 113.

[62] Vgl. CUNO, Existenzminimum in der Armenpflege [1898], S. 124: „ Ein kürzlich vom Lande in die Stadt [...] zugezogener, an schlechte Lebenshaltung gewöhnter Arbeiter wird nach seinem gesamten Kulturzustand und der gewohnten Lebensweise weniger zum Lebensunterhalt brauchen als der heimische, an bessere Lebenshaltung gewöhnte Arbeiter."

[63] PODLECH, in: WASSERMANN (Hrsg.), AK-Grundgesetz² [1989], Art. 1 Abs. 1 Rz 15 ff.

der Bedingungen, unter denen die Menschen die geltende Ordnung und die Ausübung staatlicher Gewalt guthießen. Hierzu zähle unter anderem auch die individuelle und soziale Sicherheit der Menschen, also die Gewährung des Existenzminimums.

Dieses Modell gilt dort als akzeptabel, wo ein gesellschaftlicher Konsens besteht. Es versage in Streitfällen, wenn über einen Menschenwürdeverstoß gerade keine Einigkeit herrsche[64]. Tatsächlich hat die Konstruktion vom funktionalen Verständnis des Menschenwürdesatzes in keinem Fall eine Berechtigung. Die Materialien zum Grundgesetz zeigen[65], dass man mit Art. 1 Abs. 1 GG eine vorstaatliche Größe, die dem Einzelnen zuzuordnen sei, schützen wollte. Eine jedem Einzelnen bereits innewohnende Würde kann aber nicht umgedeutet werden zu einer erst im Verhältnis zum Staat durch Konsens entstehenden Bedingung der Gewaltausübung. Dem klassischen Ansatz, der die Würde anhand des spezifischen menschlichen Wesens als Eigenwert definiert, ist daher der Vorzug zu geben.

2. Vorkonstitutionelles Verständnis

Ob und in welcher Höhe das Existenzminimum zur Menschenwürde gehört, lässt sich anhand dieser undeutlichen Begriffsbestimmung vom menschlichen Eigenwert jedoch nicht eindeutig sagen. Um zu einer von subjektiven Anschauungen bereinigten verfassungsrechtlichen Aussage zu kommen, muss Klarheit über das vom Grundgesetz vorausgesetzte Wesen des Menschen gewonnen werden.

Die Schwierigkeit der Begriffsbestimmung beruht darauf, dass es sich bei der Menschenwürde um einen interdisziplinären Begriff handelt. Er hat einen nicht zu leugnenden ethisch-philosophischen Gehalt. Es gibt christliche, humanistisch-aufklärerische und andere „Würdekonzepte", die den kulturellen Hintergrund für den Verfassungsbegriff „Menschenwürde" liefern. Freilich muss bedacht werden, dass der Menschenwürdesatz in der weltanschaulich neutralen Rechtsordnung der Bundesrepublik Geltung unabhängig von einem bestimmten Glauben, einer bestimmten Ethik oder philosophischen Schulrichtung beansprucht[66]. Inhalt des Verfassungsprinzips wurden auch nur diejenigen Elemente

---

[64] GEDDERT-STEINACHER, Menschenwürde als Verfassungsbegriff [1990], S. 117.

[65] Ausführlich hierzu sogleich unter Teil 1 A. I. 3. a) bb).

[66] DREIER, in: DREIER (Hrsg.), Grundgesetz I² [2004], Art. 1 I Rz. 1.

der vorkonstitutionellen Würdebegriffe, die bei der Verfassungsgebung oder später rezipiert worden sind. Letztlich ist der Inhalt der Menschenwürde allein nach den Methoden der juristischen Auslegung zu ermitteln[67]. Der Menschenwürdebegriff des Grundgesetzes steht aber im Zusammenhang mit den kulturellen Überlieferungen, denn er wurde nicht zufällig gewählt, sondern baut auf jenen überkommenen Konzepten auf[68]. Für das Verständnis der Menschenwürdegarantie ist es daher notwendig, sich die Grundlagen der wesentlichen geistes- und ideengeschichtlichen Strömungen, die den Menschenwürdebegriff in der Gemeinschaft geprägt haben, bewusst zu machen. Wegen der Fülle der geistesgeschichtlichen Konzepte und ihrer Bedeutung im Rahmen der Auslegung wird der juristischen Interpretation auch im Interesse der Übersichtlichkeit daher zunächst ein Überblick über die geschichtliche Entwicklung des Würdebegriffs vorangestellt.

a) Antike Philosophie

Es heißt, der Begriff der Menschenwürde sei durch zweieinhalbtausend Jahre Philosophiegeschichte gegangen[69].
Während im antiken Griechenland und auch im Römischen Reich der Begriff Würde nur dazu benutzt wurde, die soziale Position in der Gesellschaft nach Amt, Rang oder persönlicher Bedeutung zu kennzeichnen[70], trat in der Philosophie der Stoa eine weitere Bedeutung der Würde hinzu. CICERO verlässt den Bereich des politisch-hierarchischen Denkens, wenn er von der menschlichen Würde im Allgemeinen spricht, die allen Menschen gleichermaßen zukomme. Sie beruhe darauf, dass der Mensch ein vernunftbegabtes Wesen sei. Allerdings folgen hieraus für CICERO keine Ansprüche und Rechte des Einzelnen. Vielmehr bringe die menschliche Vernunft eine Verpflichtung mit sich, da bestimmte Lebensformen nicht mit der Würde des Menschen vereinbar seien:

---

[67] KRAWIETZ, in: WILKE/ WEBER (Hrsg.), KLEIN-Gedächtnisschrift [1977], S. 245, 261; ZIPPELIUS, in: DOLZER/ VOGEL/ GRAßHOF (Hrsg.), BK-GG [2004], Art. 1 Abs. 1 u. 2 Rz. 10.

[68] HÄBERLE, in: ISENSEE/ KIRCHHOF (Hrsg.), Handbuch Staatsrecht I [1987], § 20 Rz. 37; PODLECH, in: WASSERMANN (Hrsg.), AK-Grundgesetz² [1989], Art. 1 Abs. 1 Rz 12; STARCK, in: V. MANGOLDT/ KLEIN/ STARCK (Hrsg.), Grundgesetz I⁴ [1999], Art. 1 Abs. 1 Rz. 16.

[69] PIEROTH/ SCHLINK, Grundrechte Staatsrecht II²⁰ [2004], S. 82.

[70] DREIER, in: DREIER (Hrsg.), Grundgesetz I² [2004], Art. 1 I Rz. 3 mit dem Hinweis, dass diesem Verständnis die heutige Bezeichnung „Würdenträger" entspricht.

"Denn zwei Seiten hat das Vermögen und die Natur der Seele. Die eine Seite liegt in der Begierde [...], die den Menschen bald hier-, bald dorthin rafft, die andere Seite in der Vernunft, die lehrt und erklärt, was zu tun und zu meiden ist. [...] Zu erreichen aber ist, dass die Begierden der Vernunft gehorchen [...] wenn wir bedenken wollen, eine wie überlegene Stellung und Würde in [unserem] Wesen liegt, dann werden wir einsehen, wie schändlich es ist, in Genusssucht sich treiben zu lassen und verzärtelt und weichlich, und wie ehrenhaft andererseits, sparsam, enthaltsam, streng und nüchtern zu leben."[71]

b) Theologie

Nach christlicher Vorstellung fließt die Würde des Menschen aus seiner Gottebenbildlichkeit. Ihretwegen nehme der mit Verstand, Seele und freiem Willen begabte Mensch im Verhältnis zur sonstigen Schöpfung einen herausgehobenen Platz ein[72]. Weil nach der imago-dei-Lehre alle Menschen gleichermaßen Ebenbilder Gottes sind, ist das christliche Menschenbild auch von Gleichheit und Brüderlichkeit geprägt. Menschenwürde bedeutet hiernach nicht einfach Selbstbestimmung des Menschen, sondern Selbstbestimmung auf der Grundlage des Eigenwertes jedes Menschen, also auch des anderen Menschen. Diesem Menschenbild entspricht es, dem einzelnen Menschen einen von den anderen zu achtenden und zu schützenden Eigenwert zuzuschreiben.

c) Renaissance und Aufklärung

PICO DELLA MIRANDOLA schlug in der Renaissance die Brücke von der christlichen, auf Gottebenbildlichkeit beruhenden Menschenwürde hin zu einem Würdebegriff, der auf der Selbstbestimmungsfreiheit des Menschen beruht. Der Mensch hätte – als von Gott nach seinem Vorbild geschaffenes Wesen – die Freiheit, zwischen verschiedenen Möglichkeiten eine Wahl zu treffen. So heißt es in dem Werk „Über die Würde des Menschen":

---

[71] CICERO, De officiis, I 105 ff [Neudruck von GUNERMANN (Hrsg.) 1976], S. 89 ff.

[72] Vgl. MERKI, in: KLAUSER (Hrsg.), Reallexikon für Antike und Christentum, Bd. 4, [1959] Sp. 456 ff, 464 ff, mit einer Auswertung theologischer Quellen. BIERITZ-HARDER, Menschenwürdig leben [2001], S. 220 f. zeigt auf, dass nach reformatorischer Lehre der Mensch nicht in jeder Hinsicht einen freien Willen besitzt. Die Unfreiheit besteht allerdings „nicht im psychologischen, sondern im theologischen Sinne" und bezieht sich darauf, dass der Mensch sich nicht aus eigenen Stücken zu Gott bekehren und so Sündenfreiheit und ewiges Leben erlangen könne. Der freie Wille zur Selbstbestimmung im irdischen Leben wird nicht angezweifelt.

„ [Gott] stellte ihn in die Mitte der Welt und sprach ihn so an: ‚[...] Weder haben wir dich himmlisch noch irdisch, weder sterblich noch unsterblich geschaffen, damit du wie dein eigener Bildhauer dich selbst zu der Gestalt ausformst, die du bevorzugst'".[73]

In der Aufklärung wurde dieses Konzept der Würde als Freiheit mit der stoischen Idee der Würde als Teilhabe an der Vernunft verbunden. Für PUFENDORF ist Würde die Freiheit des Menschen, das in Vernunft Erkannte zu wählen und zu tun. Die Würde der menschlichen Natur verlange eine sittlich gebundene Freiheit:

> „Es erforderte die Würde und Vortrefflichkeit des Menschen/ dardurch er alle andere Creaturen übertrifft/ daß sein Thun und Laßen nach einer gewissen Richtschnur angekettet würde/ als ohne welche keine Ordnung/ kein Wohlstand und keine Schönheit seyn oder erdacht werden kan. Es gereichet zur größesten Würde des Menschen, daß er eine unsterbliche Seele hat/ welche mit dem Liechte deß Verstandes/ und mit dem Vermögen alle Sachen wohl zu unterscheiden/ und das Gute zu erwehlen [...] begabet ist."[74]

Die vernunftgeleitete sittliche Selbstbestimmung wurde auch zum Zentralbegriff der Ethik KANTs[75]. Für ihn bestand die Würde des vernünftigen Wesens darin, dass es keinem Gesetz gehorcht außer dem, welches es zugleich selbst aufstellt:

> „Autonomie ist [...] der Grund der Würde der menschlichen und jeder vernünftigen Natur."[76]

Hieraus entwickelte er das Gebot, dass jeder in seinem Vermögen zu eigener Gewissensentscheidung geachtet und so auch als Selbstzweck respektiert wer-

---

[73] PICO DELLA MIRANDOLA, De hominis dignitate [1496; Neudruck von BUCK (Hrsg.) lat./ dt. 1990], S. 4 f.

[74] PUFENDORF, Acht Bücher vom Natur- und Völkerrecht [1711, 2. Nachdruck 2001)], II. Buch, I. Cap. V.

[75] Hierzu ausführlicher ENDERS, Die Menschenwürde in der Verfassungs-ordnung,[1997], S. 89-202; GEDDERT-STEINACHER, Menschenwürde als Verfassungsbegriff [1990], S. 31-38; GIESE, Das Würde-Konzept [1975], S. 35-40.

[76] KANT, Grundlegung zur Metaphysik der Sitten, IV:436 [1785, Neudruck von TIMMERMANN (Hrsg.), 2004], S. 51.

den müsse: die Würde des Menschen bestehe darin, dass niemand bloß als Mittel, sondern jederzeit zugleich auch als Zweck gebraucht werde:

> „[...] das Subjekt der Zwecke, d.i. das vernünftige Wesen selbst, muss niemals bloß als Mittel, sondern als oberste einschränkende Bedingung im Gebrauche aller Mittel, d.i. jederzeit zugleich als Zweck, allen Maximen der Handlungen zum Grunde gelegt werden."[77]

DÜRIGs Objektformel[78] ist erkennbar an diesen Gedanken KANTs angelehnt.

Umstritten ist das Verhältnis der philosophischen Ansätze zum christlichen Würdebild. In der juristischen Literatur ist die Meinung stark verbreitet, die Menschenwürdegarantie finde im Christentum ihre Grundlage[79]. DÜRIG[80] ist der Meinung, es lasse sich „kaum eine moderne laizistische Wertauffassung nachweisen, die nicht an ihrem Ursprung in das christliche Wertdenken einmündet". DREIER[81] wehrt sich gegen diese Sichtweise und weist darauf hin, dass sowohl katholische als auch evangelische Kirche tatsächlich bis ins 20. Jahrhundert hinein die subjektive individuelle Freiheit oftmals eher zu unterdrücken als zu fördern getrachtet hätten. Zudem sei die Würde des Menschen im universellen Sinne (im Gegensatz zur Würde, die allein für Christen gelte) erst unter Johannes XXIII. formuliert worden. Die Rolle des theologischen Menschenwürdekonzeptes werde also überbewertet.

Aber auch wenn man berücksichtigt, dass etwa Gedanken der Aufklärung oder die Französische Revolution, die die individuelle Menschenwürde umsetzen sollten, zum Teil gegen Kirche und theologisch-religiöse Praxis durchgesetzt werden mussten, so handelt es sich nach herrschender Meinung doch bei dem biblisch-theologischen Menschenbild um eine geistige Voraussetzung der weiteren geistesgeschichtlichen Entwicklung des Würdebegriffs. STARCK spricht von

---

[77] KANT, Grundlegung zur Metaphysik der Sitten, IV:438 [1785, Neudruck von TIMMERMANN (Hrsg.), 2004], S. 52.

[78] DÜRIG, AöR 81 (1956), S. 117, 127, vgl. oben Teil 1 A. I. 1. b).

[79] BENDA, in: BENDA/ MAIHOFER/ VOGEL (Hrsg.), Handbuch Verfassungsrecht I² [1995] S.162; ISENSEE, KRIELE und BÖCKENFÖRDE, in: Diskussionsbericht zum Beitrag von SPAEMANN, in: BÖCKENFÖRDE/SPAEMANN (Hrsg.), Menschenrechte und Menschenwürde [1987], S. 314.

[80] DÜRIG, in: MAUNZ/ DÜRIG/ HERZOG (Hrsg.), Grundgesetz⁴¹ [2002], Art. 1 Abs. I Rz. 15 Fn.2.

[81] DREIER, in: DREIER (Hrsg.), Grundgesetz I² [2004], Art. 1 I Rz. 7.

einer „biblisch-antiken Initialzündung"[82] und sieht in der Philosophie Kants eine durch einen Säkularisierungsprozess bestimmte Weiterführung des christlichen Würdekonzepts[83]. Die dort entwickelte Freiheitsposition des Menschen sei von Kant lediglich von ihrer theologischen Grundlage abgeschnitten worden.

In der Tat bestehen starke Gemeinsamkeiten zwischen christlichem und philosophischem Ansatz, wenn man von der Gottesbezogenheit der christlichen Lehre einmal absieht. Beide gehen nämlich von der Vernunftnatur des Menschen als einem die Menschenwürde konstituierendem Element aus[84]. Sie betonen beide die sich hierauf gründende Freiheit des Einzelnen. Christliche und humanistisch-aufklärerische Tradition stehen also letztlich beide für das Vermögen, über sich selbst zu bestimmen, gepaart mit Anspruch, dass diese Freiheit von den Mitmenschen (sei es unter dem Gesichtspunkt der christlichen Gleichheit und Brüderlichkeit, sei es als Notwendigkeit nach dem kategorischen Imperativ) geachtet wird. Insofern ist STARCK[85] zuzustimmen in seiner Aussage, die KANTsche Lehre sei nichts als die säkularisierte Umsetzung des christlichen Würdeverständnisses.

d) Marxismus

KARL MARX lehnte jede religiös-metaphysische Begründung der Menschenwürde ab. Seiner Meinung nach ist „die Wurzel für den Menschen (...) der Mensch selbst"[86]. Das Wesen des Menschen ergibt sich für ihn nicht mehr aus einer sittlich-metaphysischen Dimension heraus, sondern ganz konkret aus der Gesamtheit der gesellschaftlichen Verhältnisse, die sich aus der Ordnung der Ökonomie ergäben. Seine „wahre Wirklichkeit" könne das Wesen des Menschen erst im Kommunismus erreichen, wo das Individuum ganz in seiner Eigenschaft als Gattungswesen aufgehe[87]. Hiermit fällt aber die Würde des Individuums – wel-

---

[82] STARCK, JZ 1981, S. 457, 460.

[83] STARCK, in: V. MANGOLDT/ KLEIN/ STARCK (Hrsg.), Grundgesetz I⁴ [1999], Art. 1 Abs. 1 Rz. 5.

[84] So auch GEDDERT-STEINACHER, Menschenwürde als Verfassungsbegriff [1990], S. 132.

[85] STARCK, in: V. MANGOLDT/ KLEIN/ STARCK (Hrsg.), Grundgesetz I⁴ [1999], Art. 1 Abs. 1 Rz. 5.

[86] MARX, Zur Kritik der Hegelschen Rechtsphilosophie [1844], in: LANDSHUT (Hrsg.), Karl MARX. Die Frühschriften [1953], S. 216.

[87] Vgl. FÜRLE, Kritik der Marxschen Anthropologie [1979], S. 36 ff.

ches nunmehr von außen bestimmt ist – in sich zusammen. Eine vorstaatliche Würde oder Menschenrechte, die dem Individuum einen staatsfreien Raum sichern, lehnt MARX daher auch ab[88].

Dieser Ansatz ist mit dem Konzept des Art. 1 Abs. 1 GG, wonach der Staat die Würde des Menschen gerade nicht antasten darf, nicht vereinbar und kommt daher als inhaltlicher Bezugspunkt bei der Verfassungsinterpretation nicht in Frage.

e) Arbeiterbewegung

Seit Mitte des 19. Jahrhunderts wurde die Menschenwürde zu einem politischen Kampfbegriff der Arbeiterbewegung. LASSALLE forderte, die materielle Lage der arbeitenden Klassen zu verbessern und ihnen zu einem „wahrhaft menschenwürdige Dasein" zu verhelfen[89]. Die Gewährleistung der materiellen Voraussetzungen des Lebens der Familie und die Möglichkeit geistiger Bildung wurden als Bedingung eines menschenwürdigen Lebens genannt. Die reine, durch geistiges Potential geschaffene Möglichkeit zum freien Handeln war für die Menschen wertlos, nachdem die faktischen Bedingungen sie letztlich unfrei machten. Darum forderte er die materiellen Voraussetzungen des individuellen und sozialen Lebens ein. Der Staat müsse mehr sein als nur „Nachtwächterstaat", der bloß die persönliche Freiheit des Einzelnen und sein Eigentum schützt. Er müsse darüber hinaus die Entwicklung zur Freiheit ermöglichen. Dem Menschen müsse die Möglichkeit, sich zu entfalten und über sein Schicksal zu bestimmen, auch tatsächlich gegeben werde[90].

Hier kam also erstmals der Gedanke der „realen" Freiheit auf, der später in der Diskussion um die grundrechtlichen Leistungsrechte eine wichtige Rolle spielen sollte[91]. Am überkommen Würdebegriff änderten sie aber letztlich nichts. Das Anliegen der Arbeiterbewegung war nicht eine Neudefinition der Würde, sondern die Gewährleistung ihrer Umsetzung.

---

[88] MARX, Zur Judenfrage [1843], in: LANDSHUT (Hrsg.), Karl MARX. Die Frühschriften [1953], S. 191 ff.

[89] LASSALLE, Arbeiterprogramm [1863] in: FRIEDERICI (Hrsg.), Ferdinand LASSALLE. Reden und Schriften [1987], S. 185, 205.

[90] LASSALLE, Arbeiterprogramm [1863], in: FRIEDERICI (Hrsg.), Ferdinand LASSALLE. Reden und Schriften [1987], S. 185, 221 f.

[91] Vgl. hierzu unten Teil 1 A. II. 2. bb) aaa).

f) Bedeutung für den Würdebegriff des Grundgesetzes

Die geistesgeschichtlichen Würdekonzepte, die soeben vorgestellt wurden, sind nicht automatisch zum Inhalt des Art. 1 Abs. 1 GG geworden. Die dortige Menschenwürde ist ein Rechtsbegriff, dem nicht ohne weiteres vorgefundene Begriffe unterlegt werden können. Zwar bilden die kulturellen Überlieferungen den ideengeschichtlichen Hintergrund für den Begriff des Grundgesetzes. Zu seinem Inhalt wurde aber nur, was in der Bundesrepublik in das Verständnis des Art. 1 Abs. 1 GG aufgenommen wurde. Dessen Interpretation erfolgt genau wie bei allen anderen Verfassungsnormen nach den Methoden der juristischen Auslegung[92].

3. Auslegung des Verfassungsbegriffs „Menschenwürde"

a) Historische Auslegung

aa) Frühere juristische Verwendungen des Menschenwürdebegriffs

Schon vor Verabschiedung des Grundgesetzes erschien der Menschenwürdebegriff in staatsrechtlichen Dokumenten, so dass möglicherweise deren Inhalt Aufschluss über die Bedeutung des Art. 1 Abs. 1 GG liefern kann.

Als deutschem Verfassungsbegriff findet man die Menschenwürde zum ersten Mal in der in der Weimarer Reichsverfassung von 1919. Art. 151 Abs. 1 WRV lautet:

„Die Ordnung des Wirtschaftslebens muß den Grundsätzen der Gerechtigkeit mit dem Ziele der Gewährleistung eines menschenwürdigen Daseins für alle entsprechen. In diesen Grenzen ist die wirtschaftliche Freiheit des einzelnen zu sichern."

Hier stand die Menschenwürde noch nicht an der Spitze der Verfassung, sollte aber zumindest einen Teilbereich des Zusammenlebens, die Wirtschaftsordnung, lenken.

Es wird vermutet, dass Art. 151 Abs. 1 WRV für die deutschen Landesverfassungen nach 1945 eine Vorbildfunktion gehabt habe, welche ihrerseits als Modelle für das Grundgesetz fungiert hätten[93]. Allerdings hat man in inhaltlicher

---

[92] ZIPPELIUS, in: DOLZER/ VOGEL/ GRAßHOF (Hrsg.), BK-GG [2004], Art. 1 Abs. 1 u. 2 Rz. 10.

[93] HÄBERLE, in: ISENSEE/ KIRCHHOF (Hrsg.), Handbuch Staatsrecht I [1987], § 20 Rz. 2.

Hinsicht bei den Beratungen zum Grundgesetz keinen Gewinn aus dieser Verfassungsrechtsgeschichte ziehen können, weil der Menschenwürdebegriff der Weimarer Reichsverfassung damals in der Wissenschaft nicht aufgeklärt wurde[94]. Nachdem der Artikel nicht mehr als „ein lediglich an die Adresse des Gesetzgebers sich richtendes Programm"[95] dargestellt hatte, war keine Energie darauf verwandt worden, sich mit dem dortigen Menschenwürdebegriff näher zu befassen.

Man kann unterstellen, dass eine Bedeutung im Sinne der Arbeiterbewegung[96] gemeint war. Dies ergibt sich aus dem Bezug zur Gerechtigkeit, vor allem aber aus der Zielsetzung, die „Gewährleistung eines menschenwürdigen Daseins" durch eine entsprechende Gestaltung der Wirtschaftsordnung herbeizuführen. DREIER stellt denn auch fest, dass in Art. 151 Abs. 1 WRV die Forderungen der Arbeiterbewegung aufgenommen worden seien[97]. Aber selbst wenn dies der Sinn der Menschenwürdegarantie in der Weimarer Zeit war, so muss es nicht die Bedeutung gewesen sein, der auch dem Parlamentarischen Rat vorschwebte.

Nach dem Zweiten Weltkrieg wurde der Menschenwürdebegriff in den Präambeln und grundlegenden Normen einiger deutscher Länderverfassungen verwendet[98]. Diesen Verfassungen folgte das Grundgesetz jedoch in einem so kurzen zeitlichen Abstand nach, dass von einer historisch gesicherten Klarheit des Begriffs „Menschenwürde" im Zeitpunkt der Erstellung des Grundgesetzes nicht die Rede sein kann. Zudem wurde in den Länderverfassungen auch gar nicht der Versuch unternommen, die Menschenwürde zu definieren.

Schließlich findet sich ein Bezug auf die Menschenwürde noch in völkerrechtlichen Dokumenten, vor allem in deren Präambeln. In der Charta der Vereinten Nationen vom 26. Juni 1945 heißt es:

---

[94] WERTENBRUCH, Grundgesetz und Menschenwürde [1958], S. 20.

[95] ANSCHÜTZ, Die Verfassung des Deutschen Reiches vom 11. August 1919^{3,4} [1926], Anm.2 zu Art. 151, S. 393.

[96] S.o. Teil 1 A. I. 2. e).

[97] DREIER, in: DREIER (Hrsg.), Grundgesetz I² [2004], Art. 1 I Rz. 18.

[98] Und zwar in folgenden Artikeln der jeweiligen Verfassungen: Bayern Art. 100, Bremen Art. 5 Abs. 1, Hessen Art. 3, Nordrhein-Westfalen Art. 4 und Baden-Württemberg Art. 2 Abs.1.

„Wir, die Völker der Vereinten Nationen – fest entschlossen, (...) unseren Glauben an die Grundrechte des Menschen, an Würde und Wert der menschlichen Persönlichkeit (...) erneut zu bekräftigen (...)"

Die Präambel der (programmatischen) UNO-Deklaration der Menschenrechte vom 10. Dezember 1948 beginnt folgendermaßen:

„Da die Anerkennung der allen Mitgliedern der menschlichen Familie innewohnende Würde und ihrer gleichen und unveräußerlichen Rechte die Grundlage der Freiheit, der Gerechtigkeit und des Friedens in der Welt bildet (...)";

und auch in Art. 1 der Deklaration geht es um die Menschenwürde:

„Alle Menschen sind frei und gleich an Würde und Rechten geboren. Sie sind mit Vernunft und Gewissen begabt und sollen einander im Geiste der Brüderlichkeit begegnen."

Die Satzung der UNESCO vom 16. November 1945 enthält eingangs folgende Worte:

„Die Regierungen der Staaten (...) erklären im Namen ihrer Völker: (...) Daß der große und furchtbare Krieg, (...) durch die Verleugnung der demokratischen Grundsätze der Würde, Gleichheit und gegenseitigen Achtung der Menschen möglich wurde (...)".

Auch in diesen Dokumenten wurde jedoch auf eine Definition verzichtet. Nach WERTENBRUCH kam es den Verfassern auch eher auf die „Strahlkraft als auf die Praktikabilität" des Begriffs in der feierlichen Präambel an[99].

Es gab also zur Zeit der Entstehung des Grundgesetzes keinen inhaltlich aufgehellten juristischen Menschenwürdebegriff, auf den man sich hätten stützen können.

---

[99] WERTENBRUCH, Grundgesetz und Menschenwürde [1958], S. 20 (zur UN-Charta).

bb) Materialien zum Grundgesetz

Der Herrenchiemseer Konvent schlug in Art. 1 folgende Fassung vor:

„(1) Der Staat ist um des Menschen willen da, nicht der Mensch um des Staates willen. (2) Die Würde der menschlichen Persönlichkeit ist unantastbar. Die öffentliche Gewalt ist in allen ihren Erscheinungsformen verpflichtet, die Menschenwürde zu achten und zu schützen."

Hier wurde die Würde als das verstanden, „was den Menschen im spezifischen und wesenhaften Sinne ausmacht"[100]. Dass diese Beschreibung des Inhalts nicht sehr weit führt, wurde eingangs bereits erwähnt. Das Kardinalproblem der Bestimmung dessen, was denn nun das Wesensmäßige des Menschen sei, wurde auf Herrenchiemsee nicht gelöst.

Später berieten die Mitglieder des Parlamentarischen Rates längere Zeit über den Inhalt des Art. 1 Abs. 1 GG[101]. Hierbei standen aber nicht Ausführungen zum Inhalt der Menschenwürde, sondern über ihren Ursprung im Vordergrund. Man stritt lange darüber, ob die Menschenwürdeklausel einen Verweis auf das Naturrecht enthalten solle[102]. Vor allem aber die Frage, ob man der in engem Zusammenhang mit der Menschenwürdegarantie stehenden Garantie der unverletzlichen und unveräußerlichen Freiheits- und Menschenrechte die Worte „von Gott gegeben" hinzufügen sollte, löste Diskussionen aus[103]. In der Abstimmung wurde der hierauf gerichtete Antrag SEEBOHMs mit überwiegender Mehrheit abgelehnt. Zum einen hatte HEUSS[104] (trotz seiner Zustimmung in der Sache, dass die Freiheitsrechte von Gott gegeben seien) darauf hingewiesen, dass der „irdische Charakter" der Verfassungsgebung nichts mit Theologie zu tun habe.

---

[100] UNTERAUSSCHUSS III DES VERFASSUNGSKONVENTS AUF HERRENCHIEMSEE, 5. Sitzung vom 19.8.1948, Protokoll S. 124, zitiert nach STERN, Staatsrecht III/1 [1988], S. 6.

[101] Vgl. zu den Beratungen V. DOEMMING/ FÜSSLEIN/ MATZ, JöR N.F. 1. Bd. (1951), S. 48-54.

[102] PARLAMENTARISCHER RAT, 4. Sitzung des Ausschusses für Grundsatzfragen am 23.9.1948, in: DEUTSCHER BUNDESTAG/ BUNDESARCHIV (Hrsg.), Parl. Rat 5/ I, S. 62-75.

[103] PARLAMENTARISCHER RAT, Verhandlungen des Hauptausschusses Bonn 1948/49, S. 529-531.

[104] PARLAMENTARISCHER RAT, Verhandlungen des Hauptausschusses Bonn 1948/49, S. 530.

Daneben erklärte GREVE[105], er persönlich sei nicht der Auffassung, dass diese Freiheits- und Menschenrechte von Gott gegeben seien. Der KPD-Abgeordnete RENNER[106] hatte zudem die oben[107] bereits angesprochene Kritik an der historischen Rolle der Kirche ins Feld geführt und SCHMID[108] darauf hingewiesen, dass „der Kampf des Menschen um eine irdische Freiheit" sich „nun gerade in Deutschland nicht im Bereich des Religiösen, sondern im Zuge der zivilisatorischen Entwicklung" vollzogen habe. Das Abstimmungsergebnis beruhte demnach auf vielfältigen Gründen und kann nicht als Beleg dafür gewertet werden, dass das christliche Menschenwürdebild selbst von der Mehrheit der Abgeordneten abgelehnt worden sei.

Einigkeit herrschte aber in der Motivation, warum die Menschenwürde in Art. 1 Abs. 1 GG garantiert werden sollte. Der Verfassungsgeber reagierte hiermit in erster Linie auf die Menschenverachtung des nationalsozialistischen Regimes[109].

Was die Mitglieder des Parlamentarischen Rates bei ihren Beratungen zu Art. 1 Abs. 1 GG jedoch nicht aufklärten, war der konkrete Inhalt der Menschenwürde. Dies klammerten sie sogar bewusst aus, denn man hielt es für von vorneherein nicht sinnvoll, so SCHMID in der 4. Sitzung des Grundsatzausschusses, eine Staatsphilosophie aufstellen zu wollen und daran zu gehen, „das Wesen des Menschen, das Wesen des Staates usw. zu definieren"[110]. Vielmehr komme es allein darauf an, die Würde des Menschen als etwas Vorstaatliches, welches das staatliche Leben in eine bestimmte Richtung lenke, in einer ausdrücklichen Ent-

---

[105] PARLAMENTARISCHER RAT, Verhandlungen des Hauptausschusses Bonn 1948/49, S. 530.

[106] PARLAMENTARISCHER RAT, Verhandlungen des Hauptausschusses Bonn 1948/49, S. 531.

[107] Teil 1 A. I. 2. c).

[108] PARLAMENTARISCHER RAT, Verhandlungen des Hauptausschusses Bonn 1948/49, S. 530.

[109] Vgl. V. MANGOLDT, in: PARLAMENTARISCHER RAT, Verhandlungen des Hauptausschusses Bonn 1948/49, 26. Sitzung vom 10.12.1948, S. 306: „Ferner hielten wir es nach einer Zeit, in der die Menschenwürde [...] schwer angegriffen worden [war], für notwendig, ausdrücklich zu betonen, dass ein anderer Geist dieses Verfassungswerk beherrschen soll, dass also die Menschenwürde wieder zu Ehren kommen [soll]." Vgl. auch den Text eines geplanten Absatzes der Präambel, ebd. S. 310: "[...] in dem Willen, nach einer Zeit der Willkür und Gewalt die alten Freiheitsrechte und die geschändete Menschenwürde zu schützen und zu wahren."

[110] PARLAMENTARISCHER RAT, 4. Sitzung des Ausschusses für Grundsatzfragen am 23.9.1948, in: DEUTSCHER BUNDESTAG/ BUNDESARCHIV (Hrsg.), Parl. Rat 5/ I, S. 65.

scheidung anzuerkennen[111]. HEUSS betonte, dass man „von der Menschenwürde ausgehen" solle, die „der Eine theologisch, der Andere philosophisch, der Dritte ethisch auffassen" könne[112]. In diesem Sinne blieb nach dem vielzitierten Ausspruch von HEUSS die Menschenwürde eine „nicht interpretierte These"[113]. Das heißt indes nicht, dass überhaupt keine Aussagen über den Inhalt der Menschenwürde getroffen worden wären. Während der Diskussion über das Verhältnis zwischen Menschenwürde und Menschenrechten erklärte der Abgeordnete v. MANGOLDT, „Menschenwürde bedeutet vor allen Dingen, frei verantwortlich zu handeln"[114]. Die äußere Wirklichkeit menschlicher Würde werde wesentlich „in einer gewissen Freiheit in der Entfaltung der Persönlichkeit"[115] gesehen.

Dies gibt nicht nur die persönliche Ansicht des v. MANGOLDTs wieder, sondern wurde allgemein dem Verfassungsbegiff unterlegt. Bei der Auslegung des Art. 1 Abs. 1 GG ist zu berücksichtigen, dass die Mitglieder des Parlamentarischen Rates nach demokratischem Verständnis die Aufgabe hatten, die herrschenden sozialethischen und politischen Vorstellungen der Gesellschaft in der Verfassung zu verwirklichen. Sie hatten also legitimerweise auf der Basis des breitestmöglichen Konsenses des Volkes zu Handeln. Es ist somit nach der zur Zeit des Verfassungsbeschlusses in der Bevölkerung für die Mehrheit konsensfähigem Leitbild unantastbarer Menschenwürde zu fragen. Dieses war von der historischen Tradition geprägt. Hieraus ergibt sich nach ZIPPELIUS[116] als Mindestinhalt, dass jeder in seinem Vermögen zu eigener Gewissensentscheidung respektiert werden muss, und dass darum jeder stets auch als Selbstzweck zu achten ist und nicht als bloßes Mittel zu einem Zweck gebraucht werden kann. Dies entspricht

---

[111] PARLAMENTARISCHER RAT, 4. Sitzung des Ausschusses für Grundsatzfragen am 23.9.1948, in: DEUTSCHER BUNDESTAG/ BUNDESARCHIV (Hrsg.), Parl. Rat 5/ I, S. 65 ff.

[112] PARLAMENTARISCHER RAT, 4. Sitzung des Ausschusses für Grundsatzfragen am 23.9.1948, in: DEUTSCHER BUNDESTAG/ BUNDESARCHIV (Hrsg.), Parl. Rat 5/ I, S. 67.

[113] PARLAMENTARISCHER RAT, 4. Sitzung des Ausschusses für Grundsatzfragen am 23.9.1948, in: DEUTSCHER BUNDESTAG/ BUNDESARCHIV (Hrsg.), Parl. Rat 5/ I, S. 72.

[114] PARLAMENTARISCHER RAT, 23. Sitzung des Ausschusses für Grundsatzfragen am 19.11.1948, in: DEUTSCHER BUNDESTAG/ BUNDESARCHIV (Hrsg.), Parl. Rat 5/ II; S. 607.

[115] PARLAMENTARISCHER RAT, 23. Sitzung des Ausschusses für Grundsatzfragen am 19.11.1948, in: DEUTSCHER BUNDESTAG/ BUNDESARCHIV (Hrsg.), Parl. Rat 5/ II; S. 606.

[116] ZIPPELIUS, in: DOLZER/ VOGEL/ GRAßHOF (Hrsg.), BK-GG [2004], Art. 1 Abs. 1 u. 2 Rz. 11.

der oben[117] herausgearbeiteten Übereinstimmung von christlichem und philosophischen Würdekonzept.

Zu demselben Ergebnis gelangt man, wenn man die vom Parlamentarischen Rat erklärte Zielsetzung untersucht, mit Hilfe der Menschenwürdeklausel dem vorangegangenen Unrecht eine Absage zu erteilen. Die Gräueltaten der Nationalsozialisten wie Diffamierung, Diskriminierung, Entrechtung, Zwangsarbeit, Versklavung, Deportationen, Terror und Massenmorde waren dadurch gekennzeichnet, dass sie dem Opfer keinen Eigenwert zuerkannt hatten. Diesem Verhalten tritt man entgegen, indem man dem Staat Respekt vor dem Selbstbestimmungsrecht des Einzelnen auferlegt und ihn zwingt, seine Bürger nicht als bloßes Mittel zum Zweck einzusetzen. Auch hier tritt folglich wiederum das bereits genannte Menschenwürdebild, das sich aus der religiös-philosophischen Tradition ergibt, hervor.

Dass man bei den Beratungen zu Art. 1 Abs. 1 GG den Inhalt der Menschenwürde weitgehend offen gelassen hat, heißt auch nicht, dass man keine Aussagen darüber getroffen hätte, unter welchen Voraussetzungen sich die Menschenwürde entfalten kann. Dies ergibt ein weiteres Studium der Grundgesetz-Materialien. Bedeutsam bei der Untersuchung des Menschenwürdeverständnisses im Parlamentarischen Rat sind nicht allein dessen Äußerungen bei den Beratungen zu Art. 1 GG, sondern auch die Stellungnahmen zu den folgenden Grundgesetzartikeln. Im Gegensatz zur Diskussion des ersten Artikels wurden hier nämlich Aussagen über den Inhalt der Menschenwürde getroffen. Von Interesse für die in dieser Arbeit behandelte Thematik sind die Beratungen zu Art. 2 G. Hier zeigt sich, dass man sehr wohl daran gedacht hatte, dass Menschenwürde auch die tatsächliche Daseinsentfaltung umfasst[118]. Tatsächlich war man sich einig, dass der Einzelne ein nicht einschränkbares Recht gegen den Staat auf Gewährung eines Existenzminimums zur Entfaltung der Menschenwürde haben sollte. Allein hielt man dies nicht für ein Element des Art. 1 Abs. 1 GG. Die Diskussion um die Einfügung eines Rechts auf die Voraussetzungen eines menschenwürdigen Lebens fand stattdessen bei den Beratungen zu Art. 2 GG statt[119].

---

[117] Teil 1 A. I. 2. c).

[118] Vgl. die Bezugnahme des Abgeordneten V. MANGOLDTs auf FORSTHOFFs Aussage, es müsse durch Leistungen der Verwaltung (Wohnung, Kleidung, Nahrung usw.) eine menschenwürdige Existenz ermöglicht werden, in: V. DOEMMING/ FÜSSLEIN/ MATZ, JöR N.F. 1. Bd. (1951), S. 58.

[119] Vgl. V. DOEMMING/ FÜSSLEIN/ MATZ, JöR N.F. 1. Bd. (1951), S. 58-62.

Grund hierfür ist das vom Parlamentarischen Rat beabsichtigte Verhältnis zwischen Art. 1 Abs. 1 GG und den sich anschließenden Grundrechten. Diese sollten die in Art. 1 GG nicht interpretierten These der Menschenwürde konkretisieren. Auf dem Umweg über die mit der Menschenwürde in unmittelbarem Zusammenhang stehenden Menschenrechte wurden so die „nachfolgenden Grundrechte" zum unmittelbaren positivrechtlichen Ausfluss der Menschenwürde: „Jeder Artikel für sich gewährleistet ein Stück Freiheit, das notwendig ist, um die Menschenwürde zu gewährleisten"[120]. Art. 2 GG sollte das Dasein und die Persönlichkeitsentfaltung des Menschen garantieren. Es war also sinnvoll, das Menschenwürdeelement ihrer materiellen Gewährleistung hier mit anzusprechen.

Letztlich sah man aber bei der Fassung des Art. 2 GG davon ab, dem Einzelnen ein „Mindestmaß der zum Leben notwendigen Nahrung, Kleidung und Wohnung"[121] zu verbürgen. Man hielt dies nicht für notwendig, da dies bereits im Fürsorgerecht festgelegt sei und einer „dauernden Übung der fortgeschrittenen Wohlfahrtspflege" entspreche[122]. Bei der diskutierten grundgesetzlichen Regelung hätte es sich aber ohnehin „nicht um eine positive Gewährleistung"[123] handeln sollen. Man hätte damit nur die (im Entwurf) vorausgegangene Forderung der Rechtmäßigkeit von Eingriffen ergänzt durch eine negative Weisung an die Staatsgewalt, bei solchen Eingriffen nicht das Existenzminimum zu verweigern[124]. Dies lässt sich mit der damals bestehenden Auffassung über die Funktion der Grundrechte erklären, die sich auf die abwehrende Funktion des *status*

---

[120] V. MANGOLDT, in: PARLAMENTARISCHER RAT, 22. Sitzung des Ausschusses für Grundsatzfragen am 18.11.1948, in: DEUTSCHER BUNDESTAG/ BUNDESARCHIV (Hrsg.), Parl. Rat 5/ II, S. 591; anderer Ansicht war THOMA, in: DEUTSCHER BUNDESTAG/ BUNDESARCHIV (Hrsg.), Parl. Rat 5/ I, S. 361, 362 f., der sich aber nicht durchsetzen konnte.

[121] Dies beinhalteten die Vorschläge von V. MANGOLDT zu Art. 2 GG, vgl. V. DOEMMING/ FÜSSLEIN/ MATZ, JöR N.F. 1. Bd. (1951), S. 58 ff.

[122] Vgl. die Äußerung von KLEINDINST, in: PARLAMENTARISCHER RAT, Verhandlungen des Hauptausschusses Bonn 1948/49, S. 534. Entgegen der Ansicht der Abgeordneten stellte sich aber bald heraus, dass die gesetzliche Pflicht zur Fürsorge noch nicht ausreichte; ein individueller Anspruch auf staatliche Leistungen musste erst noch erstritten werden, vgl. zu dieser Entscheidung BVerwG v. 24.6.1954 – V C 78.54 – BVerwGE 1, 159 ff. ausführlich unten Teil 1 A. II. 2. b) aa) aaa).

[123] V. MANGOLDT, in: PARLAMENTARISCHER RAT, Verhandlungen des Hauptausschusses Bonn 1948/49, S. 535.

[124] So V. MANGOLDT, in: PARLAMENTARISCHER RAT, Verhandlungen des Hauptausschusses Bonn 1948/49, S. 535.

negativus beschränken sollte[125]. Eine verfassungsrechtliche Anspruchsgrundlage sollte demnach nicht geschaffen werden.

Als Ergebnis der historischen Auslegung lässt sich also Folgendes festhalten: Der Parlamentarische Rat hat im Rahmen von Art. 1 Abs. 1 GG lediglich angedeutet, dass die Menschenwürde auf dem Selbstbestimmungsrecht des Einzelnen basiert, und die Norm als reinen Anspruch auf Abwehr von Angriffen gegen den hieraus resultierenden Achtungsanspruch konzipert. Die Beratungen zu Art. 2 GG ergeben jedoch, dass die materiellen Voraussetzungen zur Daseinsentfaltung ebenfalls als Menschenwürdeelement angesehen wurden. Der Einzelne sollte ein Recht auf das Existenzminimum haben, jedoch keinen Anspruch verfassungsrechtlicher Art[126].

Es besteht also hinsichtlich des Würdebegriffs selbst keine Differenz zwischen der Ansicht des historischen Verfassungsgebers und der heutigen Auffassung. Der moderne Ansatz, über Art. 1 Abs. 1 in Verbindung mit dem Sozialstaatsprinzip ein Leistungsrecht zu geben, steht aber im Widerspruch zur ursprünglichen Konzeption des Grundgesetzes. Allerdings ist das historische Verständnis nicht allein maßgebend in der Gesetzesauslegung. Die Ansichten vergangener Generationen sollen die heute lebenden Menschen nicht binden. Daher betrachtet auch das Bundesverfassungsgericht die historische Auslegung als das schwächste Element bei der Norminterpretation[127]. Maßgeblich soll bei der Norminterpretation nur der „objektivierte Wille des Gesetzgebers" sein[128]. Obwohl die juristische Interpretation an die im Entstehungszeitpunkt des Grundgesetzes herrschenden rechtsethischen Vorstellungen anknüpft, muss sie demnach auch die seitdem eingetretenen Wandlungen oder Konkretisierungen der Auffassungen berücksichtigen[129].

---

[125] Vgl. hierzu unten Teil 1 A. II. 2. a).

[126] Auch DÜRIG erkannte Inhalt der Menschenwürde und Bedeutung des Art. 1 Abs. 1 GG in diesem Sinne. Die Menschenwürde sei auch getroffen, wenn der Mensch gezwungen sei, ökonomisch unter Lebensbedingungen zu existieren, die ihn zum Objekt erniedrigen. Ohne ein Minimum an äußerer Gütersubstanz hätte der Mensch als solcher nicht das, was seine Würde ausmache, nämlich die Fähigkeit, sich in freier Entscheidung über die unpersönliche Umwelt zu erheben: „Er lebt nicht, er vegetiert". Art. 1 Abs. 1 GG allein gebe wegen des nur als abwehrende Staatstätigkeit zu verstehenden Begriff des „Schützens" jedoch keinen Anspruch auf das Existenzminimum (in: MAUNZ/ DÜRIG/ HERZOG (Hrsg.), Grundgesetz⁴¹ [2002], Art. 1 Abs. I Rz. 43).

[127] BVerfG v. 14.2.1973 – 1 BvR 112/65 – BVerfGE 34,269, 288 f.

[128] BVerfG v. 21.5.1952 – 2 BvH 2/52 – BVerfGE 1, 299, 312.

[129] BENDA, Gefährdungen der Menschenwürde [1975], S. 15.

b) Grammatikalische und teleologische Auslegung

Die grammatikalische Auslegung untersucht, welcher Sinn nach dem Sprachgebrauch der Sprachgemeinschaft und nach der Sprachregelung des Gesetzgebers den Gesetzesworten zukommen kann[130]. Bei einer „nicht interpretierten These"[131] wie der Menschenwürde, der je nach persönlicher Anschauung die unterschiedlichsten Bedeutungen beigemessen werden[132], kann die grammatische Auslegung kein allgemeingültiges Ergebnis hervorbringen, jedenfalls nicht, soweit es über ein generelles „Würde heißt Achtung gebietend, Menschenwürde also Achtung aufgrund des Menschseins gebietend"[133] hinaus um konkrete Inhalte der Würde geht. Auch die teleologische Auslegung führt bezüglich des Inhalts des Begriffs Menschenwürde zu keinem Ergebnis. Zwar wollte der Verfassungsgeber mit Art. 1 Abs. 1 GG keinen verfassungsrechtlichen Anspruch auf das Existenzminimum schaffen. Daraus ergibt sich aber, wie oben[134] gezeigt, nicht, dass dieses nicht zur Menschenwürde gehören soll.

c) Systematische Auslegung

Die systematische Auslegung stellt den einzelnen Rechtsgedanken in den Kontext der gesamten Rechtsordnung[135]. Nachdem die Würde des Menschen sich auf dessen Wesen gründet, sollten sich aus den Aussagen der Verfassung über die Natur des Menschen Rückschlüsse auf den Inhalt der Menschenwürde ziehen lassen.

---

[130] ZIPPELIUS, Juristische Methodenlehre [1994], S. 39.

[131] HEUSS, in: PARLAMENTARISCHER RAT, Ausschuß für Grundsatzfragen, 4. Sitzung vom 23.9.1948, Stenographisches Wortprotokoll, in: DEUTSCHER BUNDESTAG/ BUNDESARCHIV (Hrsg.), Parl. Rat 5/ I, S. 72.

[132] Vgl. hierzu GEDDERT-STEINACHER, Menschenwürde als Verfassungsbegriff [1990], S. 16.

[133] BIERITZ-HARDER, Menschenwürdig leben [2001], S. 252 ff.

[134] Teil 1 A. I. 3. a) bb).

[135] ZIPPELIUS, Juristische Methodenlehre [1994], S. 40.

aa) Das Menschenbild der Verfassung

Man könnte versuchen, die Menschenwürde mit Hilfe des vom Bundesverfassungsgericht beschriebenen Menschenbildes zu erfassen[136]. Dort heißt es:

> „Das Menschenbild des Grundgesetzes ist nicht das eines isolierten souveränen Individuums; das Grundgesetz hat vielmehr die Spannung Individuum – Gemeinschaft im Sinne der Gemeinschaftsbezogenheit und Gemeinschaftsgebundenheit der Person entschieden, ohne dabei deren Eigenwert anzutasten"[137].

Sich dieser Formel zur Auslegung der Menschenwürde zu bedienen, ist jedoch verfehlt. Zum einen hat das Bundesverfassungsgericht diese Figur nicht dazu benutzt, die individuelle Freiheitssphäre zu schützen, sondern zur Begründung einer stärkeren Inpflichtnahme des Einzelnen entwickelt[138]. Zudem ist auch dieser Begriff des Menschenbildes inhaltlich so unbestimmt, dass er bei der Erfassung der Menschenwürde nicht weiterhilft. Stattdessen besteht die Gefahr, dass die Menschenbildformel ihrerseits mit individuellen ethischen Meinungen aufgefüllt wird und so ideologische Sichtweisen in das Menschenwürdeverständnis transportiert werden[139].

bb) Art. 74 Abs. 1 Nr. 7 GG

Art. 74 Abs. 1 Nr. 7 GG enthält die konkurrierende Gesetzgebungs-kompetenz für die öffentliche Fürsorge. Dies macht zumindest deutlich, dass der Verfassungsgesetzgeber die Fürsorge als staatliche Aufgabe erkannt hat. Es geht aber zu weit, hieraus Schlüsse auf den Inhalt der Menschenwürde zu ziehen.

---

[136] So SCHOLZ, Koalitionsfreiheit als Verfassungsproblem [1971], S. 70.

[137] BVerfG v. 20.7.1954 – 1 BvR 459/51 u.a. – BVerfGE 4, 7, 15 f.; vgl. auch BVerfG v. 20.12.1960 – 1 BvL 21/60 – BVerfGE 12, 45, 51; BVerfG v. 15.12.1983 – 1 BvR 209 u. a./83 – BVerfGE 65, 1, 44.

[138] DREIER, AöR 116 (1991), S. 623, 624, HÖFLING, Offene Grundrechtsinterpretation [1987], S. 114.

[139] DREIER, in: DREIER (Hrsg.), Grundgesetz I² [2004], Art. 1 I Rz. 169.

cc) Der Menschenwürdegehalt der Grundrechte

Oben[140] wurde bereits gezeigt, dass nach dem Willen des Verfassungsgebers die Grundrechte der Art. 2 ff. GG auf der Menschenwürde fußen und diese inhaltlich präzisieren. Auch in der Literatur wird anerkannt, dass die Grundrechte „im Dienste der Würde des Menschen"[141] stehen und diese konkretisieren[142]. Zum Teil ist man allerdings der Ansicht, dass nicht alle Grundrechte einen Menschenwürde-Bezug hätten[143]. So nennen HERDEGEN[144] und DREIER[145] die Filmfreiheit, Vereinigungsfreiheit und Freizügigkeit, das Erb- und Petitionsrecht sowie das asylrechtliche Auslieferungsverbot als Beispiele für Grundrechte, welche sich nicht ohne weiteres als Ausdruck der Menschenwürdegarantie begreifen ließen. Zumindest bezüglich der Vereinigungsfreiheit kann ihnen aber nicht gefolgt werden. Gerade diese weist einen hohen Menschenwürdegehalt auf, weil in ihr die Gemeinschaftsbezogenheit des Menschen anklingt. Ihr Bezug zu Art. 1 Abs. 1 GG liegt in dem Recht von Menschen, persönliche Kontakte zu pflegen und sich mit anderen Menschen zu versammeln, um Meinungen kund zu tun und auszutauschen[146]. Das Bundesverfassungsgericht hat jüngst[147] geäußert, dass sämtliche Grundrechte als Konkretisierung des Prinzips der Menschenwürde anzusehen seien.

---

[140] Teil 1 A. I. 3. a) bb).

[141] HÄBERLE, in: ISENSEE/ KIRCHHOF (Hrsg.), Handbuch Staatsrecht I [1987], § 20 Rz. 57.

[142] BENDA, in: BENDA/ MAIHOFER/ VOGEL (Hrsg.), Handbuch Verfassungsrecht I² [1995], § 6 Rz. 10; DÜRIG, in: MAUNZ/ DÜRIG/ HERZOG (Hrsg.), Grundgesetz⁴¹ [2002], Art. 1 Abs. I Rz. 10; ENDERS, Die Menschenwürde in der Verfassungsordnung [1997], S. 424; JARASS, in: JARASS/ PIEROTH, Grundgesetz⁷[2004], Art. 1 Rz. 4; KÜBLER, Über Wesen und Begriff der Grundrechte [1965], S. 151; KUNIG, in: VON MÜNCH/ KUNIG (Hrsg.), Grundgesetz I⁵ [2000], Art. 1 Rz. 68; SCHOLZ, Koalitionsfreiheit als Verfassungsproblem [1971], S. 70; SEEWALD, Gesundheit als Grundrecht [1982], S. 228.

[143] DREIER, in: DREIER (Hrsg.), Grundgesetz I² [2004], Art. 1 I Rz. 164; STARCK, in: v. MANGOLDT/ KLEIN/ STARCK (Hrsg.), Grundgesetz I⁴ [1999], Art. 1 Abs. 3 Rz. 135; ZIPPELIUS, in: DOLZER/ VOGEL/ GRAßHOF (Hrsg.), BK-GG [2004], Art. 1 Abs. 1 u. 2 Rz. 13.

[144] HERDEGEN, in: MAUNZ/ DÜRIG/ HERZOG, Grundgesetz⁴² [2003], Art. 1 Abs. 1 Rz. 23.

[145] DREIER, in: DREIER (Hrsg.), Grundgesetz I² [2004], Art. 1 I Rz. 164.

[146] So auch PODLECH, in: WASSERMANN (Hrsg.), AK-Grundgesetz² [1989], Art. 1 Abs. 1 Rz 65.

[147] BVerfG v. 5. 4. 2001 – 1 BvR 932/94 – NJW 2001, 2957, 2959.

Der Würde wohnt ein Bezug zur Persönlichkeit des Menschen inne[148], denn in der Persönlichkeitsentfaltung liegt gerade die Ausübung der Selbstbestimmungsfreiheit, die als historischer Würdebegriff herausgearbeitet wurde[149]. Zumindest die persönlichkeitsbezogenen Grundrechte weisen daher eine besondere Nähe zur Menschenwürde auf und sind für deren Verständnis bedeutsam. Dem entspricht, dass Literatur[150] und Rechtsprechung einige Grundrechte mit besonderem Menschenwürdegehalt hervorgehoben haben. Als solche gelten: die Gewährleistung der freien Persönlichkeitsentfaltung und des Rechts auf Leben, körperliche Unversehrtheit und Freiheit der Person (Art. 2 Abs. 1 und 2 GG)[151]; die Diskriminierungsverbote des Art. 3 GG[152], die Glaubens-, Gewissens-, Bekenntnis- und Religionsfreiheit (Art. 4 Abs. 1 und 2 GG)[153]; die Meinungs- und Informationsfreiheit (Art. 5 Abs. 1 GG)[154], der Schutz von Ehe und Familie (Art. 6 Abs. 1 GG)[155] und eben auch die Vereinigungsfreiheit (Art. 8 Abs. 1 GG)[156]. Auch der Schutz des Post-, Brief- und Fernmeldegeheimnisses und die Unverletzlichkeit der Wohnung (Art. 10 und 13 GG) haben einen Menschenwürde-

---

[148] BVerfG v. 17.8.1956 – 1 BvB 2/51 - BVerfGE 5, 85, 204; 45, 187, 228; 79, 256, 268; HÄBERLE, in: ISENSEE/ KIRCHHOF (Hrsg.), Handbuch Staatsrecht I [1987], § 20 Rz. 47; SCHOLZ, Koalitionsfreiheit als Verfassungsproblem [1971], S. 71.

[149] Vgl. oben Teil 1 A. I. 2. und 3. a).

[150] BENDA, in: BENDA/ MAIHOFER/ VOGEL (Hrsg.), Handbuch Verfassungsrecht I² [1995], § 6 Rz. 12; PODLECH, in: WASSERMANN (Hrsg.) AK-Grundgesetz² [1989], Art. 1 Abs. 1 Rz. 65; ZIPPELIUS, in: DOLZER/ VOGEL/ GRAßHOF (Hrsg.), BK-GG [2004], Art. 1 Abs. 1 u. 2 Rz. 13.

[151] Nach BVerfG v. 25.2.1975 – 1 BvF 1 u. a. /74 – BVerfGE 39, 1, 42 ist das Leben die „vitale Basis der Menschenwürde"; **a. A.** wegen der Problematik der Unantastbarkeit: HERMES, Leben und Gesundheit [1987], S. 141 m.w.N.

[152] BVerfG v. 14.2.19968 – 2 BvR 557/62 – BVerfGE 23, 98, 106f.; BVerfG v. 23.4.1991 – 1 BvR 1170 u. a./90 – BVerfGE 84, 90, 121 zu Art. 3 Abs. 1 GG.

[153] BVerfG v. 19.10.1971 – 1 BvR 387/65 – BVerfGE 32, 98, 108.

[154] BVerfG v. 3.10.1969 – 1 BvR 46/65 - BVerfGE 27, 71, 81; aber auch Art. 5 Abs. 3 GG, vgl. BVerfG v. 24.2.1971 – 1 BvR 435/68 – BVerfGE 30, 173, 193.

[155] BVerfG v. 29.7.1959 – 1 BvR 205/58 u.a. - BVerfGE 10, 59, 81.

[156] PODLECH, in: WASSERMANN (Hrsg.), AK-Grundgesetz² [1989], Art. 1 Abs. 1 Rz 65.

kern[157]. Ferner besteht bei Art. 12 Abs. 1, 12 Abs. 2 und Abs. 3, Art. 19 Abs. 4 und Art. 103 Abs. 1 GG ein Menschenwürdebezug[158]. Unabhängig davon, ob dieser „Menschenwürdegehalt" mit dem „Wesensgehalt" der Grundrechte im Sinne von Art. 19 Abs. 2 GG übereinstimmt[159], spiegeln diese Rechte auf das Verständnis der Menschenwürde zurück.

4. Leistungspflicht

Menschenwürde ist demnach der Wert, der dem Einzelnen aufgrund seines Menschseins zukommt. Dieses wird durch die Selbstbestimmungsfreiheit des Einzelnen charakterisiert. Die Grundrechte konkretisieren die verschiedenen Facetten des menschlichen Wesens. Wo die Ausübung der Grundrechte unmöglich wird, fällt dies auf die Würde des Einzelnen zurück. Er behält zwar seinen Eigenwert – dieser kommt ihm schließlich allein aufgrund seines Menschseins zu und ist schon allein deshalb unantastbar, weil man ihm dieses Merkmal schlicht nicht nehmen kann. Wer die Anlage des Menschen zur Persönlichkeitsentfaltung achten will, der kann ihm aber gerade die tatsächliche Selbstverwirklichung nicht nehmen. Die Voraussetzungen zur Entfaltung der Menschenwürde müssen ebenfalls zur Würde hinzugezählt werden, weil sie sonst leer läuft, was einer Missachtung gleichkäme. Entsprechend sind auch die Äußerungen des Bundesverwaltungsgerichts zu verstehen, dass die Menschenwürde durch eine fortbestehende Hilfsbedürftigkeit Schaden nimmt[160]. Zwar bleibt der Wert des Menschen an sich erhalten, durch die fehlende Möglichkeit seiner Umsetzung wird

---

[157] WINTRICH, BayVBl. 1957, S. 137, 138.

[158] BVerfG v. 11.6.1958 – 1 BvR 596/56 – BVerfGE 7, 377, 397; BVerfG v. 1.3.1979 – 1 BvR 532/77 u. a. – BVerfGE 50, 290, 362 zu Art. 12 Abs. 1 GG; BVerfG v. 13.1.1987 – 2 BvR 209/84 – BVerfGE 74, 102, 120 zu Art. 12 Abs. 2 und 3 GG; BVerfG v. 16.1.1957 – 1 BvR 253/56 – BVerfGE 6, 32, 36 zu Art. 19 Abs. 4 GG; BVerfG v. 13.2.1958 – 1 BvR 56/57 – BVerfGE 7, 275, 279; BVerfG v. 9.3.1983 – 2 BvR 315/83 – BVerfGE 63, 332, 337 zu Art. 103 Abs. 1 GG.

[159] So v. a. DÜRIG, AöR 81 (1956), S. 157ff.; **a. A.** BENDA, in: BENDA/ MAIHOFER/ VOGEL (Hrsg.), Handbuch Verfassungsrecht I² [1995], § 6 Rz. 11, ausführlich hierzu GEDDERT-STEINACHER, Menschenwürde als Verfassungsbegriff [1990], S. 181-189 m.w.N. Dieser Streit betrifft die Frage, wie stark der Grundrechtskern gegen Veränderungen abgesichert ist, da der Schutz des Art. 19 Abs. 2 GG schwächer ist als der nach Art. 79 Abs. 3 GG.

[160] BVerwG v. 26.1.1966 – V C 88.64 – BVerwGE 23, 149, 153; BVerwG v. 10.5.1967 – V C 150.66 – BVerwGE 27, 58, 63; BVerwG v. 11.11.1970 – V C 32.70 – BVerwGE 36, 256, 258.

der Wert für den Einzelnen jedoch faktisch nutzlos und in diesem Sinne beschädigt.

Die Pflicht zur Achtung der Würde erfordert daher, dass der Staat dem Einzelnen die Mittel zur Entfaltung seiner Persönlichkeit, wie dies von den Grundrechten konkretisiert wird, belässt; die Pflicht zum Schutz der Würde ist so zu verstehen, dass ihm die Würdevoraussetzungen gewährt werden müssen. Hierzu zählen neben Nahrung, Wohnung und Kleidung zur Erhaltung der physischen Existenz (Leben und körperliche Unversehrtheit) auch Mittel zur geistigen Entwicklung (Art. 2 Abs. 1 GG, aber auch die Informationsfreiheit des Art. 5 Abs. 1 GG spielt hier eine Rolle)[161]. Wegen Art. 6 Abs. 1 und Abs. 2 GG sind beispielsweise Verwandtenbesuche zu ermöglichen[162]. Außerdem sind über den in Art. 8 Abs. 1 GG anklingenden Menschenwürdeinhalt des sozialen und geistigen Kontakts beispielsweise Kosten, die im Zusammenhang mit gesellschaftlichen Treffen anfallen, zu berücksichtigen[163]. Die Verwirklichung der Berufsfreiheit des Art. 12 Abs. 1 GG umfasst die nötigen Mittel zur Bewerbung um eine Arbeitsstelle (Material, Kleidung), möglicherweise sogar die Übernahme von Weiterbildungskosten[164]. Schließlich drücken Art. 13 Abs. 1 GG (Unverletzlichkeit der Wohnung) und das Postgeheimnis des Art. 10 GG aus, dass dem Einzelnen ein privater Bereich gelassen werden muss, in den er sich ungestört zurückziehen kann und in dem er vor Zudringlichkeiten geschützt wird[165]. Dies bedeutet für den leistungsrechtlichen Bereich, dass dem Hilfeempfänger ein abgetrennter Wohnraum zur Wahrung seiner Intimsphäre finanziert werden muss.

---

[161] Zur diesbezüglich umfangreichen Rechtsprechung vgl. unten Teil 2 A. II. 2. c).

[162] BVerwG v. 22.8.195 – 5 C 15.94 – FEVS 46, 89 (Mittel zur Wahrung des elterlichen Umgangsrechts); vgl. aber OVG Münster v. 28.3.1984 – 8 A 1886/83 – FEVS 35, 425 (keine Leistungen für Besuch von inhaftiertem Ehegatten) und OVG Hamburg v. 16.5.1983 – Bs I 66/82 – FEVS 33, 96 (Besuch von entfernt wohnenden Verwandten nur bei zwingenden Gründen wie z. B. Krankenhausbesuch oder Bestattung).

[163] Zur Bedeutung von Art. 3 Abs. 1 GG für das Existenzminimum vgl. unten Teil 1 B. I. 4.

[164] So BIERITZ-HARDER, Menschenwürdig leben [2001], S. 270.

[165] BENDA, Gefährdungen der Menschenwürde [1975], S. 12 ff. m.w.N.

II. Leistungsrecht

1. Grundrechtsqualität

Art. 1 Abs. 1 GG verpflichtet die Staatsgewalt, die Menschenwürde zu achten und zu schützen. Es fragt sich, ob dies bedeutet, dass der Einzelne aus der Norm auch einen Anspruch auf Schutz seiner Menschenwürde ableiten kann, ob also die Würdenorm neben der objektiven Verpflichtung auch ein subjektives Recht enthält.

a) Herrschende Meinung: Grundrecht

Für die Bejahung einer subjektiv einklagbaren Grundrechtsposition liefert die herrschende Meinung[166] folgende Hauptargumente: Es widerspräche dem Grundanliegen dieser Norm, den Menschen nicht bloß zum Objekt staatlichen oder gesellschaftlichen Handelns zu degradieren, wenn gerade diese Garantie nur im Sinne einer objektiven Wertentscheidung verstanden würde, auf deren Durchsetzung der einzelne keinen Einfluss hätte[167]. Es sei zudem sinnwidrig, derjenigen Norm, die die Grundrechte motiviere, den subjektiv-rechtlichen Charakter absprechen zu wollen[168].

---

[166] BENDA, in: BENDA/ MAIHOFER/ VOGEL (Hrsg.), Handbuch Verfassungsrecht I² [1995] S. 165; HÄBERLE, in: ISENSEE/ KIRCHOF (Hrsg.), Handbuch Staatsrecht I [1987], § 20 Rz. 74, HERDEGEN, in: MAUNZ/DÜRIG/HERZOG (Hrsg.), Grundgesetz⁴³ [2004], Art. 1 Abs. 1 Rz. 26; IPSEN, Staatsrecht II³ [2000], S. 67; KRAWIETZ, in: WILKE/ WEBER (Hrsg.), KLEIN-Gedächtnisschrift [1977], S. 245, ff.; KUNIG, in: VON MÜNCH/ KUNIG (Hrsg.), Grundgesetz I⁵ [2000], Art. 1 Rz. 40; LÖW, DÖV 1958, S. 516 ff.; NIPPERDEY, in: NEUMANN/ NIPPERDEY/ SCHEUNER (Hrsg.), Grundrechte II [1954], S. 11; PODLECH, in: WASSERMANN (Hrsg.), AK-Grundgesetz² [1989], Art. 1 Abs. 1 Rz 61; STARCK, in: V. MANGOLDT/ KLEIN/ STARCK (Hrsg.), Grundgesetz I⁴ [1999], Art. 1 Abs. 1Rz. 24 ff.; SEEWALD, Gesundheit als Grundrecht [1982], S. 22; STERN, in: ACHTERBERG, KRAWIETZ, WYDUCKEL (Hrsg.), SCUPIN- Festschrift [1983], S. 627, 634; STERN, Staatsrecht III/1 [1988], S. 26; ZIPPELIUS, in: DOLZER/ VOGEL/ GRAßHOF (Hrsg.), BK-GG [2004], Art. 1 Abs. 1 u. 2 Rz. 32.

[167] BENDA, in: BENDA/ MAIHOFER/ VOGEL (Hrsg.), Handbuch Verfassungsrecht I² [1995] S. 165; STARCK, in: V. MANGOLDT/ KLEIN/ STARCK (Hrsg.), Grundgesetz I⁴ [1999], Art. 1 Abs. 1 Rz. 26.

[168] KRAWIETZ, in: WILKE/ WEBER (Hrsg.), KLEIN-Gedächtnisschrift [1977], S. 245, 279f.; LÖW, DÖV 1958, 520.

b) Gegenansicht: Würde als Prinzip

Nach der Gegenansicht regelt Art. 1 Abs. 1 GG kein subjektives öffentliches Recht, sondern lediglich ein Rechtsprinzip[169]. Dies banalisiert die Würdenorm nicht etwa. Als Rechtsprinzip ist die Menschenwürde den Grundrechten als elementare Grundentscheidung von Staat und Recht teleologisch vorgeordnet, die staatliche Tätigkeit hat sich deshalb nach überwiegender Ansicht[170] inhaltlich an der Entfaltung der Freiheit des Einzelnen auszurichten[171]. Die Würdenorm hat auch als bloßes Verfassungsprinzip unmittelbare Auswirkungen vor allem bei der Grundrechtsinterpretation[172], aber auch als Basis zur Ableitung weiterer Rechtsprinzipien[173].
Konkretisiert wird der Gehalt der Menschenwürdenorm des Art. 1 Abs. 1 GG gerade in jüngerer Zeit mit unterschiedlicher Begründung als ein „Recht auf Rechte". ENDERS[174] argumentiert mit der philosophischen Entstehungsgeschichte des Würdebegriffs. Die Eigenverantwortlichkeit des Menschen münde in der Möglichkeit, diesen zu verpflichten. Der Staat nutze dies durch die allgemeine Staatsbürgerpflicht zum Gesetzesgehorsam. Der notwendigen Entsprechung von Pflicht und Recht wegen müsse gleichzeitig aber auch eine allgemeine Berechtigung des Menschen von Staats wegen anerkannt werden. Mit der Menschenwürdegarantie des Art. 1 Abs. 1 Satz 1 GG werde daher ausgesprochen, dass der Mensch nicht nur *vorstaatliches* Subjekt, sondern auch *Rechts*subjekt sei, also ein Recht auf Rechte habe. Diese Feststellung sei aber zu abstrakt, um einen sogleich vollziehbaren Anspruch zu gewähren[175]. Restriktiver als die übrigen Autoren, die in der Würde ein bloßes Prinzip sehen, will ENDERS die Würde

---

[169] BIERITZ-HARDER, Menschenwürdig leben [2001], S. 258 ff.; ENDERS, Die Menschenwürde in der Verfassungsordnung [1997], S. 403 und 504; GEDDERT-STEINACHER, Menschenwürde als Verfassungsbegriff [1990], S. 172; NEUMANN, KritV 1993, S. 276, 288.

[170] Restriktiver ENDERS, Die Menschenwürde in der Verfassungsordnung [1997], S. 504; hierzu sogleich.

[171] GEDDERT-STEINACHER, Menschenwürde als Verfassungsbegriff [1990], S. 106; NIPPERDEY, in: NEUMANN/ NIPPERDEY/ SCHEUNER (Hrsg,), Grundrechte II [1954], S. 8ff.

[172] GEDDERT-STEINACHER, Menschenwürde als Verfassungsbegriff [1990], S. 136 ff.; ZIPPELIUS, in: DOLZER/ VOGEL/ GRAßHOF (Hrsg.), BK-GG [2004], Art. 1 Abs. 1 u. 2 Rz. 30 ff.

[173] GEDDERT-STEINACHER, Menschenwürde als Verfassungsbegriff [1990], S. 154 ff.

[174] ENDERS, Die Menschenwürde in der Verfassungsordnung [1997], S. 501 ff.

[175] ENDERS, Die Menschenwürde in der Verfassungsordnung [1997], S. 503.

noch nicht einmal als wertausfüllenden Interpretationsmaßstab verstanden wissen, sondern lediglich als heuristischen Grundsatz, der durch die Einbindung in ihren geistesgeschichtlichen Rahmen die Intention der Verfassung (nämlich die Rechtsfähigkeit des Menschen festzusetzen) verständlich mache, ohne ihren weiteren normativen Festsetzungen etwas hinzuzufügen[176].
Zur Untermauerung dieses losen Verständnisses der Menschenwürdenorm argumentiert ENDERS mit der Entstehungsgeschichte und Systematik der Norm. Der Parlamentarische Rat habe in Art. 1 GG einen „logischen Dreischritt"[177] vollzogen. Das Bekenntnis zu den – ebenfalls noch vorstaatlichen – Menschenrechten sei in Art. 1 Abs. 2 GG aufgenommen worden, um so der wichtigsten Grundlage der Menschenwürde Achtung zu zollen. Über Art. 1 Abs. 3 GG habe dann schließlich eine rechtskräftige Sicherung der durch die Menschenrechte konkretisierten Menschenwürde erfolgen sollen: erst die „nachfolgenden" Grundrechte regelten daher abschließend den Bereich der subjektiven öffentlichen Rechte, indem sie die nicht interpretierte Thesen der Menschenrechte positivrechtlich zu interpretieren hatten[178].

BIERITZ-HARDER[179] gelangt ebenfalls durch eine ähnliche systematische Auslegung zum Gehalt des Art. 1 Abs. 1 GG als „Recht auf Rechte". Wenn es in Artikel 1 Abs. 2 GG heiße, das Deutsche Volke bekenne sich „*darum* (Hervorhebung durch die Verfasserin) zu unverletzlichen und unveräußerlichen Menschenrechten", dann sei dies eine Bezugnahme auf Art. 1 Abs. 1 GG. Im Unterschied zu ENDERS sieht sie allerdings in Art. 1 Abs. 2 GG keine Bezugnahme auf spezifische Menschenrechte, sondern lediglich die Formulierung, dass der einzelne als Rechtssubjekt anzuerkennen sei, um dem Achtungsanspruch aus der Würdenorm Gestalt zu geben. Hinsichtlich der Frage, welche Rechte konkret gemeint sind, führe Art. 1 Abs. 3 GG mit seiner Verweisung auf die Grundrechte weiter. Wenn der Staat handele, habe er daher zu beachten, dass die Grundrechte des Einzelnen nicht leerliefen. Eine eigenständige Leistungspflicht vermöge die Menschenwürdenorm so nicht zu begründen. Sie – und hier besteht ein Unterschied zum loseren Verständnis ENDERS' – binde den Gesetzgeber aber dann, wenn er aufgrund anderer Normen tätig werde. Wenn er etwa aufgrund des Handlungsauftrages aus dem Sozialstaatsprinzip das Existenzminimum ge-

---

[176] ENDERS, Die Menschenwürde in der Verfassungsordnung [1997], S. 504.

[177] ENDERS, Die Menschenwürde in der Verfassungsordnung [1997], S. 414 ff.

[178] ENDERS, Die Menschenwürde in der Verfassungsordnung [1997], S. 424.

[179] BIERITZ-HARDER, Menschenwürdig leben [2001], S. 258 ff.

währe, müsse er wegen Art. 1 Abs. 1 GG die Hilfe so hoch ausfallen lassen, dass dem Empfänger die Ausübung seiner Grundrechte ermöglicht werde[180].

Die herrschende Meinung sieht hingegen in der Formulierung des Art. 1 Abs. 3 GG von den „nachfolgenden" Grundrechten kein Argument gegen die Grundrechtsqualität des Art. 1 Abs. 1 GG. Hiermit sei lediglich bezweckt worden, die Wiederholung der schon in Art. 1 Abs. 1 Satz 2 GG unmittelbar ausgesprochenen Bindung an die Menschenwürde zu vermeiden[181]. Gestritten wird auch in systematischer Hinsicht darüber, ob sich aus der Überschrift des Abschnitts mit „Die Grundrechte" Anhaltspunkte für den Normcharakter des Art. 1 Abs. 1 GG ergeben[182].

Man mag die Versuche, aus der Diktion des Grundgesetzes Schlüsse auf die Natur der Würdenorm zu ziehen, als „spitzfindigen Formalismus"[183] abtun. Der Streit im Schrifttum zeigt, dass je nach gewünschtem Ergebnis der Wortlaut unterschiedlich verstanden werden kann. Wichtiger erscheint dagegen die Auseinandersetzung mit den weiteren Argumenten der Mindermeinung, die sich inhaltlich mit Notwendigkeit und Zulässigkeit der Grundrechtsqualität von Art. 1 Abs. 1 GG auseinandersetzen. Dagegen spreche zum einen, dass er keinen eigenständigen Gehalt aufweise, sondern völlig in den nachfolgenden Grundrechten aufgelöst sei. Eine Verletzung der Menschenwürde könne und müsse stets als gleichzeitige Verletzung eines der nachfolgenden Grundrechte gerügt werden[184]. HERDEGEN zeigt jedoch, dass die einzelnen Freiheits- und Gleichheitsgrundrechte gegen neu aufkommende Gefährdungen der menschlichen Persön-

---

[180] BIERITZ-HARDER, Menschenwürdig leben [2001], S. 266 ff.

[181] KUNIG, in: VON MÜNCH/ KUNIG (Hrsg.), Grundgesetz I⁵ [2000], Art. 1 Rz. 49; STERN, Staatsrecht III/1 [1988], S. 351 f.; vgl. auch BVerfG v. 19.10.1982 – 1 BvL 34 u.a. /80 – BVerfGE 61, 126, 137.

[182] Dafür z. B. STERN, Staatsrecht III/1 [1988], S. 352, dagegen ENDERS, Die Menschenwürde in der Verfassungsordnung [1997], S. 397.

[183] NIPPERDEY, in: NEUMANN/ NIPPERDEY/ SCHEUNER (Hrsg,), Grundrechte II [1954], S. 12.

[184] DREIER, in: DREIER (Hrsg.), Grundgesetz I² [2004], Art. 1 I Rz. 129.; DÜRIG, in: MAUNZ/ DÜRIG/ HERZOG (Hrsg.), Grundgesetz⁴¹ [2002], Art. 1 Abs. I Rz. 4 und 13, GEDDERT-STEINACHER, Menschenwürde als Verfassungsbegriff [1990], S. 171; angedeutet bei ENDERS, Die Menschenwürde in der Verfassungsordnung [1997], S. 381.

lichkeit, etwa im Rahmen der modernen Biotechnologie, nicht zuverlässig zu schützen vermögen[185].

Das entscheidende Argument, Art. 1 Abs. 1 GG den Grundrechtscharakter abzusprechen, wird aber aus dem Absolutheitsanspruch der Menschenwürdenorm abgeleitet. Die Schrankenlosigkeit des Art. 1 Abs. 1 GG bewirkt, dass jeder Eingriff zugleich eine Verletzung der Menschenwürde bedeutet. Eine Rechtfertigung ist nicht möglich. Dies hat kontroverse Folgen in Bereichen, in denen staatliche Beschränkungen der menschlichen Selbstbestimmung für unvermeidbar gehalten werden, NEUMANN nennt hier die Psychiatrie: Maßnahmen, die nach erstem Dafürhalten eigentlich als Eingriff in die Menschenwürde gelten müssten (beispielsweise die Zwangstherapie oder Fesselung von geistig Kranken)[186], würden als Maßnahmen ausgegeben, die dem Schutz der Würde dienen sollen[187]. Dieser „Grundrechtsschutz gegen sich selbst" könne nicht toleriert werden. Nachdem die Rechtsprechung des Bundesverfassungsgerichts von der Würde als oberstem Konstitutionsprinzip[188] es aber unmöglich macht, zur Auflösung der Spannungslage verfassungsimmanente Schranken zuzulassen, sei es vorzuziehen, der Norm die Grundrechtsqualität abzusprechen und ihre Bedeutung auf ein regulatives Prinzip zu beschränken[189].

Die einzig verbleibende Möglichkeit, trotz der Unantastbarkeit der Menschenwürde zu einem operablen Grundrecht zu gelangen, präsentiert HERDEGEN[190] mit seinem normimmanenten Abwägungsmodell. Ausgangspunkt seiner Überlegung ist die Notwendigkeit, gewisse Maßnahmen, die Elemente der Menschenwürde angreifen, zuzulassen. Als Beispiel für ein nicht zufriedenstellendes Ergebnis von voreilig bejahter Würdeverletzung nennt er den Fall bevorstehender Terror-

---

[185] HERDEGEN, in: MAUNZ/DÜRIG/HERZOG (Hrsg.), Grundgesetz[43] [2004], Art. 1 Abs. 1 Rz. 26.

[186] NEUMANN, KritV 1993, S. 276, 286.

[187] BayVerfGH v. 28.2.1990 – Vf. 8 -VII - 88 – NJW 1990, S. 2926, 2927.

[188] Z. B. BVerfG v. 3.6.1987 – 1 BvR 313/85 – BVerfGE 75, 369, 380.

[189] NEUMANN, KritV 1993, S. 276, 288. Auch ENDERS, Die Menschenwürde in der Verfassungsordnung [1997], S. 388 ff. sieht in der besonderen Behandlung von Missgebildeten und Geisteskranken eine „Relativität" der Würde, die mit einem absoluten (Grund-)recht unvereinbar wäre.

[190] HERDEGEN, in: MAUNZ/DÜRIG/HERZOG (Hrsg.), Grundgesetz[43] [2004], Art. 1 Abs. 1 Rz. 43 ff.

anschläge. Hier sei die körperliche Schmerzzufügung oder Gabe willensausschaltender Wahrheitsdrogen zur Rettung von Menschenleben nicht schlechthin unzulässig. Es sei falsch, allein von der Tatsache, dass bestimmte Kategorien der Behandlung (sprich: Willensbeugung oder –kontrolle) stattfinden, stets und ohne Berücksichtigung des beabsichtigten Lebensschutzes auf eine Würdeverletzung zu schließen. Er tritt deshalb dafür ein, in Randzonen des Schutzbereiches (in denen nicht etwa aus historischen oder völkerrechtlichen Gründen durch Art oder Zweck der Maßnahme eine Würdeverletzung schlechthin begründet sei, etwa bei Genozid oder Rassendiskriminierung) eine Abwägung zuzulassen. Die Unantastbarkeit der Menschenwürde stünde einer Abwägung nicht im Wege, denn diese habe sich nicht auf inter-normativer Ebene als Kollision von Art. 1 Abs. 1 GG und Art. 2 Abs. 2 Satz 1 GG zu vollziehen, sondern normimmanent bei der Konkretisierung des Würdeanspruchs[191].

Tatsächlich betrifft das, was HERDEGEN als „Randbereich" qualifiziert, aber gerade den Kern der Menschenwürde. Wenn die Bildung des eigenen Willens oder die Möglichkeit, daran festzuhalten, manipuliert wird, dann schaltet man die Selbstbestimmung des Menschen aus. Der Zweck der Maßnahmen, fremde Leben zu retten, kann dagegen nicht glaubwürdig mit in den Würdetatbestand des „Täters" eingebracht werden, wenn man nicht in den Bereich grundgesetzferner Würdigkeitsanschauungen gelangen möchte, die als des Achtungsanspruchs würdig nur diejenigen ansehen, die dafür gesellschaftliche Normen zu erfüllen bereit sind[192], hier die Achtung des Lebens anderer. HERDEGEN selbst räumt auch ein, dass das Modell der normimmanenten Abwägung in erster Linie ein „pädagogisches Anliegen"[193] sei. Denn die würdeimmanente Konkretisierung greife zum Zweck der verlässlichen normativen Steuerung eben doch auf andere Grundrechte zurück, hier den Schutz des Lebens nach Art. 2 Abs. 2 Satz 1 GG als Höchstwert der Verfassung. Letztlich handelt es sich also doch um eine inter-normative Auflösung der Spannungslage, die zur Umgehung der Schrankenlosigkeit als normimmanente Konkretisierung ausgegeben wird. Eine solche

---

[191] Er sieht das Problem der so entstehenden Rechtsunsicherheit, zeigt aber auf, dass diese für eine Lockerung des Folterverbots möglicherweise in Kauf genommen werden muss. Seine Behauptung, dass der traditionelle Konsens, jedes willensbeugende Leid als Würdeverletzung anzusehen, im konkreten Szenario schnell zerbricht, wurde jüngst belegt durch die öffentliche Kontroverse um die Zulässigkeit der Androhung von Folter gegen einen Entführer zur Rettung des Opfers (Fall Daschner).

[192] Vgl. hierzu oben Teil 1 A. I. 1. c).

[193] HERDEGEN, in: MAUNZ/DÜRIG/HERZOG (Hrsg.), Grundgesetz[43] [2004], Art. 1 Abs. 1 Rz. 45.

Abwägung der Würde mit fremden Verfassungsgütern ist nicht möglich. Obwohl das Ergebnis vielleicht im Einzelfall Unbehagen hervorruft, ist eine Würdeverletzung gegeben. Die Bejahung eines Grundrechtsverstoßes mit der Folge der Rechtswidrigkeit der Maßnahme gegen den mutmaßlichen Täter (Terroristen, Entführer etc.) bleibt aufgrund des Stellenwertes der Würde aber akzeptabel.

Kernargument gegen die Grundrechtsqualität der Würdenorm ist allerdings auch nicht der von HERDEGEN problematisierte Fall, dass unter Berufung auf Art. 1 Abs. 1 GG ein Eingriff in die Sphäre des Würdeträgers unterbunden wird, sondern die unerträgliche Folge der Absolutheit, wenn über die Würdenorm der Eingriff gerade erst begründet werden soll. Bei diesen von NEUMANN vorgestellten Bedrohungstatbeständen des „Grundrechts gegen sich selbst" bei (Selbst-)gefährdung von Psychiatriepatienten ist die oben gescheiterte normimmanente Abwägung möglicherweise doch ein gangbarer Weg, um die Spannungslage zwischen den kollidierenden Interessen des Grundrechtsträgers aufzulösen. Hier können Leben und Gesundheit durchaus in den Würdebegriff mit einbezogen werden, wenn man Folgendes bedenkt: Würde ist der Wert des Menschen, der ihm kraft seiner Möglichkeit zur vernunftgesteuerten Selbstbestimmung zukommt. Achtung und Schutz der Würde bedeuten daher unbedingten Respekt vor der vernunftgetragenen Selbstbestimmung des Menschen. Würde haben aber auch diejenigen, die faktisch aufgrund geistiger Mängel zu einer vernunftkontrollierten Selbstbestimmung nicht in der Lage sind, denn der Achtungsanspruch entsteht schon mit der Zugehörigkeit zur Gattung Mensch. Hier heißt eine Achtung des Menschseins aber nicht, dass man der „gestörten" Selbstbestimmung, die zur Selbstgefährdung führt, ihren Lauf nehmen lassen müsste oder dürfte[194]. In diesem Fall gebietet die Würde, den Menschen, auch wenn er sich noch so unvernünftig verhalten mag, als Mitmenschen respektvoll zu behandeln. Es gilt, sein Menschsein zu bewahren, das heißt Leben und Gesundheit zu schützen und dabei aber gleichzeitig so viel wie möglich Rücksicht auf seine Persönlichkeit zu nehmen. Wo die Selbstbestimmung nicht von Vernunft getragen ist und deshalb zu einer Gefährdung der Gesundheit führt, muss daher die tatsächliche Selbstbestimmung durch den stellvertretenden Einsatz von Vernunft durch Helfer von außen in dem Maße eingeschränkt werden können, wie es zur Erhaltung der Gesundheit notwendig ist. Die Ermöglichung von „Leben und Gesundheit ohne „getrübte" Selbstbestimmung" ist eine bessere Achtung des Menschseins als „Lebens- und Gesundheitsgefährdung durch getrübte

---

[194] So auch HERDEGEN, in: MAUNZ/DÜRIG/HERZOG (Hrsg.), Grundgesetz[43] [2004], Art. 1 Abs. 1 Rz. 75.

Selbstbestimmung". Hier ist, anders als in den von HERDEGEN präsentierten Fällen, also tatsächlich eine Einbeziehung von Leben und Gesundheit in die Definition der Würde möglich, weil der Wert des Menschen, der konkret nicht zur Ausübung von Vernunft in der Lage ist, nunmehr an seiner menschlichen Existenz schlechthin festzumachen ist, die es primär zu schützen gilt. Wenn hierzu der Wille des Patienten eingeschränkt wird, so ist dies in dem Rahmen, in dem sein Menschsein dadurch bewahrt wird, noch kein Eingriff in die Würde. Die Schrankenlosigkeit des Art. 1 Abs. 1 GG bereitet bei derartigen Maßnahmen folglich keine Probleme, weil mangels Würdeverletzung auch keine Rechtfertigung erforderlich ist.

Nachdem die Kollision mit anderen Grundrechtsinteressen (desselben oder eines anderen Menschen) also bei richtigem Verständnis der Würdenorm nicht zur unzulässigen Verkürzung eines der betroffenen Rechtsgüter führt, steht also auch die Absolutheit des Art. 1 Abs. 1 GG seiner Grundrechtsqualität nicht im Wege.

c) Rechtsprechung

Das Bundesverfassungsgericht hat die Klagbarkeit der Menschenwürdenorm noch nicht zur Grundlage einer Entscheidung machen müssen. Mitunter hat es Art. 1 Abs. 1 GG als „Grundrecht" bezeichnet. So heißt es zum Beispiel in BVerfGE 61, 126, 137[195]:

„Einen [Prüfungsmaßstab] können die [dem Art. 1 Abs. 3 GG] nachfolgenden Grundrechte, aber auch das in Art. 1 Abs. 1 GG gewährleistete Grundrecht bilden – dass Art 1 Abs. 1 GG kein „nachfolgendes Grundrecht" ist, schließt eine Bindung der staatlichen Gewalten an dieses oberste Konstitutionsprinzip nicht aus"[196].

In BVerfGE 75, 348, 360[197] hat es ausdrücklich offen gelassen, „ob Art. 1 Abs. 1 GG ein Grundrecht des Einzelnen auf gesetzliche Regelung von Ansprüchen auf angemessene Versorgung begründen könnte" – die Entscheidung, vor der es zurückschreckte, schien hier aber weniger die Grundrechtsqualität denn

---

[195] BVerfG v. 19.10.1982 – 1 BvL 34 u.a. /80 – BVerfGE 61, 126, 137.

[196] Vgl. auch BVerfG v. 15.7.1963 – 2 BvR 6/63 – BVerfGE 15, 283, 286; BVerfG v. 14.4.1970 – 1 BvR 33/68 – BVerfGE 28, 151, 163; BVerfG v. 26.5.2970 – 1 BvR 83, 244 und 345/69 – BVerfGE 28, 243, 263.

[197] BVerfG v. 20.5.1987 – 1 BvR 762/85 – BVerfGE 75, 348, 360.

die konkrete Frage der Ansprüche auf Versorgung zu betreffen. Seine Feststellung, eine Verletzung von Art. 1 Abs. 1 GG sei mit der Verfassungsbeschwerde angreifbar[198], deutet ebenfalls darauf hin, dass es die Menschenwürdenorm als einklagbares Grundrecht versteht.

2. Schutzanspruch

Der Einzelne kann vom Staat also den Schutz seiner Menschenwürde verlangen. Er kann fordern, dass ihm die Mittel belassen werden, die er für ein selbstbestimmtes, seine Persönlichkeit entfaltendes Leben benötigt. Problematisch ist aber die Frage, ob neben dem Schutz vor Eingriffen in vorhandene Güter auch die Bereitstellung von fehlenden Menschenwürdevoraussetzungen verlangt werden kann. Ob Art. 1 Abs. 1 GG eine Anspruchsgrundlage für die Gewährung dieser Mittel darstellt, hängt davon ab, wie der Begriff des „Schützens" in dieser Norm auszulegen ist.

a) Ursprüngliche Bedeutung des Schutzanspruchs

Wie bereits oben gezeigt wurde, beabsichtigte der Verfassungsgeber bei der Entwicklung des Art. 1 Abs. 1 Satz 2 GG lediglich den negativen Schutz eines bereits vorhandenen Menschenwürde-Bestandes gegen Angriffe von außen. Dies lässt sich in erster Linie mit dem Grundrechtsverständnis der damaligen Zeit erklären. Dem Grundgesetz ging es in erster Linie[199] um die Wiederherstellung der Freiheitsprinzipien des liberalen Rechtsstaats[200] als Antwort auf die NS-Zeit[201]. Es stand also der *status negativus*[202] im Vordergrund.

---

[198] BVerfG v. 13.6.1952 – 1 BvR 137/52 – BVerfGE 1, 332, 343; BVerfG v. 25.1.1961 – 1 BvR 9/57 – BVerfGE 12, 113, 123.

[199] Ausnahmen: Art. 6 Abs. 4 GG sowie die Rechte aus Art. 33 Abs. 5 GG, vgl. SEEWALD, Gesundheit als Grundrecht [1982], S. 14.

[200] Zur Geschichte der Grundrechte vgl. HERMES, Leben und Gesundheit [1987], S. 166 ff.

[201] BÖCKENFÖRDE, NJW 1974, S. 1529, 1537.

[202] Nach der Statuslehre von JELLINEK bezeichnet dieser „negative Status" die Funktion der Grundrechte, wonach der Bürger Eingriffe in seine Freiheit abwehren kann. Daneben stehen der „positive Status", der dem Bürger ein Recht auf Leistungen vom Staat einräumt, und der „aktive Status", kraft dessen er sich an der Willensbildung des Staates beteiligen kann, JELLINEK, System der subjektiven öffentlichen Rechte² [1905], S. 87.

Dies bestätigt auch das Bundesverfassungsgericht in seinem Beschluss vom 19.12.1951[203], in dem es die Verfassungsbeschwerde der Witwe eines im Krieg gefallenen Rechtsanwalts verwarf, die eine bessere Versorgung auf dem Niveau der sozialen Verhältnisse ihres Ehemannes erstrebte. In der Begründung hieß es, weder Art. 1 Abs. 1 GG noch Art. 2 Abs. 2 Satz 1 GG könnten als Leistungsrechte angesehen werden, denn dies widerspreche der Funktion der Grundrechte.

„Die Grundrechte haben sich aus den im 18. Jahrhundert proklamierten Rechten der Freiheit und Gleichheit entwickelt. Ihr Grundgedanke war der Schutz des Einzelnen gegen den als allmächtig und willkürlich gedachten Staat, nicht aber die Verleihung von Ansprüchen des Einzelnen auf Fürsorge durch den Staat. [...] Wenn Art. 1 Abs. 1 GG sagt: ‚Die Würde des Menschen ist unantastbar', so will er sie nur negativ gegen Angriffe abschirmen. Der zweite Satz [...] verpflichtet den Staat zwar zu dem positiven Tun des ‚Schützens', doch ist dabei nicht Schutz vor materieller Not, sondern Schutz gegen Angriffe auf die Menschenwürde durch andere, wie Erniedrigung, Brandmarkung, Verfolgung, Ächtung usw. gemeint."[204]

Es wird aber gleichwohl teilweise die Ansicht vertreten, dass Art. 1 Abs. 1 Satz 2 GG, anders als die sonstigen Grundrechte, wegen seines Charakters als Schutzrecht schon immer als Leistungsrecht zu verstehen gewesen sei, das auch die Abwendung menschenunwürdiger Not umfasse[205]. Hierzu zitiert SEEWALD[206] die soeben genannte Entscheidung des Bundesverfassungsgerichts. Dies erscheint auf den ersten Blick paradox, hat das Gericht doch gerade dort ausdrücklich klargestellt, dass die Schutzpflicht aus Art. 1 Abs. 1 Satz 2 GG nicht den Schutz vor materieller Not umfasst. In der Tat führt aber die weitere Lektüre der Entscheidung zu bemerkenswerten Gedanken des Senats, die das Gesagte zwar keineswegs aufheben, aber gleichwohl eine neue Sichtweise der Menschenwürdenorm ermöglichen könnten. Nachdem Art. 1 Abs. 1 GG und Art. 2 Abs. 2 Satz 1 GG als Anspruchsgrundlage abgelehnt wurden, heißt es nämlich im darauf folgenden Absatz:

---

[203] BVerfG v. 19.12.1951 – 1 BvR 220/51 – BVerfGE 1, 97.

[204] BVerfG v. 19.12.1951 – 1 BvR 220/51 – BVerfGE 1, 97, 104.

[205] SCHWABE, Probleme der Grundrechtsdogmatik [1977], S. 264 f.

[206] SEEWALD, Gesundheit als Grundrecht [1982], S. 14 und 76 f.

„Damit ist zwar nicht gesagt, daß der Einzelne überhaupt kein verfassungsmäßiges Recht auf Fürsorge hat. Wenn auch die Wendung vom ‚sozialen Bundesstaat' nicht in den Grundrechten, sondern in Art. 20 des Grundgesetzes [...] steht, so enthält sie doch ein Bekenntnis zum Sozialstaat, das bei der Auslegung des Grundgesetzes wie bei der Auslegung anderer Gesetze von entscheidender Bedeutung sein kann. Das Wesentliche zur Verwirklichung des Sozialstaates aber kann nur der Gesetzgeber tun; er ist gewiß verfassungsrechtlich zu sozialer Aktivität, insbesondere dazu verpflichtet, sich um einen erträglichen Ausgleich der widerstreitenden Interessen und um die Herstellung erträglicher Lebensbedingungen für alle die zu bemühen, die durch die Folgen des Hitlerregimes in Not geraten sind. Aber nur wenn der Gesetzgeber diese Pflicht willkürlich, d. h. ohne sachlichen Grund versäumte, könnte möglicherweise dem Einzelnen hieraus ein mit der Verfassungsbeschwerde verfolgbarer Anspruch erwachsen."[207]

Diese Aussage des Bundesverfassungsgerichts ist nur schwer greifbar. Zum einen sind die Formulierungen so vorsichtig gewählt – ein Anspruch „könnte möglicherweise" bei Willkür erwachsen – dass es unmöglich ist, das Gericht auf eine klare und eindeutige Entscheidung zugunsten eines Leistungsrechts festzulegen. Vor allem aber ist die Anspruchsgrundlage dieses etwaigen Rechts nicht klar. Art. 20 GG, der als Grundlage für das Sozialstaatsprinzip gilt, spielt hier eindeutig eine entscheidende Rolle. Fraglich ist nur, ob der verfassungsrechtliche Anspruch aus dem Sozialstaatsprinzip selbst oder aus der Kombination mit einem Grundrecht erwachsen soll, was zu dem angedachten neuen Verständnis der Menschenwürdenorm führen könnte.

Für die zweite Variante spricht, dass das Bundesverfassungsgericht die Bedeutung des Sozialstaatsprinzips für die Auslegung des Grundgesetzes erwähnt. Es fragt sich also, ob das Bundesverfassungsgericht trotz seiner zuvor geäußerten Absage an ein leistungsrechtliches Verständnis der Schutzpflicht aus Art. 1 Abs. 1 Satz 2 GG eine Modifikation durch das Sozialstaatsprinzip zulassen will. So jedenfalls versteht DÜRIG[208] die Entscheidung und entwickelt entsprechend eine differenzierte Sichtweise des Art. 1 Abs. 1 Satz 2 GG. Einerseits sei dieser zwar im Sinne des Parlamentarischen Rats nur negativ zu verstehen: aus Art. 1 Abs. 1 GG *allein* ergebe sich kein Recht auf das Existenzminimum. Ein Leistungsrecht sei aber dort möglich, wo die Schutzpflicht des Art. 1 Abs.1

---

[207] BVerfG v. 19.12.1951 – 1 BvR 220/51 – BVerfGE 1, 97, 105.

[208] DÜRIG, in: MAUNZ/ DÜRIG/ HERZOG (Hrsg.), Grundgesetz[41] [2002], Art. 1 Abs. I Rz. 44.

Satz 2 GG durch andere Verfassungsnormen *erhöht* werde. Daher gebe Art. 1 Abs. 1 GG in Verbindung mit dem Sozialstaatsprinzip aus Art. 20, 28, 79 Abs. 3 GG ein subjektives öffentliches Recht auf Fürsorge.

Letztlich wirkt dieser Ansatz aber zu konstruiert. Das Bundesverfassungsgericht hatte in derselben Entscheidung bereits allzu deutlich die rein abwehrrechtliche Funktion der Grundrechte hervorgehoben, als dass man ihm die Intention unterstellen könnte, ihnen danach, und ohne dies ausdrücklich zu sagen, eine neue Dimension über das Sozialstaatsprinzip hinzuzufügen. Plausibler wirken demgegenüber die Erklärungsversuche, die in dem Abschnitt über das Sozialstaatsprinzip einen neuen, von der Schutzpflicht des Art. 1 Abs. 1 Satz 2 GG unabhängigen Begründungsansatz sehen[209]. Das Bundesverfassungsgericht hat hiernach eindeutig die Grundrechte auf ihre herkömmliche defensive Schutzrichtung begrenzt. Aber der über sie nicht erreichbare Schutz wird aus dem von den Grundrechten völlig getrennten Sozialstaatsprinzip hergeleitet. Eine Verbindung, wie DÜRIG sie vorstellt, ist vom Bundesverfassungsgericht nicht erstrebt worden.

b) Sozialstaatliche Interpretation

Die rein abwehrrechtliche Interpretation eines vom Sozialstaatsprinzip nicht berührten Art. 1 Abs. 1 GG blieb allerdings nicht lange bestehen. Eine neue Sichtweise über das Zusammenspiel von Sozialstaatsprinzip und Grundrechten brachte im Laufe der Zeit die Entwicklung eines teilhaberechtlichen Aspekts im Sinne des *status positivus* auf den Weg.

aa) Rechtsprechung

aaa) BVerwGE 1, 159

Als Ausgangspunkt der Entwicklung hierzu wird allgemein die Entscheidung des Bundesverwaltungsgerichts vom 24.6.1954[210] angesehen. Hier war zu entscheiden, ob das Fürsorgerecht entgegen seinem Wortlaut dem hilfebedürftigen Bürger einen Rechtsanspruch auf Unterstützung verleiht. Nach der damaligen Gesetzeslage[211] lag die Beihilfegewährung nämlich im Ermessen der Behörde.

---

[209] FRIAUF, DVBl. 1971, S. 674, 676; GOERLICH/ DIETRICH, Jura 1992, S. 134, 139.

[210] BVerwG v. 24.6.1954 – V C 78.54 – BVerwGE 1, 159 ff.

[211] Verordnung über die Fürsorgepflicht vom 13.2.1924 (RGBl. I S. 100) i.V.m. den Rechtsgrundsätzen über Voraussetzung, Art und Maß der öffentlichen Fürsorge vom 4.12.1931 (RGBl. I S. 765), die gem. Art. 125 GG auch in der Bundesrepublik weitergalten.

Dies beruhte auf dem überkommenen Verständnis der Armenhilfe. Fürsorge wurde nicht als Hilfe um der Bedürftigen willen verstanden, sondern als Instrument zur Wahrung der öffentlichen Sicherheit und Ordnung, damit sich die hungernden, verwahrlosten Massen nicht zu einem staatsgefährdenden Proletariat entwickelten. Der Arme war daher nicht Subjekt eines Anspruchs, sondern bloßes Objekt des behördlichen Handelns[212]. Es fragte sich, ob nicht die Werte des neuen Grundgesetzes ein anderes Verständnis der Armenhilfe erforderlich machten. Eine Auslegung nach den Länderverfassungen hatte viele Gerichte bereits zur Bejahung eines subjektiven Rechts veranlasst[213]. Erwartungsgemäß brach dann auch das Bundesverwaltungsgericht mit der armenpolizeilichen Fürsorgetradition und begründete den Hilfsanspruch folgendermaßen:

> „Das Verfassungsrecht besteht nicht nur aus den einzelnen Sätzen der geschriebenen Verfassung, sondern auch aus gewissen, sie verbindenden, innerlich zusammenhaltenden allgemeinen Grundsätzen und Leitideen, die der Verfassungsgeber [...] nicht in einem besonderen Rechtssatz konkretisiert hat [...]. Eine solche Leitidee ist die Auffassung über das Verhältnis des Menschen zum Staat: der Einzelne ist zwar der öffentlichen Gewalt unterworfen, aber nicht Untertan, sondern Bürger. Darum darf er in der Regel nicht Gegenstand staatlichen Handelns sein. Er wird vielmehr als selbständige sittlich verantwortliche Persönlichkeit und deshalb als Träger von Rechten und Pflichten anerkannt. Dies muß besonders dann gelten, wenn es um seine Daseinsmöglichkeiten geht. Dieser Grundsatz spiegelt sich in mehreren Vorschriften des Grundgesetzes wider (Art. 1 und 20 in Verbindung mit Art. 79 Abs. 3, Art. 2 und 19)."[214]

Aus der Menschenwürde, dem Recht auf freie Persönlichkeit, dem Rechtsstaats-, Demokratie- und Sozialstaatsprinzip, der Sozialgebundenheit des Eigentums,

---

[212] Vgl. zur Geschichte des Fürsorgerechts SCHULTE/ TRENK-HINTERBERGER, Sozialhilfe² [1986], S. 37 ff.

[213] So erstmals BayVGH v. 8.3.1949 – Nr. 308 I 48 – VerwRspr. 1. Bd. 1949, S. 351; sodann OVG Hamburg v. 22.1.1951 – Bf. II 366(50 – DÖV 1951, 330; OVG Lüneburg v. 14.3.1951 – II OVG A 602/ 50 – VerwRspr 4. Bd. 1952, 245; OVG Berlin v. 29.6.1951 – II B 26/51 – DÖV 1953, 375; VGH Stuttgart v. 15.1.1953 – 2 S 202/51 – DÖV 1953, 376; **a. A.** zunächst HessVGH v. 16.3.1949 – VGH O. S. 18/48 – DVBl. 1949, 439 aufgegeben durch Urteil v. 15.11.1955 – PIE. 2/54 – FEVS 2, 101.

[214] BVerwG v. 24.6.1954 – V C 78.54 – BVerwGE 1, 159, 161.

dem Gleichheitssatz und dem Grundrecht auf Leben und Gesundheit folge, dass ein Anspruch auf Fürsorgeleistungen bestehen müsse[215].

„Epochal"[216] beziehungsweise „klassisch"[217] ist die Entscheidung jedenfalls insoweit, als sie die Subjektstellung des Bürgers im Rechtsstaat anerkennt[218]. Auch der Gesetzgeber zog rasch die gebotene Konsequenz und machte sich daran, das Fürsorgerecht neu zu ordnen[219].

Häufig wird das Urteil darüber hinaus als Beispiel für die gerichtliche Anerkennung von originären Leistungsansprüchen genannt[220]. Die Schaffung eines solchen gesetzesunabhängigen „Grundrecht(s) auf das Existenzminimum"[221] geht aber weit über das hinaus, was das Bundesverwaltungsgericht erreichen wollte. Dies ergibt sich schon aus dem Leitsatz, in dem es heißt:

> „*Soweit* das Gesetz dem Träger der Fürsorge zugunsten des Bedürftigen Pflichten auferlegt, hat der Bedürftige entsprechende Rechte."[222] (Hervorhebung durch die Verfasserin)

---

[215] BVerwG v. 24.6.1954 – V C 78.54 – BVerwGE 1, 159, 161.

[216] FRIAUF, DVBL. 1971, S. 674, 676.

[217] GOERLICH/DIETRICH, Jura 1992, S. 134.

[218] NEUMANN, NVwZ 1995, S. 426, 427 sieht hier die „konstitutionelle Geburtsstunde" der Objektformel.

[219] Der Bundestag nahm gleich zu Beginn der dritten Legislaturperiode die Arbeit am Bundessozialhilfegesetz auf, welches mit dem ausdrücklichen Rechtsanspruch auf Hilfe (§ 4 Abs. 1 Satz 1 BSHG) dem neuen Geist Rechnung trägt. Um dem gewandelten Charakter der Unterstützung zum Ausdruck zu bringen, ersetzte man außerdem die bisherige Ausdrucksweise „öffentliche Fürsorge", den die Bevölkerung noch zu sehr mit der Armenhilfe früherer Zeiten verband, durch den Begriff „Sozialhilfe".

[220] ALEXY, Theorie der Grundrechte [1985], S. 398; KITTNER, in: WASSERMANN (Hrsg), AK-Grundgesetz² [1989], Rz. 62 zu Art. 20 Abs. 1-3 IV; MAGEN, Staatsrecht⁷ [1985], S. 147.

[221] ALEXY, Theorie der Grundrechte [1985], S. 398.

[222] BVerwG v. 24.6.1954 – V C 78.54 – BVerwGE 1, 159.

In der Urteilsbegründung formuliert das Gericht erneut eindeutig:

„Die Leitgedanken des Grundgesetzes führen dazu, *das Fürsorgerecht dahin auszulegen*, daß (...) (der Bedürftige) einen entsprechenden Rechtsanspruch hat."[223] (Hervorhebung durch die Verfasserin)

Das Bundesverwaltungsgericht hatte somit keineswegs die Begründung eines verfassungsunmittelbaren Leistungsrechts im Auge. Es ging ihm allein um die Schaffung eines einfachgesetzlichen Anspruchs durch die verfassungskonforme Auslegung der bestehenden Fürsorgegesetze. Es wird daher in der Literatur davor gewarnt, die Bedeutung dieses Urteils, das ohnehin in seiner Begründung „nicht gerade prägnant" sei und die einzelnen Verfassungsnormen „ohne jede Systematik" aufzähle[224], zu überschätzen[225].

FRIAUF[226] hingegen sieht gerade in dieser recht bunt gemischten Zusammenschau von Verfassungsartikeln die wichtigste Aussage der Entscheidung. Er geht zwar richtigerweise nicht so weit zu sagen, dass das Bundesverwaltungsgericht hier über einen verfassungsunmittelbaren Anspruch auf das Existenzminimum entschieden hätte. Aber er argumentiert, dass es durch seinen Umgang mit der Verfassung den Weg frei mache für eine neue Betrachtungsweise der Grundrechte als Grundlage staatlicher Leistungspflichten und individueller Leistungsansprüche. Während nämlich das Bundesverfassungsgericht[227] zuvor noch eine Trennung von Sozialstaatsprinzip und Grundrechten postuliert hätte (wodurch

---

[223] BVerwG v. 24.6.1954 – V C 78.54 – BVerwGE 1, 159, 161.

[224] BREUER, in: BACHOF/HEIGL/REDEKER (Hrsg.), BVerwG-Festgabe [1978], S. 89, 96.

[225] BIERITZ-HARDER, Menschenwürdig leben [2001], S. 198 ff.; DREIER, in: DREIER (Hrsg.), Grundgesetz I²[2004], Vorb. Rz. 89 Fn. 357; LÜBBE-WOLFF, Die Grundrechte als Eingriffsabwehrrechte [1988], S. 15 u. 115; MURSWIEK, in: ISENSEE/ KIRCHHOF (Hrsg.), Handbuch Staatsrecht V² [2000], § 112 Fn. 220 bei Rz. 99; SENDLER, DÖV 1978, S. 581, 582; TSAI, Die verfassungsrechtlichen Schutzstrukturen sozialrechtlicher Positionen [1997], S. 48. NEUMANN, in: HARMS (Hrsg.), Sozialstaat und Marktwirtschaft [1987], S. 2, 17 warnt zudem davor, die Entscheidung auch im übrigen zu überschätzen. Zwar sei sie damals wichtig gewesen für die Überführung von objektiven Pflichten in subjektive Rechte. Der Bürger sei heute aber anders und auch besser geschützt durch sein Recht auf ermessensfehlerfreie Entscheidung, den Rechtsschutz hierbei, die subjektiven Rechte im Sozialrecht und die Lehre des subjektiven öffentlichen Rechts.

[226] FRIAUF, DVBl 1971, S. 674, 676 f.

[227] In der oben genannten Entscheidung BVerfG v. 19.12.1951 – 1 BvR 220/51 – BVerfGE 1, 97.

letztere auf ihre herkömmliche defensive Schutzrichtung begrenzt blieben), hätte das Bundesverwaltungsgericht diese Trennung durchbrochen. Das Sozialstaatsprinzip stünde nun nicht mehr in einer Komplementärfunktion zu den Grundrechten. Statt dessen sehe das Bundesverwaltungsgericht die Gewährleistung der Menschenwürde, das Recht auf Leben und körperliche Unversehrtheit, das Rechtsstaats- und das Sozialstaatsprinzip als einheitlichen Normierungskomplex an. Aus diesem Komplex in seiner Gesamtheit, nicht aus einzelnen seiner Bestandteile, leite es den Rechtsanspruch des Hilfsbedürftigen auf Gewährung von Fürsorgeleistungen ab. Die angesprochenen Grundrechte einerseits und das Sozialstaatsprinzip andererseits erschienen dabei nur noch als Facettierungen ein und derselben verfassungsrechtlichen Normierung. Es sei daher nunmehr ein vom Gedanken des sozialen Rechtsstaats determiniertes Grundrechtsverständnis[228] möglich. Die Grundrechte würden dabei vom Sozialstaatsprinzip aus mit neuen Wertgehalten aufgeladen, um eine zusätzliche, sozialstaatliche Dimension zu gewinnen.

Zutreffenderweise macht FRIAUF aber gar nicht erst den Versuch, dem Bundesverwaltungsgericht all diese Gedanken zu unterstellen, sondern stellt lediglich fest, dass die Idee von der sozialstaatlichen „Mutation"[229] der Grundrechte auf den vom Bundesverwaltungsgericht eingeschlagenen Weg der gemeinsamen Nennung von Grundrecht und Sozialstaatsprinzip (nur) aufgebaut werden kann. Als Beleg für eine gerichtliche Sanktion dieses sozialstaatlichen Grundrechtsverständnisses kann die Entscheidung also nicht herangezogen werden.

bbb) BVerwGE 23, 347; 27, 360

In den beiden Entscheidungen aus den Jahren 1966[230] und 1967[231] leitet das Bundesverwaltungsgericht einen Anspruch der Privatschulen auf staatliche Hilfe in Form von Subventionen aus Art. 7 Abs. 4 GG ab. Hierzu führte es aus:

„(...) es trifft grundsätzlich zu, daß die Schutzwirkung eines verfassungsrechtlichen Freiheitsrechts sich nicht auf positive Leistungen der sog. gewährenden Verwaltung erstreckt. In außergewöhnlichen Fällen kann sich

---

[228] Vgl. hierzu unten Teil 1 A. II. 2. b).

[229] FRIAUF, DVBl. 1971, S. 674, 675.

[230] BVerwG v. 11.3.1966 – VII C 194.64 – BVerwGE 23, 347.

[231] BVerwG v. 22.9.1967 – VII C 71.66 – BVerwGE 27, 360.

aus einer verfassungsrechtlichen Garantie aber ein Leistungsanspruch ergeben. Das trifft für den Anspruch der privaten Ersatzschulträger auf staatliche Hilfe zu, weil ohne diese Hilfe das Ersatzschulwesen entgegen dem Willen des Grundgesetzes zum Erliegen käme."[232]

ccc) BVerfGE 33, 303

In der ersten „numerus-clausus"-Entscheidung vom 18.7.1972[233] stellte das Bundesverfassungsgericht fest, dass sich die Funktion des Art. 12 Abs. 1 GG mittlerweile nicht mehr im abwehrrechtlichen Bereich erschöpfe. So sei die Rechtsprechung gefestigt, dass die Grundrechte zugleich als objektive Normen eine Wertordnung statuieren[234]. Und auch in einem teilhaberechtlichen Bereich sei eine Weiterentwicklung vor allem dort nötig, wo der Staat die soziale Sicherung und kulturelle Förderung an sich gezogen habe. Gerade wegen des Ausbildungsmonopols des Staates lasse sich aus Art. 12 Abs. 1 GG in Verbindung mit Art. 3 Abs. 1 GG und dem Sozialstaatsgebot ein Recht auf Zulassung zum Hochschulstudium ableiten. Die Frage aber, ob über den Anspruch auf Teilhabe an vorhandenen Ausbildungsmöglichkeiten hinaus auch ein Recht auf Schaffung ausreichender Kapazitäten bestehe, ließ das Bundesverfassungsgericht offen, weil es keine evidente Verletzung eines möglicherweise bestehenden Verfassungsauftrages feststellen konnte. Jedenfalls stünden auch derartige Verschaffungsansprüche unter dem Vorbehalt des Möglichen im Sinne dessen, was der Einzelne vernünftigerweise von der Gesellschaft beanspruchen könne. Dies hätte in erster Linie der Gesetzgeber zu beurteilen. Auch in späteren Entscheidungen zum „numerus clausus" hielt das Bundesverfassungsgericht an den hier getroffenen Aussagen fest[235].

---

[232] BVerwG v. 22.9.1967 – VII C 71.66 – BVerwGE 27, 360, 362 f.

[233] BVerfG v. 18.7.1972 – 1 BvL 32/70 u. a. – BVerfGE 33, 303.

[234] Die schrittweise Entwicklung von subjektiven Rechten über die Brücke eines objektivrechtlichen Grundrechtsverständnisses wird dargestellt bei SEEWALD, Gesundheit als Grundrecht [1982], S. 27 ff.

[235] BVerfG v. 9.4.1975 – 1 BvR 344/73 – BVerfGE 39, 258, 269 f.; BVerfG v. 6.11.1975 – 1 BvR 358/75 – BVerfGE 40, 352, 254; BVerfG v. 8.2.1977 – 1 BvF 1/76 u.a. – BVerfGE 43, 291, 325 f.

ddd) BVerfGE 40, 121

Dieser Beschluss vom 18.6.1975[236] über die Gewährung von Waisenrente ist wegen seines Bezugs zum Existenzminimum besonders aufschlussreich. Das Bundesverfassungsgericht führte aus:

> „Gewiß gehört die Fürsorge für Hilfsbedürftige zu den selbstverständlichen Pflichten eines Sozialstaates [...]. Die staatliche Gemeinschaft muß ihnen jedenfalls die Mindestvoraussetzungen für ein menschenwürdiges Dasein sichern und sich darüber hinaus bemühen, sie soweit möglich in die Gesellschaft einzugliedern [...]. Jedoch bestehen vielfältige Möglichkeiten, den gebotenen Schutz zu verwirklichen. Es liegt grundsätzlich in der Gestaltungsfreiheit des Gesetzgebers, den ihm geeignet erscheinenden Weg zu bestimmen [...]. Ebenso hat er, soweit es sich nicht um die bezeichneten Mindestvoraussetzungen handelt, zu entscheiden, in welchem Umfang soziale Hilfe unter Berücksichtigung der vorhandenen Mittel und anderer gleichrangiger Staatsaufgaben gewährt werden kann und soll."[237]

Die Entscheidung geht insofern über BVerfGE 1, 97, 104 hinaus, als die Pflicht zur Gewährung des Existenzminimums hier klar benannt wird[238]. Allerdings fragt sich, ob dieser objektiven verfassungsrechtlichen Verpflichtung auch ein subjektiver Anspruch des Einzelnen korrespondieren soll. Im Schrifttum sind einige Autoren der Ansicht, nach dem Zusammenhang der Entscheidungsgründe liege in dem Ausspruch der Pflicht zur Fürsorge auch ein Bekenntnis zu einem entsprechenden Anspruch[239]. Tatsächlich aber sagt der Beschluss hierzu nichts

---

[236] BVerfG v. 18.6.1975 – 1 BvL 4/74 – BVerfGE 40, 121.

[237] BVerfG v. 18.6.1975 – 1 BvL 4/74 – BVerfGE 40, 121, 133.

[238] Eine Fürsorgepflicht aus dem Sozialstaatsprinzip war auch schon in BVerfG v. 5.6.1973 – 1 BvR 546/72 – BVerfGE 35, 202, 236 bejaht worden (allerdings nicht bezüglich des Existenzminimums, sondern der Resozialisierung von Straftätern).

[239] BREUER, in: BVerwG-Festgabe [1978], S. 89, 97; ALEXY, Theorie der Grundrechte [1985], S. 398 meint, es könnten „kaum Zweifel" daran bestehen, dass das BVerfG von einem Grundrecht auf das Existenzminimum ausgehe; STARCK, in: STARCK (Hrsg.), BVerfG-Festgabe II [1976], S. 480, 522 sagt gar, das BVerfG hätte die Existenz des Anspruchs mit „imperialem Stil" festgestellt. GOERLICH/DIETRICH, Jura 1992, S. 134, 139 argumentieren vorsichtiger, dass man sich unter der Berücksichtigung des Grundsatzes, dass die Einhaltung objektivrechtlicher Verpflichtungen einklagbar ist, wenn sie auch den Interessen des Klägers zu dienen bestimmt sind, mit der Annahme eines korrespondierenden subjektiven Rechts zur Rechtsprechung des BVerfG „wohl nicht in Widerspruch" setze.

aus. Gerade nachdem zum damaligen Zeitpunkt als Reaktion auf die zuvor genannten Privatschul- und „numerus-clausus"-Entscheidungen aber eine heftige rechtswissenschaftliche Diskussion um die Existenz grundrechtlicher Leistungsansprüche im Gange war[240], ist hinsichtlich der Annahme eines stillen Bekenntnisses zu einem verfassungsunmittelbaren Anspruch daher Vorsicht geboten. Man kann unterstellen, dass das Bundesverfassungsgericht diese Thematik, wenn es ihm um eine Aussage hierzu gegangen wäre, ausdrücklich benannt hätte[241]. Tatsächlich aber hat es diese Frage, die nicht entscheidungserheblich war, völlig offen gelassen.

Bis heute hat das Bundesverfassungsgericht im Übrigen keine eindeutige Aussage über einen Anspruch auf das Existenzminimum getroffen. Es entschied lediglich des Öfteren über eine entsprechende objektiv-rechtliche Pflicht des Staates, wobei allerdings ein bemerkenswerter Wandel in dessen Begründung auftrat. Während zunächst weiterhin allein das Sozialstaatsprinzip zur Begründung herangezogen wurde[242], ging man nämlich später dazu über, als Grundlage Art. 1 Abs. 1 GG in Verbindung mit dem Sozialstaatsprinzip zu nennen[243].

eee) BVerwGE 52, 339

Im Gegensatz zum Bundesverfassungsgericht wagte das Bundesverwaltungsgericht eindeutigere Aussagen zum Problem des Teilhaberechts. In seiner Entscheidung vom 22.4.1977[244] stellte es klar, dass grundsätzlich keine verfassungsunmittelbaren Leistungsansprüche existierten. Etwas anderes könne sich nur in außergewöhnlichen Fällen bei Untätigkeit des Gesetzgebers ergeben. Hierzu nennt es zunächst den Fall der Privatschulsubventionierung. Sodann heißt es, ein verfassungsrechtlicher Anspruch werde auch zur Sicherung des Existenzmini-

---

[240] Hierzu sogleich unter Teil 1 A. II. 2. b) bb).

[241] So auch LÜBBE-WOLFF, Die Grundrechte als Eingriffsabwehrrechte [1988], S. 15 u. 115.

[242] BVerfG v. 12.10.1976 – 1 BvL 9/74 – BVerfGE 43, 13, 19; BVerfG v. 24.5.1977 – 2 BvR 988/75 – BVerfGE 44, 353, 375.

[243] BVerfG v. 21.6.1977 – 1 BvL 14/76 – BVerfGE 45, 187, 228; BVerfG v. 29.5.1990 – 1 BvL 10 u. a./86 – BVerfGE 82, 60, 85; BVerfG v. 10.11.1998 – 2 BvL 42/93 – BVerfGE 99, 246, 259 (vgl. hierzu auch unten Teil 1 A II. 2. b) cc) fff)). Eine Zusammenschau von Menschenwürde und Sozialstaatsprinzip hatte das Bundesverwaltungsgericht schon seit längerem betrieben, vgl. BVerwG v. 26.1.1966 – V C 88.64 – BVerwGE 23, 149, 153; BVerwG v. 10.5.1967 – V C 150.66 – BVerwGE 27, 58, 63.

[244] BVerwG v. 22.4.1977 – VII C 49.74 – BVerwGE 52, 339.

mums des Einzelnen anzunehmen sein[245]. Für diese These stützt es sich auf die Entscheidung in BVerwGE 1, 159, 161, die diesem Urteil nichts hinzufügende Aussage aus BVerwGE 5, 27, 31 sowie BVerfGE 40, 121, 133. Diese Entscheidungen hatten aber, wie oben[246] gezeigt wurde, einen verfassungsunmittelbaren Anspruch gar nicht anerkannt. Die Begründung des Bundesverwaltungsgerichts ist daher nicht schlüssig. Es wäre besser beraten gewesen, wenn es sich zur Untermauerung seiner Ansicht auf die wissenschaftliche Argumente zum sozialstaatlichen Grundrechtsverständnis (hierzu sogleich) bezogen hätte, die gerade zur damaligen Zeit in vielfältigen Publikationen präsentiert wurden.

bb) Die Diskussion im Schrifttum

Nach den aufsehenerregenden Privatschul-Entscheidungen[247] wurde das Thema der grundrechtlichen Leistungsansprüche eingehend bei den Beratungen der Deutschen Staatsrechtslehrer im Jahre 1971[248] diskutiert. Weitere Impulse gaben die „numerus-clausus"-Entscheidungen[249], so dass in den 70er und 80er Jahren eine umfangreiche Auseinandersetzung mit dieser Frage stattfand[250]. Mittlerwei-

---

[245] BVerwG v. 22.4.1977 – VII C 49.74 – BVerwGE 52, 339, 346.

[246] Teil 1 A. II. 2. b) aa) aaa) und ddd).

[247] BVerwG v. 11.3.1966 – VII C 194.64 – BVerwGE 23, 347; BVerwG v. 22.9.1967 – VII C 71.66 – BVerwGE 27, 360, vgl. oben Teil 1 A. II. 2. b) aa) bbb).

[248] Vgl. den Bericht von MARTENS, in VVDStRL 30 (1972), S. 7 ff., den Mitbericht HÄBERLEs, ebd. S. 42 ff. sowie die Aussprache und Schlussworte, ebd. S. 142 ff.

[249] BVerfG v. 18.7.1972 – 1 BvL 32/70 u. a. – BVerfGE 33, 303; BVerfG v. 9.4.1975 – 1 BvR 344/73 – BVerfGE 39, 258, 269 f.; BVerfG v. 6.11.1975 – 1 BvR 358/75 – BVerfGE 40, 352, 254; BVerfG v. 8.2.1977 – 1 BvF 1/76 u.a. – BVerfGE 43, 291, 325 f.; vgl. oben Teil 1 A. II. 2. b) aa) ccc).

[250] Vgl. z. B. BADURA, Der Staat 14 (1975), S. 17, 32 ff.; BETHGE, Der Staat 24 (1985), S. 351, 372 ff.; BÖCKENFÖRDE, NJW 1974, S. 1529, 1535 ff.; DERS., in: BÖCKENFÖRDE/ JEKEWITZ/ RAMM (Hrsg.), Soziale Grundrechte [1981], S. 7 ff.; BREUER, in: BACHOF/ HEIGL/ REDEKER (Hrsg.), BVerwG-Festgabe [1978], S. 89 ff.; DERS., Jura 1979, S. 401 ff.; FREITAG, DVBl. 1976, S. 6, 9; FRIAUF, DVBl. 1971, S. 674 ff.; FRIESENHAHN, Verhandlungen 50. DJT, Bd. II [1974], G 1, G 29 ff.; HÄBERLE, VVDStRL 30 (1972), S. 43 ff.; HAVERKATE, Rechtsfragen des Leistungsstaates [1983], S. 63 ff.; LIESEGANG, JuS 1976, S. 420 ff.; LÜCKE, AöR 107 (1982), S. 30 ff.; MARTENS, VVDStRL 30 (1972), S. 7 ff.; v. MUTIUS, VerwArch, 64. Bd. (1973), S. 183 ff.; OSSENBÜHL, NJW 1976, S. 2100, 2105; RÜFNER, in: GITTER / THIEME/ ZACHER (Hrsg.), WANNAGAT-Festschrift [1981], S. 379 ff.; RUPP, AöR 101 (1976), S. 161, 176 ff.; SCHEUNER, DÖV 1971, S. 505 ff.; SCHWABE, Probleme der Grundrechtsdogmatik [1977], S. 241 ff.; SEEWALD, Gesundheit als Grundrecht [1982], S. 7 ff.; SENDLER, DÖV

le gilt die Diskussion, nachdem sie zu einer im Wesentlichen einheitlichen Antwort gefunden hat, als abgeschlossen[251]. Im Folgenden sollen die im Schrifttum immer wieder genannten maßgeblichen Argumente für und gegen verfassungsunmittelbare Leistungsansprüche erörtert sowie die von der Wissenschaft gefundenen Ergebnisse vorgestellt werden.

aaa) Argumente für Leistungsrechte

Die Vorstellung einer leistungsrechtlichen Dimension der Grundrechte basiert auf der Prämisse, dass zwischen den Grundrechten und den übrigen Verfassungsbestimmungen ein wechselseitiger Bezug besteht. Das Prinzip der Einheit der Verfassung verlange eine Zusammenschau von Grundrechtsteil und restlicher Verfassung[252]. Im Sozialstaat hätten die Grundrechte eine andere Bedeutung als im liberalen Rechtsstaat früherer Zeiten („sozialstaatliche Grundrechtstheorie"[253]). Das Sozialstaatsprinzip sei geeignet, den Grundrechten neben ihrer Abwehrfunktion eine zusätzliche Dimension zu geben. Sie würden vom Sozialstaatsprinzip mit neuen Werten aufgeladen[254] und könnten so auch die Grundlage für staatliche Leistungspflichten bilden.
Im Sozialstaat könne nämlich Freiheit nicht mehr bloß als Abwehr von Zwang verstanden werden. Vielmehr müsse der Staat „reale" Freiheit schaffen: Freiheit könne erst verwirklicht werden, wenn die tatsächlichen Voraussetzungen hierfür gegeben seien. Eine dies nicht berücksichtigende bloße abstrakte Freiheitsgewährleistung bliebe „papierene Verheißung"[255]. Wegen des faktischen Zusammenhangs von *liberté* und *capacité*[256] müssten daher die Grundrechte so zu verstehen sein, dass den Staat auch die Pflicht treffe, dem Grundrechtsträger die

---

1978, S. 581 ff.; WIEGAND, DVBl. 1974, S. 657 ff.; WILKE, Stand und Kritik der neueren Grundrechtstheorie [1975], S. 216 ff.

[251] MURSWIEK, in: ISENSEE/ KIRCHHOF (Hrsg.), Handbuch Staatsrecht V² [2000], § 112 Rn. 86.

[252] BETHGE, Der Staat 24 (1985), S. 351, 374.

[253] BÖCKENFÖRDE, NJW 1974, S. 1529, 1535 f.

[254] FRIAUF, DVBl. 1971, S. 674, 676.

[255] BETHGE, Der Staat 24 (1985), S. 351, 375.

[256] Vgl. hierzu MURSWIEK, in: ISENSEE/ KIRCHHOF (Hrsg.), Handbuch Staatsrecht V² [2000], § 112 Rn 26 ff.

Ausübung der Freiheit durch Verschaffung der nötigen Mittel erst zu ermöglichen. Es geht also um die Pflicht des Staates zur Grundrechtseffektivierung[257].

Untermauert wird diese neue Konzeption zumeist auch noch mit dem Argument, dass die Notwendigkeit hierzu sich gerade in der Bundesrepublik entwickelt hätte, nachdem der Mensch im modernen Staat immer mehr von staatlichen Leistungen abhängig würde und deshalb den Staat eine Bereitstellungspflicht träfe[258]. Diese Vorstellung vom „plötzlichen Autarkieverlust" wird aber von SCHWABE[259] richtigerweise kritisiert. Die irrige Annahme, aufgrund eines sozialen Wandels seien die Voraussetzungen für die Grundrechtsausübung bei der Mehrzahl der Bürger *nicht mehr* gegeben, beruht darauf, dass man sich früher als Zuordnungssubjekt der Grundrechte nicht den „Durchschnittsmenschen", sondern den „Bourgeois" vorstellte. Letzterem reichte die Abwehrfunktion zur Erfüllung seiner Freiheit aus. Auf staatliche Hilfe angewiesen waren aber früher nicht weniger Menschen als heute – sie wurden nur damals nicht beachtet. Es war also kein sozialer Wandel, der zu dem neuen Grundrechtsverständnis führte, sondern letzteres ist lediglich eine moderne Entwicklung. Lediglich das Monopolargument hat insofern Bestand als Begründung von Leistungspflichten aufgrund gewandelter Verhältnisse. Wo der Staat einzelne Lebensbereiche in Monopolstellung regelt[260], da trifft ihn auch die Verantwortung, dem Einzelnen den Zugang hierzu zu ermöglichen.

Insgesamt besteht weitgehend Einigkeit, dass der Sozialstaat zur Schaffung der „realen" Freiheit seiner Bürger angehalten ist. Gleichwohl erscheint vielen die Absicherung dieser Aufgabe in Grundrechten, aus denen unmittelbar Ansprüche entstehen, als unmöglich.

---

[257] FRIAUF, DVBl. 1971, S. 674, 677; HÄBERLE, DÖV 1972, S. 729, 731.

[258] BREUER, in : BACHOF / HEIGL/ REDEKER (Hrsg.), BVerwG-Festgabe [1978], S. 89, 91.

[259] SCHWABE, Probleme der Grundrechtsdogmatik [1977], S. 255.

[260] Paradebeispiel hierfür ist das staatliche Ausbildungsmonopol, vgl. BVerfG v. 18.7.1972 – 1 BvL 32/70 und 25/71 – BVerfGE 33, 303, 331 ff.

bbb) Argumente gegen Leistungsrechte

α) Entstehungsgeschichte

Gegen die sozialstaatliche Interpretation der Grundrechte spricht zum einen, dass sich das Grundgesetzes im Gegensatz zur Weimarer Reichsverfassung bewusst der Normierung sozialer Grundrechte enthalten hat[261]. Dieser entstehungsgeschichtliche Befund ist eindeutig. Er ergibt sich zum einen daraus, dass sich im Grundgesetz nur einige wenige ausdrückliche Leistungspflichten bzw. Anspruchsgrundlagen finden (z.b. Art. 6 IV GG). Vor allem aber zeigt sich an den Beratungen des Parlamentarischen Rates, dass keine sozialen Grundrechte gewollt waren[262]: man wollte im Grundgesetz als Provisorium noch keine Entscheidung über die sozialen und wirtschaftlichen Verhältnisse fällen und befürchtete, dass das Regelwerk durch die parteipolitischen Streitereien uneinheitlich würde[263]. Zudem hatte man beim Herrenchiemseer Konvent auch das schlechte Beispiel der Weimarer Republik vor Augen. Damals hatte man gelernt, dass bei der Nichteinlösbarkeit von verfassungsrechtlichen Versprechungen nicht nur die Politik, sondern auch die Verfassung selbst an Glaubwürdigkeit verliert. Das wollte man in der Bundesrepublik nicht riskieren[264].

β) Verwässerung des Freiheitsbegriffs

Solange die Funktion der Grundrechte auf den *status negativus* beschränkt bleibt, ist der Freiheitsbegriff inhaltlich offen. Jeder Mensch kann hier selbst bestimmen, wie er die Freiheit inhaltlich füllt. Leistungsansprüche setzen dagegen zur Gewährung realer Freiheit voraus, dass Inhalt, Art und Weise der Freiheitsbetätigung definiert werden. Die Gefahr liege nun darin, dass – bei einem einheitlichen grundrechtlichen Freiheitsbegriff – die Begrenzung auf die „formale", abwehrende Funktion der Grundrechte zurückwirke: dann wäre nicht nur die „Freiheit zu etwas", sondern auch die „Freiheit vor staatlichen Eingriffen" inhaltlich festgelegt und begrenzt[265]. Man sieht daher in der Teilhabe-Deutung der

---

[261] BREUER, in: BACHOF/ HEIGL/ REDEKER (Hrsg.), BVerwG-Festgabe [1978], S. 89, 92 f.

[262] Vgl. den Bericht bei v. DOEMMING/ FÜSSLEIN/ MATZ, JöR N.F. 1. Bd. (1951), S. 94.

[263] WEBER, Der Staat 4 (1965), S. 409, 413 ff.

[264] MURSWIEK, in: ISENSEE/ KIRCHHOF (Hrsg.), Handbuch Staatsrecht V² [2000], § 112 Rz. 44 ff.

[265] MURSWIEK, in: ISENSEE/ KIRCHHOF (Hrsg.), Handbuch Staatsrecht V² [2000], § 112 Rz. 38 u.92; ZACHER, in: ISENSEE/ KIRCHHOF (Hrsg.), Handbuch Staatsrecht I [1987], § 25 Rz. 99.

Grundrechte den „Feind aller grundrechtlichen Freiheit im Sinne des westlichen Verständnisses"[266].

γ) Primär-Verpflichtung des Einzelnen

WERTENBRUCH[267] sieht den wesentlichen Unterschied zwischen Freiheitsrechten und sozialen Rechten in der primären Bezugsperson. Die Freiheitsrechte stünden jedem einzelnen Menschen zu und richteten sich gegen den Staat. Soziale Rechte hingegen beträfen den Gemeinwohl-Zustand, den Menschen schlechthin und nicht konkrete Einzelpersonen, so dass diese hieraus auch keine unmittelbaren Ansprüche ableiten könnten. Dies liege auch daran, dass im Fall sozialer Rechte primär nicht der Staat, sondern jeder einzelne selbst angehalten sei, Vorsorge für Notfälle zu treffen. Es könne daher kein Grundrecht auf Hilfe gegen den Staat geben.

δ) Finanzierbarkeit

Ansprüche auf staatliche Leistungen, das hat auch das Bundesverfassungsgericht im Numerus clausus - Urteil[268] festgestellt, stehen immer unter dem „Vorbehalt des Möglichen". Denn nachdem die finanziellen Ressourcen des Staates begrenzt sind und er sich nicht zu unmöglichen Leistungen verpflichten will, stellen die vorhandenen Mittel eine „faktische Schranke" aller sozialen Grundrechte dar[269]. Außerdem ist der Staat gehalten, seine vielfältigen Verpflichtungen zu harmonisieren. Wenn ihm über das sozialstaatliche Verständnis die Aufgabe der Grundrechtseffektivierung zuwächst, kann er sich nicht zur maximalen Erfüllung eines Grundrechtsbereichs verpflichten, weil dies wegen der begrenzten Mittel zur Vernachlässigung anderer Ziele führen würde. Die Entscheidung über die Verteilung liegt allein schon aufgrund der Haushaltsverantwortung des Gesetzgebers beim Parlament. Auch hieraus folgt die Notwendigkeit der grundsätzlichen Begrenzung individueller verfassungsunmittelbarer Ansprüche auf staatliche Leistungen[270].

---

[266] RUPP, AöR 101 (1976), S. 161, 180.

[267] WERTENBRUCH, in: MAYER (Hrsg.), KÜCHENHOFF-Festgabe [1967], S. 343, 353 ff.

[268] BVerfG v. 18.7.1972 – 1 BvL 32/70 und 25/71 – BVerfGE 33, 303, 333.

[269] STARCK, in: V. MANGOLDT/ KLEIN/ STARCK (Hrsg.), Grundgesetz I^4 [1999], Art. 1 Abs. 3 Rz. 154.

[270] SEEWALD, Gesundheit als Grundrecht [1982], S. 24.

ε) Konkretisierungserfordernis

Das Hauptargument gegen originäre Leistungsansprüche aus Grundrechten ist jedoch die inhaltliche Unbestimmtheit der Grundrechte. Diese macht beim Abwehranspruch keine Probleme. Hier ist zum einen der „Streitgegenstand" klar umrissen, weil sich der Anspruch gegen ein bereits geschehenes oder bevorstehendes Tun richtet. Es liegen bereits staatliche Entscheidungen vor, die Gegenstand gerichtlicher Kontrolle werden können. Außerdem steht ein durch Rechtsprechung und Wissenschaft dogmatisch aufgearbeitetes Instrumentarium zur Verfügung, das den Ausspruch konkreter Ge- oder Verbote ermöglicht[271]. Beim Leistungsanspruch lassen sich aus dem Grundgesetz keine Kriterien für die notwendige inhaltliche und mengenmäßige Bestimmung der Teilhabe ableiten[272]. Die Frage nach dem „Was, Wie, Wieviel" bedarf erst noch der Konkretisierung und Aktualisierung in Form einer politischen Gestaltungsentscheidung, die wegen der oben bereits genannten Finanzierbarkeitsproblematik auch stets Verteilungs- und Prioritätsentscheidungen enthält. Hier zeigt sich, dass verfassungsunmittelbare Pflichten und Ansprüche zu einem schwierigen Kompetenzproblem führen würden: Politische Gestaltungsentscheidungen sind vom Gesetzgeber zu treffen[273]. Die Entscheidung der Frage, wie die Leistungsansprüche inhaltlich ausgestaltet werden sollen, durch den Richter wäre eine weder mit dem rechtsstaatlichen Prinzip der Gewaltenteilung noch mit dem Demokratieprinzip zu vereinbarende Kompetenzüberschreitung[274].

---

[271] HERMES, Leben und Gesundheit [1987], S. 117.

[272] FORSTHOFF, VVDStRL 12 (1954), S. 8, 20; MARTENS, VVDStRL 30 (1972), S. 7, 31.

[273] BVerfG v. 18.7.1972 – 1 BvL 32/70 und 25/71 – BVerfGE 33, 303, 333.

[274] BIEBACK, EuGRZ 1985, S. 657, 664; BÖCKENFÖRDE, NJW 1974, S. 1529, 1536; BREUER, in: BACHOF/ HEIGL/ REDEKER (Hrsg.), BVerwG-Festgabe [1978], S. 89 ff., 93; FRIAUF, DVBl 1971, S. 674, 677; HAVERKATE, Rechtsfragen des Leistungsstaates [1983], S. 104; MARTENS, VVDStRL 30 (1972), S. 7, 30 ff.; OSSENBÜHL, NJW 1976, S. 2100, 2105.

ζ) Erosion der Bindungsklausel des Art. 1 Abs. 3 GG

Aus der Problematik der Finanzierbarkeit und der Unsicherheit des Anspruchsobjekts schließt man, dass man die Grundrechte in ihrer sozialstaatlichen Dimension nicht mit derselben Verbindlichkeit garantieren könne wie Abwehrrechte[275]. Dann aber käme man mit der Bindungsklausel des Art. 1 Abs. 3 GG in Konflikt und untergrabe durch solche leerlaufenden Verfassungsartikel das Vertrauen in die Verfassung.

ccc) Lösung der Literatur

Aufgrund der soeben vorgestellten Argumente hat sich ein Großteil der Literatur schließlich dazu entschieden, grundsätzlich keine verfassungsunmittelbaren Leistungsansprüche zuzulassen[276]. Bei allem Enthusiasmus für die sozialstaatliche Interpretation der Grundrechte will man vor allem dem Bundesverfassungsgericht keine Entscheidungskompetenz auf diesem Gebiet einräumen. Aus der „Neubesinnung im Grundrechtsbereich" und durch Synthese von Grundrechten und Sozialstaatsprinzip geschaffenen „neuen Dimension"[277] der Grundrechte wurden damit im Ergebnis nur schwache „Grundrechtsinteressen"[278], „weitmaschige Leitmaximen"[279], „leges imperfectae"[280], „Zielbestimmungen"[281] oder

---

[275] STARCK in V. MANGOLDT/ KLEIN/ STARCK (Hrsg.), Grundgesetz I^4 [1999], S. 114.

[276] BADURA, Der Staat 14 (1975), S. 17, 35; BETHGE, Der Staat 24 (1985), S. 351, 376; BÖCKENFÖRDE, NJW 1974, S. 1529, 1536; DERS., in: BÖCKENFÖRDE/ JEKEWITZ/ RAMM (Hrsg.), Soziale Grundrechte [1981], S. 7; 11; BREUER, Jura 1979, S. 401, 403; FREITAG, DVBl. 1976, S. 6, 9; FRIAUF, DVBl. 1971, S. 674, 677; FRIESENHAHN, Verhandlungen 50. DJT, Bd. II [1974], G 1, G 29 ff.; HÄBERLE, VVDStRL 30 (1972), S. 43, 120 ff.; HAVERKATE, Rechtsfragen des Leistungsstaates [1983], S. 104 ff.; LIESEGANG, JuS 1976, S. 420, 423; LÜCKE, AöR 107 (1982), S. 32; MARTENS, VVDStRL 30 (1972), S. 7, 30; V. MUTIUS, VerwArch, 64. Bd. (1973), S. 183, 194; OSSENBÜHL, NJW 1976, S. 2100, 2105; RÜFNER, in: GITTER/ THIEME/ ZACHER (Hrsg.), WANNAGAT-Festschrift [1981], S. 379, 387; RUPP, AöR 101 (1976), S. 161, 180; SCHEUNER, DÖV 1971, S. 505, 513; SENDLER, DÖV 1978, S. 589; WIEGAND, DVBl. 1974, S. 657, 663. **a. A.:** SEEWALD, Gesundheit als Grundrecht [1982], S. 79 und 87; WILKE, Stand und Kritik der neueren Grundrechtstheorie [1975], S.229 scheint ebenfalls mehr zu fordern, wenn er die allgemeinen Absage an die grundrechtliche Gewährleistung reale Freiheit kritisiert, weil Grundrechtstheorie und -dogmatik sich vor brennenden Gegenwartsproblemen nicht mit dem Hinweis auf das ohnehin nicht strikt geltende Gewaltenteilungsprinzip „drücken" könnten.

[277] FRIAUF, DVBl. 1971, S. 674, 674 und 677.

[278] HÄBERLE, VVDStRL 30 (1972), S. 43, 122.

[279] RUPP, VVDStRL 30 (1972), S. 180, 181.

„Maßgabegrundrechte"[282], die, um gerichtlich durchsetzbare Ansprüche des Einzelnen zu schaffen, des gesetzgeberischen Transformationsaktes[283] bedürfen. Zum Teil ist auch von „objektiven Verfassungsaufträgen"[284] die Rede. Diese Konzeption wird jedoch von anderer Seite wieder zurückgewiesen mit dem Argument, dass auch objektive Verfassungspflichten vom Bundesverfassungsgericht kontrollierbar sind[285], so dass man wieder bei denselben Konkretisierungs- und Kompetenzproblemen lande. Es dürfe sich aber unter den hier aus den Grundrechten abgeleiteten Verfassungsprinzipien im Regelfall allenfalls um Grundsatznormen handeln, die den Gesetzgeber lediglich verpflichteten, in irgendeiner Weise seiner allgemeinen Verantwortung für Schaffung und Sicherheit der notwendigen Voraussetzungen sozialer Freiheit nachzukommen. Juristische Relevanz könnten diese allenfalls bei extrem missbräuchlicher Untätigkeit des Gesetzgebers erlangen[286].

Auf der anderen Seite stehen einige Autoren, denen die Konzeption von den (rein) objektiv-rechtlichen Pflichten nicht weit genug geht. So hält SCHWABE[287] es für notwendig, dass eine den Staatsbürger begünstigende Pflicht auch von diesem gerichtlich durchgesetzt werden kann. Die Weitläufigkeit der Verpflichtung sei insofern kein Problem, sie führe schlicht dazu, dass auch der korrelierende Anspruch entsprechend vage ausfalle. Der Rechtsinhaber hätte eben entsprechend selten mit einer Klage Erfolg. Je unbestimmter die Verfassungs-

---

[280] MARTENS, VVDStRL 30 (1972), S. 7, 30.

[281] RÜFNER, in: GITTER/ THIEME/ ZACHER (Hrsg.), WANNAGAT-Festschrift [1981], S. 379, 387.

[282] HÄBERLE, VVDStRL 30 (1972), S. 43, 115.

[283] BETHGE, Der Staat 24 (1985), S. 351, 376.

[284] HÄBERLE, DÖV 1972, S. 729, 734; vgl. auch FRIAUF, DVBl. 1971, S. 674, 678.

[285] Schließlich kennt das Grundgesetz neben der Verfassungsbeschwerde auch objektive Verfahrensarten; vgl. hierzu HERMES, Leben und Gesundheit [1987], S. 212; SEEWALD, Gesundheit als Grundrecht [1982], S. 68. BIEBACK, EuGRZ 1985, S. 657, 664 stellt deshalb auch klar, dass es sich um „objektive nicht judiziell festlegbare Ansprüche" handelt.

[286] MURSWIEK, in: ISENSEE/ KIRCHHOF (Hrsg.), Handbuch Staatsrecht V² [2000], § 112 Rz. 97.

[287] SCHWABE, Probleme der Grundrechtsdogmatik [1977], S. 204 ff. Vgl. zur Möglichkeit, aus dem objektiven Gehalt der Grundrechte subjektive Rechte herzuleiten, auch SEEWALD, Gesundheit als Grundrecht [1982], S. 27 ff.; STERN, Staasrecht III/1 [1988], S. 978 m.w.N.

pflicht, desto häufiger seien dem Gesetzgeber schließlich Rechtfertigungsgründe für seine Untätigkeit verfügbar.
Die ganz überwiegende Mehrheit will jedoch unter einem Anspruch nur eine Berechtigung verstehen, die bereits einen gewissen Grad an Bestimmtheit aufweist[288]. Die Vermutung liegt nahe, dass hierbei die Angst vor einer sonst drohenden Prozessflut[289] sowie Misstrauen gegenüber der Fähigkeit des Bundesverfassungsgerichts zum „judicial self-restraint"[290] eine nicht unwesentliche Rolle spielen.

Das Problem der Unbestimmtheit und die daraus folgenden funktionellrechtlichen Schwierigkeiten ergeben sich aber dort nicht, wo sich ein konkretes Verständnis vom Inhalt des verfassungsrechtlichen Leistungsrechts bereits herausgebildet hat. SEEWALD[291] hält daher die Anerkennung einer leistungsrechtlichen Grundrechtsdimension für durchaus möglich: „Voraussetzung dafür wäre allerdings, dass sich die Auffassung durchsetzt, dass die bisherigen Leistungen des Staates zur Verwirklichung der Grundrechte im wesentlichen in dieser Art und Weise verfassungsrechtlich geboten (...), jedenfalls ohne zwingenden Grund nicht mehr zurücknehmbar sind"[292]. Noch hat sich eine solche Sichtweise indes nicht durchsetzen können.

Gleichgültig, ob man mit der herrschenden Meinung die Existenz von Leistungsgrundrechten grundsätzlich ablehnt oder einer derartigen Entwicklung mit der Mindermeinung offen gegenübersteht – im Hinblick auf die Gewährung des Existenzminimums besteht heute jedenfalls fast[293] ausnahmslos Übereinstim-

---

[288] BADURA, Der Staat 14 (1975), S. 17, 34 fordert für die Begründung individueller Ansprüche aus einem Verfassungsauftrag, dass dieser mit „hinreichend greifbarer Regelungsanordnung eine individualisierbare Rechtszuweisung ausspricht, wie z. B. im Fall des Art. 6 Abs. 5 GG."

[289] Vgl. HERMES, Leben und Gesundheit [1987], S. 212.

[290] SEEWALD, Gesundheit [1982], S. 72 deutet diese Gefahr im Hinblick auf frühere Bundesverfassungsgerichtsentscheidungen (BVerfG v. 29.5.1973 – 1 BvR 424/71 u.a. – BVerfGE 35, 79 ff.; BVerfG v. 25.2.1975 – 1 BvF 1 u. a. /74 – BVerfGE 39, 1ff.) an.

[291] SEEWALD, Gesundheit als Grundrecht [1982], S. 79 ff.

[292] SEEWALD, Gesundheit als Grundrecht [1982], S. 87.

[293] Eine Ausnahme bilden hier FICHTNER, in: FICHTNER (Hrsg.), Bundessozialhilfesgesetz² [2003], § 1 Rz. 12; SPRANGER, Verwaltungsrundschau 1999, S. 242, 243 ff.; STOLLEIS, NDV 1981, S. 99, 100; WERTENBRUCH, in: MAYER (Hrsg.), KÜCHENHOFF-Festgabe [1967], S. 343, 352 ff.

mung, dass in diesem Fall (ausnahmsweise) ein verfassungsunmittelbarer Anspruch zu bejahen ist[294]. Die Begründungen hierzu variieren allerdings.

Teilweise wird mit der Schutzpflicht aus Art. 1 Abs. 1 Satz 2 GG argumentiert, die der Menschenwürdenorm im Gegensatz zu den anderen Grundrechten bereits von vorneherein eine leistungsrechtliche Dimension verleihe, so dass sich die Frage nach einer Erweiterung der Grundrechtsfunktion hier gar nicht stelle[295]. Wie oben[296] bereits gezeigt wurde, hatte aber die Schutzpflicht ursprünglich nur einen auf Abwehr gerichteten Charakter, so dass Art. 1 Abs. 1 GG keine Sonderrolle einnimmt. Genau wie bei den anderen Grundrechten müssen hier Gründe gefunden werden, die trotz der genannten Bedenken die Erweiterung um eine leistungsrechtliche Dimension rechtfertigen.

Ausgereifter ist der Ansatz von BREUER[297], die Spannungslage zwischen einer wünschenswerten sozialstaatlichen Erweiterung einerseits und begrenzenden Faktoren andererseits durch eine Kompromisslösung aufzuheben. Er teilt die von Anbeginn der Leistungsrechte-Diskussion an geäußerten Bedenken gegen ein „Tischlein-deck-dich"[298] bzw. „Schlaraffenland"[299]-Szenario und begrenzt die grundrechtlichen Ansprüche auf die Sicherung eines Minimalstandards. Nur das, was zur Erhaltung der grundrechtlichen Freiheit notwendig ist, soll hiernach

---

[294] ALEXY, Theorie der Grundrechte [1985], S. 465 ff.; BACHOF, VVDStRL 12 (1954), 37, 42; BREUER, in: BACHOF/ HEIGL/ REDEKER (Hrsg.), BVerwG-Festgabe [1978], S. 89, 95 ff.; DREIER, in: DREIER (Hrsg.), Grundgesetz I² [2004], Art. 1 I Rz. 158; DÜRIG, in: MAUNZ/ DÜRIG/ HERZOG (Hrsg.), Grundgesetz⁴¹ [2002], Art. 1 Abs. I Rz. 43, Art 2 Abs. II Rn. 26 f.; HAMANN/LENZ, Grundgesetz³ [1970], Art. 1 Anm. B 5; HÖFLING, in: SACHS (Hrsg.), Grundgesetz³ [2003], S. 40; HOFMANN, AöR 118 (1993), S. 353, 363; JARASS, in: JARASS/ PIEROTH, Grundgesetz⁷ [2004], Art. 20 Rz. 113; NEUMANN, NVwZ 1995, S. 426, 429 f.; PODLECH, in: WASSERMANN (Hrsg.), AK-Grundgesetz² [1989], Art. 1 Abs. 1 Rz.25; SEEWALD, Gesundheit als Grundrecht [1982], S. 15; STARCK, in: BVerfG-Festgabe II [1976], S. 480, 521 f.; DERS., in v. MANGOLDT/ KLEIN/ STARCK (Hrsg.), Grundgesetz I⁴ [1999], Art. 1 Abs. 1 Rz. 36, Art. 1 Abs. 3 Rz. 157; WIEGAND, DVBl. 1974, S. 657, 663; ZACHER, in: ISENSEE/ KIRCHOFF (Hrsg.), Handbuch Staatsrecht I [1987], § 25 Rz. 99 f.

[295] SCHWABE, Probleme der Grundrechtsdogmatik [1977], S. 264 f.; SEEWALD, Gesundheit als Grundrecht [1982], S. 15 und 77.

[296] Teil 1 A. II. 2. a).

[297] BREUER, in: BACHOF/ HEIGL/ REDEKER (Hrsg.), BVerwG-Festgabe [1978], S. 89, 93 ff.

[298] HÄBERLE, VVDStRL 30 (1972), S. 43, 110 f.

[299] BREUER, Jura 1979, S. 401, 403.

vom Staat verlangt werden können. Während die Schaffung eines Optimalstandards der sozialen Verteilungsgerechtigkeit in die Zuständigkeit der Gesetzgebung falle, sei die Entwicklung eines grundrechtlichen, verfassungsunmittelbaren Minimalstandards von der Rechtsprechung schrittweise im Wege vorsichtiger Kasuistik zu entwickeln.

Auch BREUER sieht die Hauptargumente gegen Leistungsrechte, stellt aber fest, dass bei einer richtigen Handhabung des Anspruchs zur Sicherung des Existenzminimums der Staatshaushalt nicht überfordert werde und die Gestaltungsfreiheit des Gesetzgebers gewahrt bleibe[300]. Zwar könne auch bei einer Reduzierung des Anspruchs auf das Minimum der für die Existenz nötigen Mittel dieser Anspruch nicht eindeutig bestimmt werden. Schließlich bestünden auch für die Gewährung eines Existenzminimums mehrere Möglichkeiten. Gleichwohl müsse dies nicht zum Ausschluss eines Anspruchs führen. Es gelte aber folgendes: Die Auswahl zwischen den verschiedenen Alternativen müsse beim Gesetzgeber verbleiben. In Anerkennung der parlamentarischen Gestaltungsfreiheit hätten sich die Gerichte daher solange zurückzuhalten, wie das einfache Gesetzesrecht ersichtlich das verfassungsrechtlich geforderte Minimum abdecke oder übertreffe[301]. Solange erübrige sich auch eine präzise Bestimmung des Minimalstandards. Sobald aber der Gesetzgeber keine hinreichenden Anspruchsregelungen treffe oder ein solches Gesetzesdefizit zumindest möglich erschiene, müssten die Gerichte jedoch über den grundrechtlichen Minimalstandard entscheiden[302]. Ihr Urteil solle dabei von drei Grundsätzen geleitet werden: Erstens müsse die Hilfeleistung in Geld (und nicht als Sachleistung) erfolgen. Weiterhin müssten der zeitbedingte Wandel der Lebensverhältnisse und der allgemeinen sozialen Anschauungen berücksichtigt werden. Und drittens müssten die individuellen Bedürfnisse des Hilfsbedürftigen in typisierender Weise abgedeckt werden.

BREUER ist also im Ergebnis für einen verfassungsrechtlichen Anspruch auf das Existenzminimum. Dieser Anspruch verschaffe dem Einzelnen aber solange keine verbesserte Rechtsposition, wie der einfachgesetzliche Standard als nicht

---

[300] BREUER, in: BACHOF/ HEIGL/ REDEKER (Hrsg.), BVerwG-Festgabe [1978], S. 89, 98, ähnlich STARCK, , in: V. MANGOLDT/ KLEIN/ STARCK (Hrsg.), Grundgesetz I^4 [1999], Art. 1 Abs. 3 Rz. 157.

[301] Die zureichende Sicherung des Existenzminimums durch das Sozialhilferecht bejahte er im Jahre 1978.

[302] Hier geht der Ansatz BREUERs über den anderer Autoren hinaus, die einen Anspruch zwar dem Grunde, aber nicht der Höhe nach bejahen, vgl. ISENSEE, in: LISTL/ SCHAMBECK (Hrsg.), BROERMANN-Festschrift [1982], S. 365, 374 m.w.N. Wie BREUER auch schon BACHOF, VVDStRL 12 (1954), S. 37, 53 ff.

evident unzureichend bewertet wird. Bis dahin sollten die Gerichte von der eigenen Festlegung eines verfassungsrechtlich vorgegebenen Anspruchshöhe absehen und auf die vom Gesetzgeber geschaffenen Standards – welche auch über der verfassungsrechtlichen Mindestgrenze liegen können – verweisen. Der konkrete, bezifferbare Anspruch des Hilfebedürftigen ergibt sich also auch nach dieser Ansicht letztlich doch allein aus dem einfachen Gesetz. Nur wenn jenes offensichtlich nicht mehr ausreichende Hilfe gewährt, wird der verfassungsrechtliche Standard relevant. In diesem Fall kann dann der grundrechtliche Leistungsanspruch zum Tragen kommen. Er wird sozusagen erst in bestimmten Situationen „aktiviert", wenn mangels ausreichenden einfachgesetzlichen Standards die Rechtsprechung jene Entscheidungen treffen kann und muss, die der zu Unrecht untätige oder zu wenig gewährende Gesetzgeber versäumt hat.

cc) Existenzminimum als Ausnahmerecht

Das Modell BREUERs ermöglicht es den Gerichten, im Fall evidenter Lücken im einfachen Gesetzesrecht über die Ableitung von Rechten aus der Verfassung Abhilfe zu schaffen. Ein solches einklagbares Recht auf das Existenzminimum wäre im Hinblick auf den Stellenwert der „realen Freiheit" im Sozialstaat begrüßenswert. Ob dies zulässig ist, hängt davon ab, ob die gegen die Leistungsrechte hervorgebrachten Argumente für diesen Fall zu entkräften sind. BREUER hat sich bei seiner Analyse auf die Hauptpunkte – die Finanzierbarkeits- und die Kompetenzproblematik – konzentriert. Neben einer genaueren Betrachtung dieses Kernbereichs bedürfen aber auch die anderen Argumente gegen verfassungsunmittelbare Leistungsrechte einer genaueren Betrachtung.

aaa) Entstehungsgeschichte

Dass im Grundgesetz ursprünglich kein verfassungsunmittelbarer Anspruch auf das Existenzminimum vorgesehen war, steht außer Zweifel. Gleichwohl hindert dieses Ergebnis der historischen Verfassungsauslegung die heute unter dem Grundgesetz lebenden Menschen nicht daran, seine Bestimmungen anders zu verstehen. Zur Auflösung dieser Spannungslage sei darauf hingewiesen, dass die gegenwärtige Gesellschaft es stets in der Hand hat, die überkommenen Gesetze aufzuheben und zu ändern. ZIPPELIUS[303] formuliert in Anlehnung an einen Gedanken aus HOBBES' „Leviathan", dass es für die Gegenwart nicht maßgebend sei, durch wessen Autorität das Gesetz einst erlassen wurde, sondern durch wessen Autorität es heute fortbesteht. Weil aber die Legitimitätsgrundlage des fort-

---

[303] ZIPPELIUS, Juristische Methodenlehre⁶ [1999], S. 25.

geltenden Rechts in der Gegenwart liege, müssten die Gesetze auch „ex nunc", also entsprechend der heute geltenden Vorstellungen, interpretiert werden. Auch das Bundesverfassungsgericht[304] weist der historischen Verfassungsinterpretation den niedrigsten Rang unter den Auslegungsmethoden zu. Gegen die verbreitete Ansicht, dass über die systematische Verfassungsauslegung mittels des Sozialstaatsprinzips eine neue Grundrechtsdimension geschaffen werden soll, kann somit das entstehungsgeschichtliche Argument nicht erfolgreich ins Feld geführt werden.

bbb) Verwässerung des Freiheitsbegriffs

Jedenfalls in Bezug auf die Menschenwürde ist die Argumentation nicht stichhaltig, dass durch die Gewährung der Freiheitsvoraussetzungen die Freiheit selbst definiert und so inhaltlich begrenzt würde. Denn auch bei einem positiven Gewährleistungsanspruch wird die Würde nicht der Selbstdefinitionsmacht des Individuums entzogen. Schließlich ist Gegenstand der Leistung nicht die Würde an sich, sondern nur die materiellen Voraussetzungen der Selbstentfaltung. Dem Einzelnen werden allein die Mittel zur Verfügung gestellt, die ihm die Möglichkeit geben, seine Persönlichkeit zu entwickeln, ohne dass ihm vorgegeben wird, in welcher Form dies zu geschehen hat. Zu recht fordert BREUER daher auch, die Hilfe in Form von Geld und nicht als Sachleistung zu gewähren.

ccc) Primär-Verpflichtung des Einzelnen

WERTENBRUCH stellte seine These, soziale Rechte zielten nur auf eine Verbesserung des Gemeinwohls und könnten nicht vom Einzelnen in Anspruch genommen werden, im Jahr 1967 auf[305]. Die Diskussion in den 70er Jahren machte aber deutlich, dass die sozialen Rechte auf Grundrechtseffektivierung an die Freiheitsrechte geknüpft sind. Sie sollen gerade auch dem Einzelnen zustehen, damit dieser von seiner Freiheit auch Gebrauch machen kann. Letztlich ist WERTENBRUCHS Gemeinwohl-Ansatz aber schon seit der Fürsorgerechts-Entscheidung vom 24.6.1954[306] nicht mehr haltbar, in der das Bundesverwaltungsgericht aufgezeigt hat, dass der Einzelne gerade dort, wo es um seine Daseinsmöglichkeiten geht, als Träger von Rechten und Pflichten anerkannt werden muss. Auch die von WERTENBRUCH gesehene primäre Verpflichtung des

---

[304] Vgl. BVerfG v. 21.5.1952 – 2 BvH 2/52 - BVerfGE 1, 299, 312.

[305] WERTENBRUCH, in: MAYER (Hrsg.), KÜCHENHOFF-Festgabe [1967], S. 343, 352 ff.

[306] BVerwG v. 24.6.1954 – V C 78.54 – BVerwGE 1, 159 ff., s. o. Teil 1 A. II. 2. b) aa) aaa).

Einzelnen steht dem Recht auf staatliche Hilfe im Notfall nicht im Wege. Ein Grundrecht auf Ermöglichung „realer" Freiheit greift eben nur bei Hilfsbedürftigkeit, also da, wo eigene Anstrengungen Fehl schlagen, Platz.

ddd) Erosion der Bindungsklausel des Art. 1 III GG

Ein verfassungsrechtliches Leistungsrecht auf das Existenzminimum führt nach dem Modell BREUERS[307] nur in Ausnahmesituationen – bei einem Versagen des Gesetzgebers – zu einem konkret ausmünzbaren Anspruch. In der Regel wird der Bürger auf sein einfachgesetzliches Recht verwiesen werden und der verfassungsrechtliche Anspruch ohne präzise Bestimmung der dort bestehenden Standards als für die Entscheidung nicht maßgeblich unerwähnt bleiben. Es fragt sich, ob hiernach von einem Leerlauf der Menschenwürdenorm gesprochen werden kann. Dies wäre nur dann der Fall, wenn der Verfassungsanspruch nicht nur unbestimmt, sondern auch unverbindlich wäre. Der Anspruch bindet den Staat aber sehr wohl. Denn er verpflichtet den Gesetzgeber dazu, unter Ausnutzung seines Gestaltungsspielraums tätig zu werden und das Existenzminimum zu gewährleisten. Die Einhaltung dieser Pflicht muss von den Gerichten geprüft werden, wenn der Einzelne seinen verfassungsrechtlichen Anspruch geltend macht. Bei Versagen des Gesetzgebers wird das Gericht durch den verfassungsunmittelbaren Anspruch des Hilfebedürftigen schließlich zur Festsetzung des Minimalstandards gezwungen. Der verfassungsrechtliche Anspruch bewirkt daher die Garantie, dass der Einzelne das Existenzminimum erhält. Nur weil sich aus ihm nicht sofort bezifferbare Leistungen ergeben, ist er daher nicht unverbindlich. Die Bindungsklausel des Art. 1 Abs. 3 GG läuft also mit einem verfassungsunmittelbaren Anspruch auf das Existenzminimum nicht leer.

eee) Finanzierbarkeit

Zur Entkräftung dieses Gegenarguments kann man wie BREUER in der Tat argumentieren, dass die Staatskasse mit der Sicherstellung des Existenzminimums nicht übermäßig belastet wird[308]. Gleichwohl ist dies kein gutes Argument gegen einen unbedingten Anspruch auf das Existenzminimum. In den Anfängen der Bundesrepublik stellte die Fürsorge – bei leeren Staatskassen und einem Heer an Bedürftigen – nämlich durchaus einen erheblichen Zahlungsposten dar.

---

[307] BREUER, in: BACHOF/ HEIGL/ REDEKER (Hrsg.), BVerwG-Festgabe [1978], S. 89, 97.

[308] Zwar sind die für die Aufbringung der Mittel zuständigen Kommunen tatsächlich am Rande ihrer Leistungsfähigkeit. Diese Problematik muss aber über eine Neuregelung der Kostenlast „staatsintern" geregelt werden und wirkt sich nicht auf das Verhältnis zum Bürger aus.

Entscheidend ist vielmehr folgende Überlegung: Art. 1 Abs. 1 GG ist das „oberste Konstitutionsprinzip" der Verfassung[309]. Die Menschenwürde steht im Mittelpunkt des Grundgesetzes. Nach ihr ist der Rest der Verfassung ausgerichtet. Wenn aber die Würdenorm im Rang noch über den weiteren Verfassungsbestimmungen steht, dann kann bei der Frage, für welche Staatsaufgaben finanzielle Mittel bereitgestellt werden, im Fall des Existenzminimums auch keine Abwägung erfolgen. Für den Kernbereich der Würdevoraussetzungen hat der Staat vor allen anderen Dingen zu sorgen. Dem Gesetzgeber steht bei der Verteilung der Mittel insoweit also kein Spielraum zu, so dass das Recht auf die Gewährung des Existenzminimums keinen Eingriff in seine Haushaltsprärogative bedeutet.

Gleichwohl ist auch hier der Vorbehalt des Möglichen nicht irrelevant. Die Nachkriegszeit ist ein Beispiel für die – hoffentlich für die Zukunft nur theoretische – Situation, dass der Staat selbst mit der Leistung der Mindestvoraussetzungen für ein menschenwürdiges Leben finanziell überfordert ist. Dann muss nach dem Grundsatz des „impossibilium nulla est obligatio" der Anspruch auf das Existenzminimum ins Leere gehen. Allein die Tatsache, dass sich der Staat in Krisenzeiten auf die Unmöglichkeit der Erfüllung berufen kann, darf aber nicht als Argument gegen die Anerkennung des Anspruchs genügen. Entscheidend ist, dass der Staat, solange er finanziell leistungsfähig ist, der Gewährung des Existenzminimums absoluten Vorrang einzuräumen hat.

fff) Konkretisierungserfordernis

BREUER hat richtig erkannt, dass auch das Existenzminimum nicht eindeutig bestimmbar ist. Die Schwierigkeiten bei der Festsetzung des Bedarfs zeigen sich bei der Diskussion um die verschiedenen Modelle zur Regelsatzermittlung, die seit dem Bestehen des BSHG ausprobiert wurden[310]. Es liegt auf der Hand, dass die Einschätzung dessen, was der Einzelne als Voraussetzung zur Entfaltung seiner Persönlichkeit mindestens benötigt, einer Wertung unterliegt. Aber selbst das physische Existenzminimum ist nicht objektiv bestimmbar, denn schon die Erschließung der hier zu Grunde liegenden Parameter enthält zahlreiche wertende, grundsätzliche methodische und statistische Entscheidungen. Aufgrund dieser Erkenntnis ist man vom Bild des „objektiven Warenkorbes" zur Bedarfsermittlung wieder abgerückt[311].

---

[309] Z. B. BVerfG v. 3.6.1987 – 1 BvR 313/85 – BVerfGE 75, 369, 380.

[310] Hierzu im Einzelnen unten Teil 2 B. I.

[311] Vgl. GALPERIN, NDV 1983, S. 118.

Bezüglich der konkreten Höhe des Existenzminimums besteht folglich ein Einschätzungs- und Gestaltungsspielraum. Es stellt sich die Frage, ob diese Tatsache einem Leistungsanspruch entgegensteht. Kompetenzrechtlich sind politische Gestaltungsentscheidungen vom Gesetzgeber zu treffen. So hat auch das Bundesverfassungsgericht entschieden, dass die Einschätzung des Mindestbedarfs Sache des Gesetzgebers sei[312]. Entsprechend legt das Bundesverwaltungsgericht bei der Regelsatzkontrolle einen nur eingeschränkten Prüfungsmaßstab an und kontrolliert lediglich die Vertretbarkeit der Wertungen und die Ordnungsmäßigkeit des Verfahrens[313]. Diese Einschränkung ist im Übrigen auch unter dem Gesichtspunkt nötig, dass die Gerichte mit einer vollständigen Kontrolle schlicht überfordert wären. Zur Erstellung der Regelsatzverordnung hat das Bundesministerium für Gesundheit und Soziale Sicherung beispielsweise den Rat von Expertengremien eingeholt, besetzt mit Wissenschaftlern aus den Bereichen Wirtschafts- und Sozialwissenschaften, Soziologie, Rechts- und Haushaltswissenschaften sowie Experten des Deutschen Vereins für öffentliche und private Fürsorge und des Instituts für Sozialforschung und Gesellschaftspolitik[314]. Ein entsprechender Aufwand, um zu sachgerechten Erkenntnissen zu kommen, sprengt den Rahmen von Gerichtsverfahren.

Zu untersuchen ist, inwieweit die Gerichte tätig werden können, wenn sie trotz aller Zurückhaltung zu dem Ergebnis gelangen, dass dem Gesetzgeber bei seiner Einschätzung Fehler unterlaufen sind. Es besteht insofern eine Parallele zum Überschreiten von Ermessensgrenzen im Verwaltungsrecht. Nach § 114 VwGO haben die Gerichte diesbezüglich eine Kontrollmöglichkeit. Eine konkrete Entscheidung dürfen sie aber nicht an die Stelle der falschen Verwaltungsentscheidung setzen. Nach § 113 Abs. 5 Satz 2 VwGO können sie statt dessen, wenn die Sache nicht spruchreif ist, die Behörde verpflichten, den Kläger unter Beachtung ihrer Rechtsauffassung zu bescheiden.

Das Bundesverfassungsgericht hat mit seinen Appellentscheidungen einen vergleichbaren Weg gewählt, um bei unbestimmten Begriffen Fehler des Gesetzgebers gleichwohl ahnden zu können: dort, wo kein Gestaltungsspielraum besteht bzw. wo dieser evident überschritten wurde, kann das Gericht den Fehler fest-

---

[312] BVerfG v. 25.9.1992 – 2 BvL 5 u. a./91 – BVerfGE 87, 153, 170.

[313] Vgl. hierzu unten Teil 2 B. II. 1.

[314] BR-Dr. 206/04, S. 7.

stellen und den Gesetzgeber verpflichten, geeignete Maßnahmen zu treffen[315]. Es prüft auf diese Weise das Untermaßverbot, d. h. ob der Gesetzgeber hinter seiner Pflicht zum Tätigwerden zurückgeblieben ist[316]. Es weicht mit diesen Entscheidungen von seinem grundsätzlichen Vorgehen ab, bei verfassungswidrigen Regelungen deren Nichtigkeit festzustellen, wenn ohne diese Regelung die Betroffenen noch schlechter gestellt wären und wählt dann den Weg, lediglich die Unvereinbarkeit der Norm mit der Verfassung festzustellen und dem Gesetzgeber eine Frist zu setzen, innerhalb derer dieser eine verfassungsgemäße Neuregelung schaffen muss[317]. In Ausnahmefällen hat das Bundesverfassungsgericht auch selbst übergangsweise eine Neuregelung formuliert, so zum Beispiel in der Entscheidung vom 28.5.1993 zum Schwangerschaftsabbruch[318]. Hier wurde die Nichtigkeit des damaligen § 218a StGB festgestellt, der eine Abtreibung nach der Beratungslösung für nicht rechtswidrig erklärte. Es folgte die Anordnung für die Ausgestaltung der Beratung, die den verfassungsrechtlich gebotenen Schutz des ungeborenen Lebens nach Art. 1 Abs. 1 GG i.V.m. Art. 2 Abs. 2 GG umsetzte. Unter Einhaltung dieser Voraussetzung war laut Anordnung eine Abtreibung bis zum Inkrafttreten einer Neuregelung mittels eines Tatbestandsausschlusses von der Strafbarkeit nach § 218 StGB ausgenommen.

In Bezug auf das Existenzminimum ist insbesondere die Kindergeld-Entscheidung des Bundesverfassungsgerichts vom 10.11.1998[319] von Interesse. Der Zweite Senat des Bundesverfassungsgerichts rechnete hier nämlich vor, wie das Existenzminimum eines Kindes zu bestimmen sei und kam für den Veranlagungszeitraum 1997 auf einen Betrag von 4.416 DM. Es ist allerdings zu beachten, dass es sich hier um eine Entscheidung auf dem Gebiet des Steuerrechts handelt. Schon seit langem hatten Wissenschaft und Gerichte bemängelt, dass

---

[315] Vgl. hierzu RUPP - V. BRÜNECK, in: RITTERSPACH/ GEIGER (Hrsg.), MÜLLER-Festschrift [1970], S. 355 ff.

[316] BVerfG v. 28.5.1993 – 2 BvF 2/90 u. a. – BVerfGE 88, 203, 254 (Schwangerschaftsabbruch).

[317] Beispielsweise in BVerfG v. 29.1.1969 – 1 BvR 26/66 - BVerfGE 25, 167 ff. (Gleichstellung unehelicher Kinder); BVerfG v. 12.3.1975 – 1 BvL 15/71 u. a. – BVerfGE 39, 169 ff. (Hinterbliebenenrente); BVerfG v. 20.3.1979 – 1 BvR 111/74 u. a. – BVerfGE 51, 1 ff. (Auslandsrenten); BVerfG v. 26.3.1980 – 1 BvR 121 u. a./76 – BVerfGE 54, 11 ff. (Rentenbesteuerung); BVerfG v. 16.11.1982 – 1 BvL 16/75 u. a. – BVerfGE 62, 256 ff. (Kündigungsfristen); BVerfG v. 3.4.2001 – 1 BvR 1629/94 – BVerfGE 103, 242 ff. (Pflegeversicherung).

[318] BVerfG v. 28.5.1993 – 2 BvF 2/90 u. a. – BVerfGE 88, 203, 208 ff.

[319] BVerfG v. 10.11.1998 – 2 BvL 42/93 – BVerfGE 99, 246 ff.

der Staat dem erwerbstätigen Steuerpflichtigen ein geringeres Existenzminimum beließ, als er es einem Sozialhilfeempfänger gewährte[320]. Schließlich besteht zwischen Sozialhilferecht und Steuerrecht in dem Sinne eine „Werteinheit"[321], als der Staat dem Bürger nicht als Steuerstaat das nehmen darf, was er ihm als Sozialstaat zurückgewähren muss.
Bereits mit Beschluss des Ersten Senats vom 22. Februar 1984[322] entschied das Bundesverfassungsgericht, dass der Gesetzgeber bei der Berücksichtigung zwangsläufiger Unterhaltsaufwendungen im Einkommensteuerrecht keine realitätsfremden Grenzen ziehen dürfe. Maßstab eines realitätsgerechten Abzugs sei das sozialhilferechtliche Existenzminimum[323].
Im Beschluss über die einkommensabhängige Kindergeldkürzung vom 29. Mai 1990[324] wurde dann ein grundrechtlicher Abwehranspruch gegen staatliche Eingriffe in das Existenzminimum eindeutig anerkannt. Bei der Einkommensbesteuerung habe gemäß Art. 1 Abs. 1 GG in Verbindung mit dem Sozialstaatsgrundsatz des Art. 20 Abs. 1 GG ein Betrag in Höhe des Existenzminimums der Familie steuerfrei zu bleiben[325]. Dieses Existenzminimum wurde als das umschrieben, was „zur Schaffung der Mindestvoraussetzungen für ein menschenwürdiges Dasein benötigt wird"[326]. Für dessen Bemessung komme den Leistungen der Sozialhilfe, „entscheidende Bedeutung" zu[327].

---

[320] Vgl. z.B. CZUB, Verfassungsrechtliche Gewährleistungen bei der Auferlegung steuerlicher Lasten [1982], S. 122 ff., 155; FICHTELMANN, FR 1969, S. 483, 489 f.; GILOY, DStZ/A 1979, S. 123 ff.; KIRCHHOF, JZ 1982, S. 305 ff.; LANG, StuW 1983, S. 103, 109; SÖHN, Fin. Arch. N. F. 46 (1988), S. 154, 168 f.; TIPKE, ZRP 1983, S. 25, 27.

[321] LANG, StuW 1983, S. 103, 119.

[322] BVerfG v. 22.2.1984 – 1 BvL 10/80 – BVerfGE 66, 214 ff.

[323] BVerfG v. 22.2.1984 – 1 BvL 10/80 – BVerfGE 66, 214, 224. Vgl. auch BVerfG, Beschl. v. 15.7.1987 – 1 BvR 54/87 – NJW 1988, 127.

[324] BVerfG v. 29.5.1990 – 1 BvL 10 u. a./86 – BVerfGE 82, 60 ff.

[325] Zur hierauf ergangenen Übergangslösung vgl. HALLER, in: KIRCHHOF/ OFFERHAUS/ SCHÖBERLE (Hrsg.), KLEIN-Festschrift [1994], S. 409, 414 ff.

[326] BVerfG v. 29.5.1990 – 1 BvL 10 u. a./86 – BVerfGE 82, 60, 85; vgl. auch BVerfG v. 10.11.1998 – 2 BvL 42/93 – BVerfGE 99, 246, 259.

[327] BVerfG v. 29.5.1990 – 1 BvL 10 u. a./86 – BVerfGE 82, 60, 94.

Im Jahr 1994[328] stellte das Bundesverfassungsgericht klar, dass die Einschätzung des Mindestbedarfs Aufgabe des Gesetzgebers sei. Soweit der Gesetzgeber dieses im Sozialhilferecht bestimmt habe, dürfe das steuerrechtliche Existenzminimum diesen Betrag jedenfalls nicht unterschreiten. Allerdings war dem Gericht bewusst, dass sich der für die Besteuerung erhebliche durchschnittliche[329] Sozialhilfebedarfs nur annäherungsweise bestimmen lässt. Regionale Unterschiede, Altersgruppen und verschiedene Berechnungsmethoden bei der Ermittlung des Wohnbedarfs von Kindern wurden als Beispiele dafür genannt, dass die Berechnung nur einen Richtwert, nicht aber eine strikte Vorgabe für die Bemessung des Existenzminimums darstellen kann[330]. Daher habe der Gesetzgeber hier einen Einschätzungsspielraum. Wenn die einschlägigen Richtwerte[331] um weniger als 15 Prozent unterschritten würden, so sei dies noch verfassungsmäßig[332].

Vier Jahre später kam es dann aber zu dem eingangs genannten Beschluss[333], in dem das Bundesverfassungsgericht dem Gesetzgeber das steuerrechtliche Existenzminimum punktgenau vorrechnete.

Dieses erlangt zum einen dadurch seine Berechtigung, dass der Senat mit seiner Berechnung in letzter Konsequenz auf das Untätigbleiben des Gesetzgebers reagiert hat. 14 Jahre waren vergangen, seit es angemahnt hatte, das sozialhilferechtliche Existenzminimum im Steuerrecht zu berücksichtigen. Nachdem es mehrfach vergebens zu einer Angleichung aufgefordert hatte, sah es letztlich keine andere Möglichkeit, als selbst eine Berechnung vorzunehmen.

Daneben war man hier nicht mit denselben Einschätzungsschwierigkeiten konfrontiert, wie sie bei der Bedarfsbestimmung im Sozialhilferecht vorliegen. Das Gericht musste nicht die Menschenwürdevoraussetzungen quantifizieren, sondern lediglich, ausgehend von bestehenden Sozialhilfe-Richtwerten, einen steuerrechtlichen Vergleichssatz festlegen. Dass die Sozialhilfe – unter Respektie-

---

[328] BVerfG v. 25.9.1992 – 2 BvL 5 u. a./91 – BVerfGE 87, 153, 170 f.

[329] Aus Praktikabilitätsgründen darf der Gesetzgeber im Steuerrecht einen einheitlichen Betrag zugrundelegen, der allerdings so bemessen werden muss, dass er in möglichst allen Fällen den entsprechenden Bedarf abdeckt, vgl. BVerfG v. 29.5.1990 – 1 BvL 10 u. a./86 – BVerfGE 82, 60, 91; BVerfG v. 25.9.1992 – 2 BvL 5 u. a./91 – BVerfGE 87, 153, 172; BVerfG v. 14.6.1994 – 1 BvR 1022/88 – BVerfGE 91, 93, 115.

[330] BVerfG v. 14.6.1994 – 1 BvR 1022/88 – BVerfGE 91, 93, 114.

[331] Des Bundesministers für Familie und Senioren, über deren Bemessung vgl. BVerfG v. 14.6.1994 – 1 BvR 1022/88 – BVerfGE 91, 93, 102.

[332] BVerfG v. 14.6.1994 – 1 BvR 1022/88 – BVerfGE 91, 93, 115.

[333] BVerfG v. 10.11.1998 – 2 BvL 42/93 – BVerfGE 99, 246 ff.

rung eines nie bezweifelten Gestaltungsspielraums des Gesetzgebers – dem erklärten Ziel der Ermöglichung eines menschenwürdigen Lebens genügte, wurde vorausgesetzt[334]. Die Berechnungen für das steuerrechtliche Existenzminimum stützen sich auf Durchschnittswerte der Sozialhilfe. Zentraler Punkt der Kindergeld-Entscheidung war also nicht deren Höhe, sondern „nur" die Frage der Notwendigkeit der Verallgemeinerung im Steuerrecht. Das Bundesverfassungsgericht hat eine Pauschalierung des Kinder-Existenzminimums auf 4.416 DM vorgenommen.

Auch bei dieser steuerrechtlichen Pauschalierung hat der Gesetzgeber einen Gestaltungsspielraum, den das Bundesverfassungsgericht hier an sich gezogen hat. Die Umsetzung des Verfassungsauftrags durch die Rechtsprechung ist aber deshalb kein Verstoß gegen den Grundsatz der Gewaltenteilung, weil der aus der Untätigkeit des Gesetzgebers folgende Funktionszuwachs nur subsidiärer Natur ist. Dem Gesetzgeber steht es schließlich jederzeit frei, den zunächst an ihn gerichteten Verfassungsauftrages wieder wahrzunehmen und zu verwirklichen[335]. Im Hinblick auf die Tatsache, dass dem Gericht in diesem Fall über die Sozialhilfe bereits Richtwerte vorlagen, also keine Situation wissenschaftlicher Überforderung vorlag, und den Umstand, dass dem Gesetzgeber ein jahrelanges Untätigbleiben vorzuwerfen war, stellt die Vorgehensweise des Gerichts hier keine unzulässige Anmaßung legislativer Kompetenzen dar. Vielmehr ist die Kindergeld-Entscheidung als ein gutes Beispiel für die gerichtliche Durchsetzung verfassungsrechtlicher Pflichten zu werten, bei der die Rechtsprechung als ultima ratio Aufgaben des untätigen Gesetzgeber übernimmt.

Diese Technik der Appellentscheidungen wäre auch geeignet für die gerichtliche Kontrolle verfassungsrechtlicher Leistungsansprüche. Ohne in den Kern der legislativen Kompetenzen einzudringen, könnte das Bundesverfassungsgericht die unzulängliche Anspruchserfüllung angreifen. Bliebe der Gesetzgeber gleichwohl untätig, so könnte es als letztes Mittel schließlich selbst Abhilfe schaffen, indem es übergangsmäßig Leistungen zusprächen, die – bei aller wissenschaftlicher Ungenauigkeit – dem Bedürftigen jedenfalls besser dienten als der als ungenügend erkannte Standard des kritisierten Gesetzes.

---

[334] BVerfG v. 29.5.1990 – 1 BvL 10 u. a./86 – BVerfGE 82, 60, 94; BVerfG v. 25.9.1992 – 2 BvL 5 u. a./91 – BVerfGE 87, 153, 170; BVerfG v. 14.6.1994 – 1 BvR 1022/88 – BVerfGE 91, 93, 111; BVerfG v. 10.11.1998 – 2 BvL 42/93 – BVerfGE 99, 246, 260.

[335] BVerfG v. 29.1.1969 – 1 BvR 26/66 - BVerfGE 25, 167, 181.

Im Fall des Existenzminimums ist sogar eine noch weitergehende Entscheidungsmacht des Bundesverfassungsgerichts angebracht, als dieses bislang für sich beansprucht hat. Wo die Grundlagen der Existenz betroffen ist, kann nicht erst eine jahrelange Frist bis zur Umsetzung der verfassungsrechtlichen Vorgaben durch den Gesetzgeber gesetzt werden. Hier muss, sobald die Unzulänglichkeit des einfachgesetzlichen Standards festgestellt wird, unmittelbar Abhilfe durch eine konkrete betragsmäßige Ausmünzung des verfassungsrechtlichen Anspruchs geschaffen werden.

Fraglich ist, was in Bezug auf die Verwaltung und die Fachgerichte gilt, die mit Leistungsbegehren bei offensichtlich unzureichender gesetzlicher Umsetzung konfrontiert werden. BACHOF[336] hat festgestellt, dass es zwar Sache des Gesetzgebers ist, die Höhe des Existenzminimums festzusetzen. Wenn er dies aber nicht oder in nicht ausreichender Höhe tue, bleibe kein anderer Ausweg als die „Notlösung" des Verfassungsvollzugs durch die Exekutive, was ihr durch Art. 1 Abs. 3 GG als Aufgabe gestellt sei.
Auch aus Art. 20 Abs. 3 GG folgt, dass sowohl Exekutive als auch die – das heißt *alle* – Gerichte zur Konkretisierung der Verfassung berechtigt und verpflichtet sind[337]. Dies kann zwar zu unterschiedlichen Ergebnissen der verschiedenen Entscheidungsträger führen, wird aber durch Art. 93 GG, § 31 BVerfGG insoweit gelöst, als zur allgemeinverbindlichen Auslegung des Grundgesetzes mit Vorrang gegenüber den Entscheidungen anderer Staatsgewalten ausschließlich das Bundesverfassungsgericht nach Art. 93 GG berufen ist.

III. Ergebnis

Einem grundrechtseffektivierenden Leistungsanspruch auf Gewährung der Menschenwürdevoraussetzung steht keines der Argumente entgegen, die generell gegen das sozialstaatliche Verständnis der Grundrechte sprechen. Aufgrund des Gestaltungsspielraums des Gesetzgebers bei der Festsetzung des Existenzminimums geht der Anspruch aber ins Leere, solange die einfachgesetzliche Konkretisierung[338] nicht offensichtlich hinter dem Existenzminimum zurückbleibt. Erst im Fall eines solchen Defizits wird der grundgesetzliche Anspruch „aktiviert" und die Behörden und Gerichte können als ultima ratio Abhilfe schaffen, indem

---

[336] BACHOF, in: VVDStRL 12 (1954), 37, 52 ff.

[337] SEEWALD, Gesundheit als Grundrecht [1982], S. 16.

[338] D. h. der Anspruch nach § 17 SGB XII auf Sozialhilfe in Höhe der Regelsätze nach §§ 27, 28 SGB XII i. V. m. der Regelsatzverordnung.

sie dem Bedürftigen unmittelbar aus der Verfassung heraus einen Betrag zusprechen, der seinen Bedarf deckt.

Anspruchsgrundlage ist Art. 1 Abs. 1 GG in Verbindung mit dem Sozialstaatsprinzip. Hierbei gibt der Menschenwürdesatz den Leistungsinhalt vor: es sind diejenigen Mittel zu gewähren, die die Voraussetzungen eines menschenwürdigen Lebens schaffen. Menschenwürde ist der Eigenwert des Menschen, der ihm aufgrund seiner Möglichkeit zur freien Persönlichkeitsentfaltung innewohnt. Neben dem physischen Existenzminimum, welches das „nackte Überleben" sichert, sind daher auch die Voraussetzungen zu dieser Selbstbestimmung zu schaffen, wie sie durch die Grundrechte konkretisiert werden. Zu ermöglichen sind deshalb auch soziale Kontakte, Zugang zu Informationsquellen zur geistigen Entwicklung, die Pflege verwandtschaftlicher Verhältnisse und Wahrung einer Intimsphäre in einem eigenen, abgeschlossenen Wohnbereich.

Das Sozialstaatsprinzip hat inhaltlich für diesen Anspruch keine Relevanz. Es ist aber deshalb Teil des Anspruchs auf das Existenzminimum, weil erst durch die sozialstaatliche Interpretation der Grundrechte deren Erweiterung von einem reinen Schutz vor Eingriffen hin zu Leistungsrechten möglich ist.

Die allgemeine Behauptung, „Art. 1 GG in Verbindung mit dem Sozialstaatsprinzip" gäbe einen Anspruch auf des Existenzminimum, ist also grundsätzlich richtig. Dieses Existenzminimum ist auch insofern ein „sozio-kulturelles", als soziale Kontakte und geistige Entwicklung durch kulturelle Angebote ermöglicht werden müssen.

B. Das Sozialstaatsprinzip

Der Begriff des „sozio-kulturellen Existenzminimums" wird aber in der Regel in einem anderen Kontext gebraucht. Gemeint ist zumeist das „relative Existenzminimum", also das, was das Bundesverwaltungs-gericht in ständiger Rechtsprechung als sozialhilferechtlichen Bedarf definiert: Der Bedürftige soll in der Umgebung von Nicht-Sozialhilfeempfängern ähnlich wie diese leben können[339]. Dies wird von Rechtsprechung und Schrifttum gleichermaßen als Element der Menschenwürde deklariert. Die Hilfeempfänger würden sonst sozial ausgegrenzt und in ihrem Selbstwertgefühl beeinträchtigt, was gegen die Menschenwürde

---

[339] BVerwG v. 11.11.1970 – V C 32.70 – BVerwGE 36, 356, 258; BVerwG v. 14.3.1991 – 5 C 70.86 – FEVS 41, 397; BVerwG v. 21.1.1993 – 5 C 34.92 – FEVS 43, 397, 399.

verstoße[340]. Die Stigmatisierung mag eine Belastung für die Bedürftigen darstellen. Diskriminierung hat aber nur insofern einen Menschenwürdebezug, als dabei der Wert des Menschen an sich, also gerade aufgrund seines Menschseins, in Frage gestellt wird[341]. Die Anerkennung aufgrund einer an Vermögenswerten orientierten Stellung in der Gesellschaft fällt nicht hierunter. Das Anknüpfen an den allgemeinen Lebensstandard weist vielmehr auf eine andere Zielsetzung der Verfassung hin: das Sozialstaatsprinzip, das der Schaffung von sozialer Gerechtigkeit dienen soll.

Das Sozialstaatsprinzip könnte in Bezug auf das Existenzminimum also gleich mehrfach Bedeutung erlangen: Zum einen insoweit, als es die Sicherung eines Minimalstandards aus Art. 1 GG ermöglicht, und darüber hinaus möglicherweise aus sich selbst heraus zur Erweiterung des Existenzminimums hin zu einem Teilhabeanspruch am allgemeinen Wohlstand. Diese weitgehende Funktion des Sozialstaatsprinzip haben offenbar diejenigen Autoren vor Augen, die das Sozialstaatsprinzip (und nicht Art. 1 GG) als zentrale Norm des Anspruchs auf das Existenzminimum zitieren[342].

Es ist also zu prüfen, inwieweit sich aus dem Sozialstaatsprinzip konkrete Rechte und Pflichten ableiten lassen.

I. Inhalt

Ansatzpunkt für die Analyse des Sozialstaatsprinzips ist Art. 20 Abs. 1 GG („Die Bundesrepublik Deutschland ist ein [...] sozialer Bundesstaat")[343]. Es handelt sich nicht um eine rein faktische Feststellung, sondern um einen „Grundsatz" gem. Art. 79 Abs. 3 GG der Verfassung, so dass es ein Strukturprinzip des

---

[340] BVerwG v. 21.1.1993 – 5 C 34.92 – FEVS 43, 397, 399; WIEGAND, DVBl. 1974, S. 657, 662.

[341] Vgl. die Herleitung der Objektformel aus der Philosophie KANTs, oben Teil 1 A. I. 2. c) und die Intention des Grundgesetzgebers, oben Teil 1 A. I. 3. a) bb); ausführlicher zur diesbezüglich falschen Rechtsprechung unten Teil 2 A. II. 2. c).

[342] SOMMERMANN, in: V.MANGOLDT/ KLEIN/ STARCK (Hrsg.), Grundgesetz II^4 [2000], Art. 20 Abs. 1 Rz. 117; NEUMANN, NVwZ 1995, S. 426, 429.

[343] Art. 28 Abs. 1 GG nimmt zwar auch auf den Sozialstaat Bezug („sozialer Rechtsstaat"), ist aber nicht als dessen Verankerung anzusehen, weil er keine zusätzliche, inhaltlich neue Formulierung von Strukturprinzipien, sondern lediglich ein Homogenisierungsgebot an die Landesverfassungsgeber enthält.

Grundgesetzes bildet[344]. Inhaltliche Anhaltspunkte zu seiner Konkretisierung lassen sich aus dem Text des Art. 20 Abs. 1 GG jedoch nicht entnehmen.

1. Entstehungsgeschichte

Auch die Entstehungsgeschichte trägt wenig zur Aufklärung bei. Der Parlamentarische Rat konnte auf keine verfassungstextliche Tradition des Begriffs „Sozialstaat" zurückgreifen, denn das Sozialstaatsprinzip stellte, im Gegensatz zu den Elementen der Rechtsstaatlichkeit, Demokratie und Bundesstaatlichkeit, eine Neuigkeit aus dem Jahre 1949 dar. Es fanden auch keine Beratungen über den Inhalt des Prinzips statt[345].

Es ist – wie schon bei der Menschenwürde – davon auszugehen, dass der Verfassungsgeber schlicht die Ideen übernommen hat, die ins öffentliche Bewusstsein eingegangen und so auch ihm selbstverständlich waren. Es müssen daher die Ideen eines „Sozialstaats" oder „sozialen Staates", wie sie vor der Entstehung des Grundgesetzes entwickelt worden waren, untersucht werden.

Überwiegend heißt es, der Begriff des „Sozialstaats" stehe im Zusammenhang mit der historisch-konkreten politischen Sozialbewegung[346]. Die Paarung des Begriffs „sozial" mit dem Wort „Staat" fuße auf der Debatte des 19. Jahrhunderts um die „soziale Frage". Wie schon oben[347] angesprochen, forderten die Kämpfer der Arbeiterbewegung eine staatliche Intervention zur Besserstellung der Arbeiter. Formale Freiheit und Gleichheit nutzten den faktisch abhängigen und unterlegenen Arbeitern nichts; der Staat sollte daher zum Schutz der Machtlosen in das Wirtschaftsleben eingreifen und – neben der Förderung der Gleichberechtigung im Arbeitsleben – auch die Entfaltung einer menschenwürdigen Existenz sichern. BIERITZ-HARDER zeigt auf, dass parallel hierzu auf dem Gebiet der Armenpflege zu Beginn des 20. Jahrhunderts erwogen wurde, als Aufgabe der öffentliche Armenpflege den Existenzschutz derer zu formulieren, die in der

---

[344] BIEBACK, EuGRZ 1985, S. 657.

[345] Vgl. SCHNAPP, JuS 1998, S. 873, 874, der kritisiert, dass V. MANGOLDT, der als Vorsitzender des Grundsatzausschusses am 14.10.1948 die Formulierung „sozialer Rechtsstaat" eingebracht hatte, auch in seinem späteren Kommentar zum Bonner Grundgesetz keine Auskunft gab, was ihn zu dieser Formel angeregt hat.

[346] ZACHER, in: ISENSEE/ KIRCHOFF (Hrsg.), Handbuch Staatsrecht I [1987], § 25 Rz. 21 ff. m.w.N.

[347] Teil 1 A. I. 2. e).

vom Staat ermöglichten und geförderten Wirtschaftsordnung hilfsbedürftig wurden[348]. Auch Art. 151 der Weimarer Reichsverfassung[349], der als Ziel der Wirtschaftsordnung die Gewährleistung eines menschenwürdigen Daseins für alle postulierte, gab dem Staat die Aufgabe, die Existenz des Einzelnen zu sichern. Diese politische Entwicklung habe zum Zeitpunkt der Entstehungen des Grundgesetzes das Wort „sozial" geprägt; mit Sozialstaat sei daher ein Staat gemeint gewesen, der den Schwächeren hilft und die Teilhabe an den wirtschaftlichen Gütern nach den Grundsätzen der Gerechtigkeit und mit dem Ziel der Gewährleistung eines menschenwürdigen Daseins für jedermann zu bewirken sucht[350].

Daneben wird aber auf ein weiteres vorkonstitutionelles Verständnis vom sozialen Rechtsstaat verwiesen, das für den grundgesetzlichen Begriff des Sozialstaats entscheidend gewesen sein soll[351]. Es handelt sich um das Konzept HELLERS[352], der die in die Wirtschaftsordnung eingreifenden „soziale Demokratie" dem liberalen „Nachtwächterstaat" gegenüberstellt. „Sozial" bedeutet demnach vor allem, dass der Staat die Gesellschafts- und Wirtschaftsordnung nicht sich selbst überlässt, sondern zur Verwirklichung materieller Gleichheit und Gerechtigkeit regelnd in sie eingreift. Dieses Konzept widerspricht zwar dem vorgenannten nicht, stellt aber ein Weniger gegenüber dem umverteilenden Teilhabestaat dar.

Sozialstaatlichkeit bedeutete – bei aller Offenheit des Begriffs – somit jedenfalls eine Verpflichtung des Staates, entgegen der frei wirkenden wirtschaftlichen Kräfte die Verwirklichung materieller Gleichheit und Gerechtigkeit zu fördern. Zur Beantwortung der Frage, ob der Verfassungsgeber darüber hinaus gehende Vorstellungen hatte, sei auf die personellen Zusammensetzung des Parlamentarischen Rates verwiesen: Es waren dort sämtliche politischen Richtungen vertreten[353], was den Schluss nahe legt, dass schlicht mehrere abweichende Konzepte nebeneinander existierten. Wie schon gesagt, wurde hierüber aber nicht disku-

---

[348] BIERITZ-HARDER, Menschenwürdig leben [2001], S. 173 ff.

[349] Vgl. oben Teil 1 A. I. 3. a) aa).

[350] ZACHER, in: ISENSEE/ KIRCHOFF (Hrsg.), Handbuch Staatsrecht I [1987], § 25 Rz. 21 ff.

[351] STEIN/ FRANK, Staatsrecht[18] [2002], S. 159 f.

[352] HELLER, Rechtsstaat oder Diktatur? [1930], S. 7 ff.

[353] Die 65 stimmberechtigten Abgeordneten verteilten sich wie folgt auf die einzelnen Parteien: 27 SPD, 27 CDU/ CSU, 5 FDP (FDP/DVP-LDP), 2 DP, 2 Zentrum, 2 KPD; vgl. OTTO, Das Staatsverständnis des Parlamentarischen Rates [1971], S. 43.

tiert. Von Anfang an war der Begriff des Sozialstaats „vage"[354]. Angesichts seiner inhaltlichen Unbestimmtheit wird das Prinzip auch als „Lapidarformel"[355] bezeichnet.

2. Grammatikalische Auslegung

Das Wort „sozial" hat noch keine allgemeingültige Auslegung erfahren[356]. Er wird zumeist mit dem Begriff „gesellschaftlich" gleichgesetzt und den verschiedensten Bedeutungen unterlegt, von „zwischenmenschlich" über „die persönliche oder materielle Lage in der Gesellschaft betreffend" bis hin zu „Rücksicht auf andere nehmend"[357]. Zur Konkretisierung des Verfassungsbegriffs „Sozialstaat" tragen diese verzweigten Verständnismöglichkeiten nicht bei.

3. Entwicklung in der BRD

Als heute allgemein akzeptierte Basis enthält das Sozialstaatsprinzip den Auftrag zur Schaffung sozialer Gerechtigkeit. So heißt es schon im KPD-Urteil[358]: „Wenn als ein leitendes Prinzip aller staatlichen Maßnahmen der Fortschritt zu ‚sozialer Gerechtigkeit' aufgestellt wird", so habe diese Forderung „im Grundgesetz mit seiner starken Betonung des ‚Sozialstaates' noch einen besonderen Akzent erhalten". Sie wirke „in Richtung auf Ausgleich und Schonung der Interessen aller" und strebe „annähernd gleichmäßige Förderung des Wohles aller Bürger und annähernd gleichmäßige Verteilung der Lasten" an. Hier bestätigt sich die oben herausgearbeitete Ausrichtung des Sozialstaatsprinzip auf die Förderung materieller Gerechtigkeit.

Seitdem stellt das Bundesverfassungsgericht in ständiger Rechtsprechung fest, dass sich aus dem Sozialstaatsprinzip ganz generell und prinzipiell ein Auftrag an den Gesetzgeber ergibt, „für einen Ausgleich der sozialen Gegensätze und

---

[354] BIEBACK, EuGRZ 1985, S. 657.

[355] HERMES, Leben und Gesundheit [1987], S. 129.

[356] WIEGAND, DVBl. 1974, S. 657, 659.

[357] Vgl. BIERITZ-HARDER, Menschenwürdig leben [2001], S. 169 f. m.w.N.

[358] BVerfG v. 17.8.1956 – 1 BvB 2/51 - BVerfGE 5, 85, 198.

damit für eine gerechte Sozialordnung zu sorgen"[359]. WERTENBRUCH[360] definiert folgendermaßen:

> „Sozialstaat ist derjenige Staat, welcher den Menschen in einer ganz bestimmten Weise zu schützen verpflichtet ist; nämlich durch *Ausgleichs*handlungen, welche gerade nicht darin bestehen, nur eine positive *Gesetzes*ordnung auszuprägen und zu garantieren. Sozialstaat ist der vor allem durch Güterverteilung ausgleichende Staat, dem es nicht um eine normierte Ordnung, sondern schlechthin um die faktische, existentielle Basis seiner Bürger geht". (Hervorhebungen durch WERTENBRUCH)

4. Faktische Gleichheit

a) Ziel: Abbau tatsächlicher Ungleichheiten

Eine konkretere Verpflichtung des Gesetzgebers wird erreicht, indem man das Sozialstaatsprinzip mit dem Gleichheitssatz zusammenwirken lässt. Unter dem Schlagwort der „faktischen Gleichheit" bzw. der „égalité en fait"[361] wird angeregt, dem Staat eine Verpflichtung zum Abbau tatsächlicher Ungleichheiten aufzuerlegen – eine Forderung, die ganz in der Tradition der frühen Sozialbewegung steht.

Der allgemeine Gleichheitssatz des Art. 3 Abs. 1 GG garantiert eine solche materielle Gleichheit zunächst nicht[362]. Er dient vielmehr der Schaffung rechtlicher Gleichheit, was sich faktisch allerdings in der Verstärkung der tatsächlichen Ungleichheit auswirken kann. Die rechtliche Gleichbehandlung von Besitzenden und Nichtbesitzenden führt schließlich dazu, dass sich diese Besitzunterschiede

---

[359] BVerfG v. 18.7.1967 – 2 BvF 3/62 u.a. - BVerfGE 22, 180, 204; BVerfG v. 3.12.1969 – 1 BvR 624/56 - BVerfGE 27, 253, 283; BVerfG v. 5.6.1973 – 1 BvR 546/72 – BVerfGE 35, 202, 235 f.; BVerfG v. 13.1.1982 – 1 BvR 848/77 u.a. – BVerfGE 59, 231, 263; BVerfG v. 16.7.1985 – 1 BvL 5/80 u.a. – BVerfGE 69, 272, 314.

[360] WERTENBRUCH, in: MAYER (Hrsg.), KÜCHENHOFF-Festgabe [1967], S. 343, 552 f.

[361] SCHOLLER, Gleichheitssatz [1969], S. 14 ff.

[362] Erst recht nicht der spezielle Gleichheitssatz des Art. 3 Abs. 3 GG, denn „Herkunft" in dessen Sinn meint die von den Vorfahren hergeleitete soziale Verwurzelung, nicht die in den eigenen Lebensumständen begründete Zugehörigkeit zu einer bestimmten sozialen Schicht, vgl. BVerfG v. 22.1.1959 – 1 BvR 154/55 - BVerfGE 9, 124, 129; ZACHER, AöR 93 (1968), S. 341, 375.

in der sozialen Realität auswirken[363]. Es wird daher teilweise gefordert, in einem sozialstaatlichen Verständnis den Gleichheitssatz auf die Schaffung tatsächlicher Gleichheit durch Angleichung der realen Lebensbedingungen auszuweiten[364].

Auf der anderen Seite wird darauf hingewiesen, dass nicht nur die formale Gleichheit der faktischen, sondern auch umgekehrt die Förderung tatsächlicher Gleichheit der rechtlichen im Wege steht, denn wer den Bedürftigen fördert und den Besitzenden von der Leistung ausschließt, begeht eine Ungleichbehandlung. Die Durchführung des einen Prinzips führt stets zum Eingriff in das andere, eine Gegenläufigkeit, die ALEXY als „Paradox der Gleichheit"[365] bezeichnet. Hieraus folgt STARCK[366], dass die faktische Gleichheit nicht neben der unverzichtbaren rechtlichen Gleichheit in Art. 3 Abs. 1 GG verortet werden kann. Sie sei vielmehr bei der Sozialstaatsgarantie des Art. 20 Abs. 1 GG anzusiedeln[367].

Das Bundesverfassungsgericht verbindet Art. 3 Abs. 1 GG mit dem Sozialstaatsprinzip[368], wobei es diese Verbindung teilweise neben Art. 3 Abs. 1 GG

---

[363] Vgl. HESSE, AöR 77 (1951), S. 167, 180.

[364] ALEXY, Theorie der Grundrechte [1985], S. 378 ff.; HÄBERLE, in: LINK (Hrsg.), LEIBHOLZ-Festschrift [1982], S. 84; HESSE, AöR 77(1951), S. 180 ff, 208 ff.; DERS., in: LINK (Hrsg.), LEIBHOLZ-Festschrift [1982], S. 78; JARASS, in: JARASS/ PIEROTH, Grundgesetz[7] [2004], Art. 20 Rz. 112; NEUMANN, DVBl. 1997, S. 92, 93 f. und 100; MÜLLER, VVDStRL 47 (1989), S. 37, 54; RUPP - V. BRÜNECK, Minderheitenvotum in BVerfG v. 12.12.1973 – 1 BvL 19/72 - BVerfGE 36, 247, 249 f.; SARTORIUS, Das Existenzminimum im Recht [2000], S. 66; SCHOCH, DVBl. 1988, S. 863, 869; SCHOLLER, Gleichheitssatz, S. 14 ff.; ZACHER, AöR 93 (1968), S. 341, 383; ZIPPELIUS, VVDStRL 47 (1989), S. 7, 15. Die Rechtsprechung des Bundesverfassungsgerichts ist mehrdeutig. Einerseits darf „sich der Gesetzgeber grundsätzlich nicht damit begnügen, vorgefundene tatsächliche Unterschiede ohne weiteres hinzunehmen; sind sie mit den Erfordernissen der Gerechtigkeit unvereinbar, so muß er sie beseitigen" (BVerfG v. 17.12.1953 - 1 BvR 147 - BVerfGE 3, 58, 158), andererseits gebietet der Gleichheitssatz nicht, „eine Regelung zu treffen, die verhindert, dass ungleiche Sachverhalte, der bestehenden Ungleichheit entsprechend, zu verschiedenen Rechtsfolgen führen" (BVerfG v. 14.4.1959 – 1 BvL 23, 34/57 - BVerfGE 9, 237, 244).

[365] ALEXY, Theorie der Grundrechte [1985], S. 379.

[366] STARCK, in: LINK (Hrsg.), LEIBHOLZ-Festschrift [1982], S. 51, 56.

[367] So auch NEUMANN, NVwZ 1995, S. 426, 429.

[368] BVerfG v. 13.6.1979 – 1 BvL 97/78 – BVerfGE 51, 295, 302; BVerfG v. 16.10.1979 – 1 BvL 5/77 – BVerfGE 52, 264, 272; BVerfG v. 1.7.1980 – 1 BvR 349/75 u.a. – BVerfGE 54, 251, 273; BVerfG v. 8.10.1980 – 1 BvL 122/78 u. a. – BVerfGE 55, 100, 111; BVerfG v. 28.1.1981 – 1 BvR 650/80 – BVerfGE 56, 139, 143.

nennt[369], so dass es den Anschein hat, als erblicke es in „Art. 3 Abs. 1 GG in Verbindung mit dem Sozialstaatsprinzip" ein eigenständiges Grundrecht[370]. Jedenfalls aber ist der Staat nach einhelliger Auffassung zur Förderung tatsächlicher Gleichheit verpflichtet, sei es nun nach dem Gleichheitssatz des Art. 3 Abs. 1 GG oder nach dem Sozialstaatsprinzip.

b) Umfang der Förderung

Auch dem Begriff der „faktischen Gleichheit" fehlt es noch in großem Maße an inhaltlicher Bestimmtheit. Es konkretisiert das Gebot der „sozialen Gerechtigkeit" dahingehend, dass diejenigen mit schlechteren Ausgangsbedingungen am allgemeinen Lebensstandard teilhaben sollen. In welchem Umfang[371], mit welchen Mitteln und nach welchen Methoden ist weitgehend offen.

BIERITZ-HARDER[372] zeigt auf, dass je nach politischem Kontext ganz verschiedene Vorstellungen vom Umfang der Hilfeleistung, die zur Gewährleistung eines sozio-kulturellen (Sozialstaats-) Existenzminimums erforderlich ist, mit dem Begriff verbunden werden können. Als Maßstab für die Hilfeleistung könnte man – unter erheblicher Erweiterung des Kreises der Anspruchsberechtigten – das durchschnittliche Maß der Möglichkeiten heranziehen, andererseits aber auch restriktiver nur untere Einkommensgruppen berücksichtigen. Schließlich könne man sogar verlangen, dass die Hilfsbedürftigen in ihren Teilhabemöglichkeiten zusätzlich hinreichend deutlich von den Teilhabemöglichkeiten jener unteren Schichten abgegrenzt würden, da diese ja ebenfalls in ihren Teilhabemöglichkeiten von den weitergehenden und umfassenderen Möglichkeiten anderer Schichten ausgeschlossen seien. Ihrer Meinung nach ergibt sich als gemeinsames Substrat aller möglichen Begriffsbestimmungen lediglich, dass die Hilfe, die nach dem Sozialstaatsprinzip zu gewähren ist, ein unbestimmtes Mehr als das physische Existenzminimum umfassen soll. Der Begriff des „sozio-

---

[369] BVerfG v. 12.4.1983 – 2 BvR 1304/80 u. a. – BVerfGE 63, 380, 390.

[370] NEUMANN, DVBl. 1997, S. 92, 93.

[371] Absolute Gleichheit wird nie erstrebt, sondern lediglich die Minderung von Ungleichheit, vgl. ZACHER, in: ISENSEE/ KIRCHHOF (Hrsg.), Handbuch Staatsrecht I [1987], § 25 Rz. 38; STARCK, in: LINK (Hrsg.), LEIBHOLZ-FESTSCHRIFT [1982], S. 51, 56 zeigt auf, dass absolute faktische Gleichheit zu Ende gedacht nur in einer die Freiheit verneinenden Diktatur verwirklicht werden könnte.

[372] BIERITZ-HARDER, Menschenwürdig leben [2001], S. 150 f. und 188.

kulturellen Existenzminimums" führe also nicht weiter als der des „menschenwürdigen Lebens".

Dieser Schlussfolgerung kann nicht gefolgt werden. Wie oben[373] gezeigt, ist das sozio-kulturelle Element der Menschenwürde-Voraussetzungen auf die Unterhaltung sozialer Kontakte und kultureller Bildung beschränkt; ein Teilhabeelement wohnt ihr aber nicht inne. Die sozialstaatliche Teilhabe, in welchem konkreten Umfang sie letztlich auch realisiert wird, muss demgegenüber auf eine Angliederung an die allgemeinen Lebensverhältnisse abzielen und wird – von Schreckens-szenarien einer radikalen gesellschaftlichen Verarmung abgesehen – hierüber hinausgehen.

Für die Möglichkeit einer äußerst restriktiven Teilhabe führt BIERITZ-HARDER die historische Entwicklung der Idee vom sozialen Staat sowie die Entwicklung des Fürsorgerechts ins Feld. Es sei denkbar, bei der Frage nach dem „gerechten" Maß an Hilfe nicht nur an „Bedarfsgerechtigkeit", sondern auch an „Leistungsgerechtigkeit" anzuknüpfen[374]. Richtig ist, dass die Arbeiterbewegung nicht nur die allgemeine am Bedarf anknüpfende Verbesserung der Lebensverhältnisse im Blick hatte, sondern auch eine insofern gerechtere Verteilung des Wohlstandes, als der Wert der Arbeitsleistung des Einzelnen bei der Vergütung angemessen berücksichtigt werden sollte. Auch die Armenpflege gewährte dank ihres Kriteriums der „sozialen Würdigkeit"[375] und der Unterscheidung nach verschuldeter und unverschuldeter, heilbarer und unheilbarer Armut[376] je nach „produktivem Wert" des Bedürftigen für die Gesellschaft unterschiedlich hohe Hilfen. Im Lichte des Grundgesetzes erteilt BIERITZ-HARDER der historischen leistungsabhängigen Anschauung zumindest teilweise eine Absage. Sie stützt sich hierbei auf Art. 3 Abs. 1 GG: zunächst einmal müssten alle Glieder der Gesellschaft gleichermaßen die materiellen Voraussetzung für ein zumutbares Minimum an Lebens- und Freiheitsinteressen[377] erhalten. Erst danach könne gefragt werden,

---

[373] Teil 1 A I. 3. und 4.

[374] BIERITZ-HARDER, Menschenwürdig leben [2001], S. 183 ff.

[375] Vgl. hierzu oben Teil 1 A. I. 1. c).

[376] Vgl. hierzu BIERITZ-HARDER, Menschenwürdig leben [2001], S. 125 ff.

[377] In dem Umfang, der in dieser Arbeit als „Menschenwürde-Existenzminimum" herausgearbeitet wurde; bei BIERITZ-HARDER ist auch dieser Teil Element des Sozialstaats-Existenzminimums.

inwieweit das Existenzminimum von arbeitenden Gesellschaftsmitgliedern hierüber hinausgehen soll, um den Wert der Arbeit zu erhalten[378].

Das Sozialstaatsprinzip verbietet jedoch in stärkerem Maße ein leistungsorientiertes Teilhabeverständnis. Verwiesen sei nochmals auf die grundlegende Aussage des Bundesverfassungsgerichts im KPD-Verbotsurteil: Die durch das Sozialstaatsprinzip im Grundgesetz besonders verankerte Ausrichtung des Staates auf Förderung sozialer Gerechtigkeit ziele auf die „annähernd *gleichmäßige* Förderung des Wohles *aller* Bürger"[379] (Hervorhebung durch die Verfasserin). Der Staat hat somit den Auftrag, eine leistungsunabhängige Teilnahme aller Bürger am allgemeinen Wohlstand zu ermöglichen. Damit ist nicht gesagt, dass eine Absenkung des Sozialhilfestandards unter das Niveau der arbeitenden Vergleichsgruppe schlechthin verfassungswidrig wäre. Das Bundesverfassungsgericht selbst fordert nur eine *annähernd* gleichmäßige Förderung; wichtige Gründe können eine Differenzierung rechtfertigen[380]. Es ist aber nicht zulässig, als begrenzenden Gesichtspunkt bei der Höhe der Sozialhilfe die Leistung der Bezieher zu berücksichtigen, um sie faktisch dafür zu bestrafen, dass sie nicht produktiv am gesellschaftlichen Wohlstand mitwirken. Schließlich sind anspruchsberechtigt nur diejenigen, die nicht erwerbsfähig sind (§ 21 SGB XI). Darüber hinaus ist es in vielen Fällen durchaus Ansichtssache, ob ein nicht am Erwerbsleben Teilhabender sich nicht auf andere Weise um die Gesellschaft verdient macht, etwa weil er oder sie Angehörige pflegt oder Kinder erzieht.

Hinsichtlich der Bestimmung der Referenzgruppe ist allerdings tatsächlich eine weitergehende Konkretisierung nicht möglich. Die Literatur verweist als Vergleichsgruppe auf „untere Lohngruppen"[381] bzw. Menschen in „bescheidenen Verhältnissen", deren wirtschaftliche Leistungskraft „zwar nur einen unterdurchschnittlichen Lebensstandard, aber gleichwohl eine sozial unauffällige Lebensführung ermöglicht"[382], was sich mit der Rechtsprechung des Bundesverwaltungsgerichts[383] deckt. Ein Mehr an Teilhabe ist selbstverständlich möglich;

---

[378] BIERITZ-HARDER, Menschenwürdig leben [2001], S. 271 ff.

[379] BVerfG v. 17.8.1956 – 1 BvB 2/51 – BVerfGE 5, 85, 198.

[380] Vgl. hierzu unten Teil 1 B. II. 2. und Teil 2 B. II. 3. b) bb).

[381] NEUMANN, in: DVBl. 1997, S. 92, 94.

[382] ROTHKEGEL, Strukturprinzipien [2000], S. 21.

[383] BVerwG v. 25.11.1993 – 5 C 8.90 – BVerwGE 94, 326, 333 f.; zur Rechtsprechung der Verwaltungsgerichte vergleiche ausführlich unten Teil 2 A II 2.

das angesprochene Maß, das die Sozialhilfeempfänger an die unterste Gruppe der Nicht-Hilfeempfänger anbindet, gewährleistet aber auch schon eine Teilhabe am allgemeinen Lebensstandard und kann so als das Minimum dessen, was nach dem Sozialstaatsprinzip geboten ist, angesehen werden. Gleichwohl verbleibt wegen der vielfältigen Methoden und Wertungsmöglichkeiten bei der Ermittlung des so bestimmten Bedarfs[384] nach wie vor eine große Unsicherheit hinsichtlich der konkreten Höhe des sozio-kulturellen Existenzminimums.

c) Kein soziales Rückschrittsverbot

Insbesondere enthält das Sozialstaatsprinzip auch kein soziales Rückschrittsverbot in dem Sinne, dass einmal gewährte Standards auch in Zukunft beibehalten werden müssten. Es dient nicht dem Bestandsschutz, ist kein „Besitzstandswahrungsprinzip". Grenzen für den Rückschritt lassen sich allein aus dem individualbezogenen Schutzsystem des Grundgesetzes ableiten, namentlich den Grundrechten, dem Grundsatz des Vertrauensschutzes und dem Willkürverbot[385]. Das heißt, dass der Menschenwürde-Standard wegen der staatlichen Pflicht aus Art. 1 Abs. 1 GG nicht unterschritten werden darf. Wenn aber der gesellschaftliche Wohlstand absinkt, dann bleiben auch die Sozialhilfe-Empfänger nicht vor Einbußen verschont, weil sie ja stets nur am aktuellen Lebensstandard teilhaben sollen. Ein Prinzip, dass es nur Verbesserungen, nicht aber auch Verschlechterungen geben dürfe, gibt es nicht[386]. Ansonsten würde, wie das Bundessozialgericht formuliert, das Sozialstaatsprinzip „die einfache Gesetzgebung weitgehend blockieren und eine Anpassung des Rechts an die Veränderung der sozialen und wirtschaftlichen Verhältnisse hintanhalten"[387]. Das Bundesverfassungs-gericht hält eine möglicherweise künftig vorzunehmende, finanzpolitisch motivierte Absenkung der Bedarfstatbestände der gesamten Rechtsordnung für zulässig[388].

---

[384] Vgl. hierzu unten Teil 2 B I.

[385] SCHLENKER, Soziales Rückschrittsverbot und Grundgesetz [1986], S. 90.

[386] HORRER, Asylbewerberleistungsgesetz [2001], S. 155; NEUMANN, DVBl. 1997, S. 92, 97; RÜFNER, in: VSSR 1997, S. 59, 62.

[387] BSG v. 28.8.1961 – 3 RK 45/58 – BSGE 15, 71, 76.

[388] BVerfG v. 25.9.1992 – 2 BvL 5 u. a./91 – BVerfGE 87, 153, 172.

II. Anspruch

1. Grundsatz: kein Anspruch

Das Bundesverfassungsgericht hat in BVerfGE 1, 97, 105[389] zwar vorsichtig die Möglichkeit eines verfassungsunmittelbaren Anspruchs aus dem Sozialstaatsprinzip bei willkürlicher Pflichtversäumnis des Gesetzgebers angedeutet. Dies geschah jedoch nur in Bezug auf „erträgliche Lebensbedingungen" und nicht in der Dimension eines Wohlstands-Teilhabeanspruchs. In BVerfGE 65, 182, 193[390] wurde aber klargestellt, dass das Sozialstaatsprinzip regelmäßig nicht als Grundlage konkreter Ansprüche herangezogen werden kann[391]. Infolge seiner Weite und Unbestimmtheit gebe es keine konkreten Handlungsanweisungen, die durch die Gerichte ohne gesetzliche Grundlage in einfaches Recht umgesetzt werden könnten. Insoweit sei es richterlicher Inhaltsbestimmung weniger zugänglich als die Grundrechte; es zu verwirklichen sei in erster Linie Aufgabe des Gesetzgebers. Das Sozialstaatsprinzip geriete in Widerspruch zum Demokratieprinzip, „wenn der politischen Willensbildung eine so und nicht anders einzulösende verfassungsrechtliche Verpflichtung vorgegeben wäre"[392]. Nach ständiger Rechtsprechung[393] markiert das Sozialstaatsprinzip zwar das Ziel (die soziale Gerechtigkeit), schweigt aber über den Weg. Es bildet lediglich eine Direktive an den Gesetzgeber, die dieser im Rahmen der geschichtlichen Gegebenheiten nach seinem Ermessen umsetzt. Eine Konkretisierung des Sozialstaatsprinzips steht stets unter dem Vorbehalt des politisch Gewollten und des finanziell Möglichen[394].

Auch wenn man das Sozialstaatsprinzip in Richtung auf die Schaffung faktischer Gleichheit konkretisiert, bleiben hinsichtlich des Umfangs der Förderung noch große Wertungsspielräume bestehen. Mit Rücksicht auf das Haushaltsrecht und den Gestaltungsspielraum des Gesetzgebers schließt ein Großteil der An-

---

[389] BVerfG v. 19.12.1951 –1 BvR 220/51, vgl. oben Teil 1 A. II. 2. a).

[390] BVerfG v. 19.10.1983 – 2 BvR 485 u.a./80 – BVerfGE 65, 182, 193.

[391] Vgl. auch BVerfG v. 12.3.1996 – 1 BvR 609 u. a./90 – BVerfGE 94, 241, 263.

[392] BVerfG v. 13.1.1982 – 1 BvR 848/77 u.a. – BVerfGE 59, 231, 263.

[393] BVerfG v. 18.7.1967 – 2 BvF 3/62 u.a. - BVerfGE 22, 180, 204; BVerfG v. 13.1.1982 – 1 BvR 848/77 u.a. – BVerfGE 59, 231, 263; BVerfG v. 16.7.1985 – 1 BvL 5/80 u.a. – BVerfGE 69, 272, 314; vgl. auch ISENSEE, in: BROERMANN-Festschrift [1982], S. 365, 371.

[394] NEUMANN, DVBl. 1997, S. 92, 94.

hänger einer Pflicht zur faktischen Gleichheit, dass es einen einklagbaren Anspruch darauf nicht[395] oder nur in sehr engen Grenzen[396] geben kann.

Dies gilt nicht nur für einen Anspruch aus Art. 20 Abs. 1 GG, sondern auch dann, wenn man Art. 3 Abs. 1 GG zur Grundlage der faktischen Gleichheit macht, denn die Problematik der Finanzierbarkeit und des gesetzgeberischen Konkretisierungsprimats beeinträchtigen auch hier die Möglichkeit eines subjektiven Rechts. ZACHER[397] stellt denn auch fest, dass es letztlich unwichtig ist, ob ein kräftigeres Bemühen um das Sozialstaatsprinzip eher zu einer sozialen Erfüllung des Gleichheitssatzes oder ein materielles Verständnis des Gleichheitssatzes eher zur verfassungsrechtlichen Aktualisierung des Sozialstaatsprinzips führen soll.

2. ALEXYs Ansatz über Art. 3 Abs. 1 GG

Dies erkennt auch ALEXY[398], der sich letztlich aber für eine Zuordnung zu Art. 3 Abs. 1 GG entscheidet, weil sich nur über diesen jedenfalls die Möglichkeit – wenn auch begrenzter – subjektiver Rechte kraft seiner Natur als Grundrechtsbestimmung ergäbe.

Zunächst stellt er ein Modell vor, wonach der klassische Gleichheitssatz „Gleiches ist gleich, Ungleiches ist ungleich zu behandeln" präziser zu fassen sei als

1. „Wenn es keinen zureichenden Grund für die Erlaubtheit einer Ungleichbehandlung gibt, dann ist eine Gleichbehandlung geboten" und

---

[395] BIEBACK, EuGRZ 1985, S. 657, 669; SCHOCH, DVBl. 1988, S. 863, 869; STARCK, in: LINK (Hrsg.), LEIBHOLZ-FESTSCHRIFT [1982], S. 51, 67 ff.; ZACHER, in: ISENSEE/ KIRCHHOF (Hrsg.), Handbuch Staatsrecht I [1987], § 25 Rz. 35. ZIPPELIUS, VVDStRL 47 (1989), S. 7, 15.

[396] ALEXY, Theorie der Grundrechte [1985], S. 380 f., 380 ff; sehr vorsichtig HÄBERLE, in: LINK (Hrsg.), LEIBHOLZ-Festschrift [1982], S. 84 und HESSE, in: LINK (Hrsg.), LEIBHOLZ-Festschrift [1982], S. 78; NEUMANN, NVwZ 1995, S. 426, 429 f.; DERS., DVBl. 1997, 92, 94; RÜFNER, in: GITTER/ THIEME/ ZACHER (Hrsg.), WANNAGAT-Festschrift [1981], S. 379, 382 nennt als Ausnahme für einen einklagbaren Anspruch das Existenzminimum.

[397] ZACHER, AöR 93 (1968), S. 341, 360.

[398] ALEXY, Theorie der Grundrechte [1985], S. 380 ff.

2. „Wenn es einen zureichenden Grund für die Gebotenheit einer Ungleichbehandlung gibt, dann ist eine Ungleichbehandlung geboten."[399]

Seine Methode, neben der rechtlichen auch die faktische Gleichheit in Art. 3 Abs. 1 zu integrieren, besteht nun darin, letztere im Rahmen der Prüfung des Art. 3 Abs. 1 GG als zureichenden Grund für eine rechtliche Ungleichbehandlung einzubeziehen. Dies sei immer dann möglich, wenn keine gegenläufigen Prinzipien im Wege stünden – neben der rechtlichen Gleichheit sei hier vor allem die Gestaltungsfreiheit des Gesetzgebers zu beachten. Letzteres führe regelmäßig zur Versagung eines subjektiven Anspruchs. Als Beispielsfall, bei dem die faktische Gleichheit aber den gegenläufigen Prinzipien vorgehe, nennt er die Entscheidungen zum Armenrecht[400]. Hier stellt das Bundesverfassungsgericht in ständiger Rechtsprechung fest, dass der Gleichheitsgrundsatz in Verbindung mit dem Sozialstaatsprinzip eine weitgehende Angleichung der Stellung von vermögenden und unbemittelten Parteien im Bereich des Rechtsschutzes gebietet. Allerdings räumt ALEXY ein, dass in diesen Fällen die Rechtsschutzgarantie des Art. 19 Abs. 4 GG als leitender Gesichtspunkt hinzukommt und die Gleichheitsfrage in ihnen anders als in sonstigen Fällen, in denen es um faktische Gleichheit geht, einer richterlichen Entscheidung fähig sei, weshalb diese Fälle von anderen auch als einzig mögliche Konstellation für ein subjektives Recht auf faktische Gleichheit angesehen werden[401].

ALEXY hingegen nennt noch einen zweiten Anwendungsfall: das relative Existenzminimum. Anders als die Menschenwürde biete das Prinzip der faktischen Gleichheit in diesem Fall einen rational kontrollierbaren Maßstab für das, was der Gesetzgeber zu gewähren hat. Es fordere eine Orientierung am tatsächlich bestehenden Lebensstandard und erlaube, ihn im Lichte gegenläufiger Prinzipien zu unterschreiten. Nach diesem Modell besteht also ein Anspruch auf das relative Existenzminimum aus Art. 3 Abs. 1 GG.

---

[399] ALEXY, Theorie der Grundrechte [1985], S. 382.

[400] BVerfG v. 17.6.1953 – 1 BvR 668/52 – BVerfGE 2, 336, 340; BVerfG v. 22.1.1959 – 1 BvR 154/55 – BVerfGE 9, 124, 131; BVerfG v. 12.1.1960 – 1 BvL 17/59 – BVerfGE 10, 264, 270; BVerfG v. 6.6.1967 – 1 BvR 282/65 – BVerfGE 22, 83, 86; BVerfG v. 13.6.1979 – 1 BvL 97/78 – BVerfGE 51, 295, 302; BVerfG v. 28.1.1981 – 1 BvR 650/80 – BVerfGE 56, 139, 143.

[401] STARCK, in: LINK (Hrsg.), LEIBHOLZ-FESTSCHRIFT [1982], S. 51, 68; unsicher MÜLLER, VVDStRL 47 (1989), S. 37, 54.

Zu befürworten ist ALEXYs Ansatz insoweit, als er durch das Kriterium der „gegenläufigen Prinzipien" die Möglichkeit schafft, die grundsätzlich zu erstrebende Gleichheit notfalls zu relativieren. Nur durch diese eingebaute Flexibilität ist ein Anspruch auf faktische Gleichheit überhaupt denkbar, weil sonst vor dem Hintergrund notwendiger Grenzen[402] dem Anspruch als Ganzem eine Absage erteilt werden müsste.

Problematisch ist jedoch die Ansiedelung des Anspruchs beim Gleichheitssatz aufgrund der schon angesprochenen Gegenläufigkeit von rechtlicher und faktischer Gleichheit. Es gelingt ALEXY, beide in einem Grundrecht zu gewährleisten, indem er der faktischen Gleichheit (nur) in absoluten Ausnahmefällen Vorrang einräumt. Allerdings ist die rechtliche Gleichheit der klassische und unverzichtbare Anwendungsfall des Art. 3 Abs. 1 GG, und STARCK[403] weist zu Recht darauf hin, dass die Bindungsklausel des Art. 1 Abs. 3 GG es unmöglich macht, beide sich widersprechenden Prinzipien im selben Grundrecht verankert zu sehen. Inhaltlich passt die Forderung nach Teilhabe am allgemeinen Wohlstand ohnehin besser zum Sozialstaatsprinzip[404]. NEUMANN[405] belegt dies mit einem Hinweis auf die Rechtsgeschichte: Der allgemeine Gleichheitssatz des Art. 3 Abs. 1 GG beruht auf Art. 4 Satz 1 der Preußischen Verfassung vom 31.1.1850 und Art. 109 Abs. 1 WRV, welche beide stets im Sinne einer Rechtsanwendungsgleichheit verstanden wurden. Das Sozialstaatsprinzip hingegen weist, wie oben gezeigt, von Anfang an einen Bezug zur materiellen Gleichheit auf.

3. Die Lösung über Art. 20 Abs. 1 i.V.m. Art. 1 Abs. 1 GG

Es wäre also stimmiger, den Anspruch auf faktische Gleichheit dem Sozialstaatsprinzip zuzuordnen. Fraglich ist nur, wie trotz der grundsätzlichen Absage an subjektive Rechte aus dem Sozialstaatsprinzip für den Fall des relativen Existenzminimums eine Ausnahme begründet werden kann.

---

[402] Vgl. hierzu unten Teil 2 B. II. 3. b) bb).

[403] STARCK, in: LINK (Hrsg.), LEIBHOLZ-Festschrift [1982], S.51, 56.

[404] Auch ALEXY, Theorie der Grundrechte [1985], S. 380 f., 389 räumt die inhaltliche Zuordnung zum Sozialstaatsprinzip ein.

[405] NEUMANN, DVBl. 1997, S. 92, 93 f.

NEUMANN[406] zieht unter Berufung auf BVerwGE 1, 159[407] Art. 1 Abs. 1 GG hinzu, der der objektiven Pflicht zur Herstellung von Gleichheit ein subjektives Recht hinzufüge. Die Fürsorgerechts-Entscheidung des Bundesverwaltungsgerichts unterscheidet sich vom Fall der faktischen Gleichheit insofern, als sie sich auf eine klar umrissene gesetzliche Verpflichtung bezog, der dann über die Menschenwürdenorm ein Anspruch gegenübergestellt werden konnte. Demgegenüber kann man über Art. 1 Abs. 1 GG nicht auch in unbestimmte Verfassungsbestimmungen wie das Sozialstaatsprinzip ohne weiteres subjektive Rechte hineinlesen. Gleichwohl ist der Ansatz NEUMANNs richtig, denn er stellt auf die Bedeutung des Art. 1 Abs. 1 GG für die Lehre vom subjektiven öffentlichen Recht ab.

a) Menschenwürde als Begründung subjektiver Rechte

Das subjektive öffentliche Recht wird definiert als die dem Einzelnen kraft öffentlichen Rechts verliehene Rechtsmacht, vom Staat zur Verfolgung eigener Interessen ein bestimmtes Verhalten verlangen zu können[408]. Klassischerweise gibt es für das subjektive öffentliche Recht zwei Voraussetzungen: Erstens muss eine Rechtsnorm vorliegen, die die Verwaltung zu einem bestimmten Verhalten verpflichtet, und zweitens muss diese Norm zumindest auch dem Schutz der Interessen einzelner Bürger dienen (Schutznormtheorie)[409]. Letzteres Kriterium wurde, so NEUMANN[410], durch BVerwGE 1, 159 insofern erweitert, als sie an die Stelle der materiellen Begründung des rechtlichen Interesses die Grundrechte des Bürgers setzte. Das Bundesverwaltungsgericht geht von einer ungeschriebenen Leitidee des Grundgesetzes aus, die sich in den Art. 1, 2, 20, 79 Abs. 3 und 19 GG spiegelt, wonach der einzelne Bürger gerade im Bereich seiner Daseinsmöglichkeiten nicht nur Gegenstand staatlichen Handelns, sondern Träger von Rechten und Pflichten ist. Aus der Menschenwürde folgt damit, dass der Einzelne auch im Bereich sozialer Sicherung nicht nur Objekt, sondern auch Subjekt von staatlichen Fördermaßnahmen sei muss. Die gegen einen Individualanspruch von WERTENBRUCH hervorgebrachte These, das Sozialstaatsprinzip habe

---

[406] NEUMANN, NVwZ 1995, S. 426, 429 f.

[407] BVerwG v. 24.6.1954 – V C 78.54, vgl. hierzu oben Teil 1 A. II. 2. b) aa) aaa).

[408] MAURER, Allgemeines Verwaltungsrecht[15] [2004], § 8 Rz. 2.

[409] Darstellung bei GOERLICH/ DIETRICH, Jura 1992, S. 134, 137 m.w.N.

[410] NEUMANN, NVwZ 1995, S. 426, 430.

keinen Bezug auf Einzelpersonen, sondern nur auf das Gemeinwohl, den Menschen an sich[411], erweist sich als falsch.

b) Subjektives Recht trotz Unbestimmtheit

Problematisch bleibt die Vorraussetzung der Rechtspflicht zu einem *bestimmten* Verhalten der Verwaltung. Auch die Beschränkung der einforderbaren faktischen Gleichheit auf das relative Existenzminimum führt nach wie vor nicht zu einer eindeutigen betragsmäßigen Bestimmbarkeit dessen, was zu gewähren ist. Es bleiben die Fragen offen, was als allgemeiner Lebensstandard anzusehen ist, in welchem Umfang Bedürftige daran partizipieren sollen, welche Einschränkungen vorgenommen werden können und schließlich, wie die Berechnung und Fortschreibung des Bedarfs ganz konkret zu bewerkstelligen ist. All diese Entscheidungen sind aufgrund des oben dargestellten Konkretisierungsprimats des Gesetzgebers vorrangig von diesem und nicht von den Gerichten zu treffen. Dies ist der Grund für das Erfordernis einer *bestimmten* öffentlichen Rechtspflicht.

Die Situation ist im Wesentlichen[412] mit der des „Menschenwürde-Existenzminimums" vergleichbar. Wie auch dort tritt das Problem der Finanzierbarkeit in den Hintergrund. Als Kern des Sozialstaatsprinzips hat der Staat für soziale Teilhabe zu sorgen, solange ihm dies nicht finanziell unmöglich ist. Bezüglich des Gestaltungsspielraums des Gesetzgebers muss die Lösung derjenigen des Anspruchs aus Art. 1 Abs. 1 GG entsprechen: Ein Anspruch auf das relative Existenzminimum kann zunächst einmal nur dem Grunde nach bestehen. Aktiviert, d. h. von den Gerichten in eine Entscheidung über einen konkreten Betrag umgesetzt wird er erst, wenn der Gesetzgeber evident hinter den Anforderungen der faktischen Gleichheit zurückbleibt[413]. In diesem Umfang ist trotz der Unbestimmtheit des relativen Existenzminimums ein subjektives öffentliches Recht zu bejahen.

Die Begründung NEUMANNs ist stimmig. Das Sozialstaatsprinzip gibt der Verpflichtung auf das Existenzminimum ihren Inhalt, während Art. 1 Abs. 1 GG als

---

[411] WERTENBRUCH, in: MAYER (Hrsg.), KÜCHENHOFF-Festgabe [1967], S. 343, 353, vgl. zu seinem Verständnis sozial Rechte auch oben Teil 1 A. II. 2. b) bb) bbb) γ).

[412] Es entfällt aber die grundrechtsspezifische Problematik um Entstehungsgeschichte, Freiheitsbegriff und Bindungsklausel.

[413] Ähnlich auch WIEGAND, DVBl. 1974, S. 657, 661.

Kernnorm der Lehre vom subjektiven öffentlichen Recht dieser objektiven Pflicht einen subjektiven Anspruch hinzufügt.

C. Ergebnis

Die Behauptung, „Art. 1 i.V.m. dem Sozialstaatsprinzip" gebe einen Anspruch auf „das Existenzminimum" hat sich letztlich als richtig erwiesen, ist aber gleichzeitig zu undifferenziert. Tatsächlich schaffen die beiden Normen in ihrem Zusammenspiel zwei verschiedene Ansprüche in unterschiedlichem Umfang: Zum einen existiert der inhaltlich auf Art. 1 Abs. 1 GG bezogene Anspruch auf Gewährung der Voraussetzungen der Menschenwürde, den das Sozialstaatsprinzip in die Richtung eines subjektiven Anspruchs lenkt, zum anderen der inhaltlich auf Art. 20 Abs. 1 GG fußende, weitergehende Anspruch auf Teilhabe am allgemeinen Lebensstandard, der wiederum aus der Menschenwürdenorm sein subjektives Moment gewinnt.

Der Höhe nach sind beide Ansprüche zunächst nicht bestimmt; in Respektierung des legislativen Gestaltungsspielraums münden die Ansprüche erst dann in einem gerichtlich einklagbaren Betrag, wenn der Gesetzgeber evident hinter seinen Pflichten zurückbleibt, so dass die Gerichte in Folge zur Abhilfe in Form von betragsmäßigen Entscheidungen berufen sind.

Teil 2: Konkretisierung durch Gesetzgeber und Rechtsprechung

Die Frage, ob Bedürftige unmittelbar aus der Verfassung eine über die geltenden Sozialhilfesätze hinausgehende Unterstützung einklagen können, bestimmt sich demnach nach der Verfassungsmäßigkeit des einfachen Rechts. Im Folgenden wird daher die Konkretisierung des verfassungsrechtlichen Anspruchs auf das Existenzminimum im Sozialhilferecht und die einschlägige Rechtsprechung untersucht. In Teil A wird der Frage nachgegangen, inwieweit durch die Normen des Sozialgesetzbuchs Menschenwürde und Sozialstaatsprinzip verwirklicht werden. Teil 2 widmet sich der konkreten Regelsatzhöhe, indem das Bedarfsbemessungssystem auf seine Verfassungsmäßigkeit hin untersucht wird.

A. Die Regelung im Sozialgesetzbuch

I. § 1 Satz 1 SGB XII und § 9 SGB I

Gem. § 1 Satz 1 SGB XII ist es Aufgabe der Sozialhilfe, dem Empfänger der Hilfe die Führung eines Lebens zu ermöglichen, das der Würde des Menschen entspricht. Dies entspricht § 1 Abs. 2 Satz 1 Bundessozialhilfegesetz (BSHG)[414], dem Vorläufer des SGB XII[415]. Schon aus dem Regierungsentwurf zum BSHG geht hervor, dass mit dem Gesetz der Schutz der Menschenwürde beabsichtigt war[416]. Dies erweckt den Eindruck, als solle hiermit die Verpflichtung aus Art. 1 Abs. 1 Satz 2, 2. Alt. GG konkretisiert werden. Der Gesetzgeber war aber frei, quantitativ über das verfassungsrechtlich gebotene Maß hinauszugehen. Nachdem er nicht nachweisen muss, in welchem Umfang er mit seiner Regelung das Grundgesetz konkretisieren will (dies gilt gemäß Art. 19 Abs. 1 Satz 2 GG nur für Grundrechtseinschränkungen), ist es schwierig, gesetzgeberischen Regelungen verfassungsinterpretatorische Aussagen zu entnehmen[417]. In der Literatur wird des Öfteren vertreten, dass die Sozialhilfe mehr als das bloße (Menschenwürde-) Existenzminimum gewähren soll[418].

---

[414] BSHG vom 30.6.1961, BGBl. I S. 815.

[415] Bis auf die weitgehende Abschaffung von einmaligen Leistungen haben sich mit der Eingliederung des Sozialhilferechts ins SGB keine für diese Arbeit wesentlichen Änderungen ergeben. Vergleiche zu den sonstigen Änderungen SCHELLHORN, NDV 2004, S. 167 ff.

[416] BT-Dr. 3/1799, S. 32.

[417] SEEWALD, Gesundheit als Grundrecht [1982], S. 18.

[418] LEHNER, Einkommenssteuerrecht und Sozialhilferecht [1993], S. 330; SEEWALD, Gesundheit als Grundrecht [1982], S. 18; STARCK, in: v. MANGOLDT/ KLEIN/ STARCK (Hrsg.),

Andererseits ergibt eine systematische Betrachtung des Sozialhilferechts, dass jedenfalls mit der Hilfe zum Lebensunterhalt genau das Maß gewährt werden soll, das zur Wahrung der Menschenwürde erforderlich ist. Denn wenn in §§ 27 und 28 SGB XII vom „notwendigen Lebensunterhalt" gesprochen wird, kann die Frage, worauf sich dieses „notwendig" bezieht, nur über die Aufgabendefinition in § 1 Satz 1 SGB XII, also die Ermöglichung eines menschenwürdigen Lebens, beantwortet werden. Auch die Begründung zum Entwurf des BSHG stützt diese Interpretation. Hiernach wurde der Begriff des „notwendigen" Lebensunterhaltes absichtlich nicht näher bestimmt. Bei dem hier anzulegenden Maßstab werde aber zu berücksichtigen sein, dass die Hilfe aus öffentlichen Mitteln aufgebracht werde, dass sie aber auch der in § 1 Abs. 2 BSHG bezeichneten Aufgabe der Sozialhilfe entsprechen müsse[419].

Der demnach für ein menschenwürdiges Leben nötige Unterhalt, auf den bedürftige Hilfesuchende nach §§ 19 Abs. 1, 17 Abs. 1 SGB XII einen Rechtsanspruch haben, wird in 27 SGB XII inhaltlich bestimmt. Hiernach umfasst er „besonders Ernährung, Unterkunft, Kleidung, Körperpflege, Hausrat, Heizung und persönliche Bedürfnisse des täglichen Lebens. Zu den persönlichen Bedürfnisses des täglichen Lebens gehören in vertretbarem Umfang auch Beziehungen zur Umwelt und eine Teilnahme am kulturellen Leben."[420] Der Gesetzgeber hat hier also eine Definition der notwendigen Voraussetzungen für ein menschenwürdiges Leben formuliert, die sich augenscheinlich mit dem oben[421] durch Auslegung ermittelten Inhalt des grundgesetzlichen Menschenwürde-Existenzminimums deckt[422].

Grundgesetz I[4] [1999], Art. 1 Abs. 1 Rz. 24, Fn. 86; SPRANGER, Verwaltungsrundschau 1999, S. 242, 244 f., der das BSHG ohnehin nicht als Ausgestaltung einer staatlichen Schutzpflicht zum Schutz der Menschenwürde begreift, empfindet das Leistungsmaß des BSHG als jedenfalls klar über den Menschenwürdegehalt hinausgehend.

[419] BT-Dr. 3/1799, S. 40.

[420] Dies drückt die Wertung des Gesetzgebers aus, wonach zur Führung eines menschlichen Lebens auch Mittel zur Gestaltung der privaten Lebenssphäre sowie der Aufnahme und Erhaltung sozialer Kontakte gehören, vgl. Begründung zum Entwurf des BSHG, BT-Dr. 3/1799, S. 40.

[421] Teil 1 A. I. 3.

[422] Teilweise gewährt die Sozialhilfe auch höhere Leistungen, vgl. § 27 Abs. 3 SGB XII; dies sind aber Sonderfälle, in denen vom Gesetzgeber ausdrücklich klar gestellt wird, dass es hier um mehr als den notwendigen Lebensunterhalt geht (sog. „erweiterte Hilfe").

Gleichwohl belegt BIERITZ-HARDER, dass der Standard des BSHG unterhalb des grundgesetzlichen Menschenwürde-Niveaus angesiedelt ist[423]. Sie stellt in einer umfangreichen historischen Aufarbeitung fest, dass der Begriff „menschenwürdig leben" im Armenpflege- und Fürsorgerecht des 19. und frühen 20. Jahrhunderts verwurzelt ist und deutlich vom Menschenwürde-Verständnis des Grundgesetzes abgegrenzt werden muss[424]. Er wurde ursprünglich dazu benutzt, um zwar ein Mehr als das rein physisch notwendige Existenzminimum zu umschreiben, war aber an eine „soziale Würdigkeit" geknüpft, die je nach vorherigen Leistungen und gesellschaftlichem Milieu des Hilfesuchenden unterschiedlich hohe Leistungen bedeutete[425]. Zudem wurde stets der „Manneslohn" unterer Lohngruppen als ausreichend empfunden, um den Bedarf mindestens einer fünfköpfigen Familie zu decken[426]. Das BSHG steht, so BIERITZ-HARDER, in dieser Fürsorgerechts-Tradition und versteht unter „Menschenwürde" zwar mehr als das physische Existenzminimum, aber nicht mehr als einen „Manneslohn", was sich am Lohnabstandsgebot (jetzt: § 28 Abs. 4 SGB XII[427]) zeige. Dies führe zu einer Kollision mit dem Grundgesetz, weil ein am Lohnabstandsgebot ermittelter Bedarf nicht mehr gewährleiste, dass die Untergrenze der grundgesetzlichen Menschenwürde, das heißt die faktische Grundrechtsausübung, gesichert sei[428]. Das Lohnabstandsgebot bewirkt, dass der zunächst nach dem in § 27 SGB XII aufgeführten Bedarf ermittelte Eckregelsatz[429] abgesenkt wird, bis der nach § 28 Abs. 4 SGB XII vorgeschriebene Abstand zwischen den addierten Regelsätzen einer vollständigen fünfköpfigen Sozialhilfebezieher-Familie zum Einkommen einer gleich großen Familie eines Erwerbstätigen erreicht ist. Hiermit wird nicht nur die Teilhabe am allgemeinen Wohlstand ausgeschaltet[430], sondern auch eine

---

[423] BIERITZ-HARDER, Menschenwürdig leben [2001], S. 282.

[424] BIERITZ-HARDER, Menschenwürdig leben [2001], S. 114 ff.

[425] Vgl. hierzu schon oben Teil 1 A. I. 1. c).

[426] BIERITZ-HARDER, Menschenwürdig leben [2001], S. 133.

[427] Die Regelung unterscheidet sich nicht wesentlich von früheren Fassungen des Lohnabstandsgebots, vgl. die historische Darstellung bei BIERITZ-HARDER, Menschenwürdig leben [2001], S. 53 ff.

[428] BIERITZ-HARDER, Menschenwürdig leben [2001], S. 140 und 278 ff.

[429] Das Lohnabstandgebot wirkt sich somit auf alle Sozialhilfebezieher und nicht nur auf fünfköpfige Familien aus, vgl. hierzu ausführlich BIERITZ-HARDER, Menschenwürdig leben [2001], S. 25-52.

[430] Denn eine solche Vergleichsfamilie stellt einen absoluten Sonderfall dar; wo es heute noch Familien mit drei Kindern gibt, stehen oft auch zwei Einkommen der Eltern zur Verfügung.

Loslösung von den in § 27 SGB XII aufgestellten Bedarfskriterien bewirkt. Weil hiermit nach dem SGB XII dennoch die Aufgabe, ein menschenwürdiges Leben zu gewährleisten, erfüllt ist, tut sich eine Kluft auf zum Menschenwürde-Existenzminimum des Grundgesetzes, das ein Absinken unter den Bedarf zur Grundrechts-Ausübung nicht gestattet. Das Lohnabstandsgebot ist daher wegen des Verstoßes gegen Art. 1 Abs. 1 GG[431] verfassungswidrig, wenn die Untergrenze des Grundrechts-Bedarfs unterschritten wird.

Die überkommene Vorstellung einer Gruppenfürsorge, die je nach sozialer Schicht und gesellschaftlichem Verdienst differenziert, hat jedoch keinen Eingang ins BSHG bzw. SGB XII gefunden[432]. Eine Unterscheidung wird nur nach der Rolle im Haushalt getroffen, das heißt nach § 3 der Regelsatzverordnung[433] vom 3. Juni 2004 bekommen Haushaltsvorstand und Alleinstehende 100 Prozent des Eckregelsatzes, sonstige Haushaltsangehörige je nach Alter 60 oder 80 Prozent des Eckregelsatzes[434], was sich mit dem unterschiedlichen Bedarf der Altersgruppen und Synergieeffekten in Haushalten rechtfertigt. Allen Bedürftigen werden somit die gleichen Bedarfsinhalte – maßgeblich ist der Bedarf nach § 27 SGB XII - zugestanden; allein aufgrund des unterschiedlich hohen Aufwands zur Befriedigung ihres Bedarfs erfolgt eine Abstufung der Regelsätze. Insofern jedenfalls ist der Menschenwürdebegriff des Sozialhilferechts grundgesetzkonform.

Festzuhalten bleibt, dass das BSHG aufgrund seiner Zielsetzung in § 1 Abs. 2 BSHG zunächst nur den Menschenwürde-Standard (mit Lohnab-

---

Tatsächlich können sich die meisten Familien also aufgrund weniger Mitglieder oder höherem Verdienst mehr leisten als die für die Obergrenze der Sozialhilfe gebildete Vergleichsgruppe.

[431] Zur Vereinbarkeit mit dem Sozialstaatsprinzip vgl. unten Teil 2 B. II. 6.

[432] Das Arbeitslosenrecht hat bislang an den früheren Verdienst des Beziehers angeknüpft, was allgemein akzeptiert war. Die nunmehr eingeführte Angleichung von „Arbeitslosengeld II" für Langzeitarbeitslose an die Sozialhilfe führt zu derartiger Aufregung in der Gesellschaft, dass der Gedanke der Gruppenfürsorge womöglich doch nicht so antiquiert erscheint. Allerdings ist als Anlass für den Wunsch nach Differenzierung zu berücksichtigen, dass die Bezieher zuvor unterschiedlich hohe Beiträge in die Arbeitslosenversicherung eingezahlt hatten.

[433] Verordnung zur Durchführung des § 28 des Zwölften Buches Sozialgesetzbuch (Regelsatzverordnung – RSV) vom 3. Juni 2004, BGBl. I S. 1067.

[434] Auch die Regelsatzverordnung vom 20. Juli 1962 sah in § 2 lediglich eine ähnliche Abstufung nach Alter und Rolle im Haushalt vor.

stand) sichern sollte. Der Versorgungsstandard änderte sich jedoch mit den Jahren. Nach der bis zum 1. Januar 2005 geltenden Regelung des § 21 BSHG wurde die Hilfe zum Lebensunterhalt durch laufende und einmalige Leistungen gewährt[435]. Während die laufenden Leistungen durch die Regelsätze abgedeckt waren, wurden die einmaligen Leistungen im Einzelfall bei besonderen Anlässen gewährt, z. B. nach § 21 Abs. 1a BSHG für die „Beschaffung von Gebrauchsgütern von längerer Gebrauchsdauer und von höherem Anschaffungswert". Zu diesen einmaligen Leistungen entwickelte sich eine umfassende Rechtsprechung, die die Leistungen immer stärker erweiterte. Hierbei stützte sie sich regelmäßig auf die Menschenwürde, daneben aber oftmals auf den – zeitlich nach dem BSHG ergänzend dazugetretenen - § 9 SGB I[436]. Hiernach besteht für den Hilfebedürftigen ein Recht auf die Hilfe, „die seinem besonderen Bedarf entspricht, ihn zur Selbsthilfe befähigt, die Teilnahme am Leben in der Gemeinschaft ermöglicht und die Führung eines menschenwürdigen Lebens sichert".

Es ist hervorzuheben, dass das „Leben in der Gemeinschaft" hier neben dem „menschenwürdigen Leben" Erwähnung findet. Möglicherweise wurden hier also vom Gesetzgeber Leistungen zur sozialen Eingliederung beabsichtigt, die über das von der Menschenwürde erforderte Maß hinausgehen. Auch hierzu erweisen sich die Gesetzesmaterialien als aufschlussreich. Mit der Hervorhebung des Lebens in der Gemeinschaft wollte der Gesetzgeber herausstellen, dass es auch Aufgabe der Sozialhilfe sei, „sogenannte Randgruppen der Bevölkerung in die Gemeinschaft zu integrieren"[437]. „Im Rahmen [der] übergeordneten Zielsetzung", die Führung eines menschenwürdigen Lebens zu sichern, solle auch Hilfe zum Überwinden der Schwierigkeiten geleistet werden, die der Teilnahme am Leben in der Gemeinschaft entgegenstünden[438]. Es handelt sich demnach nach der Ansicht des Gesetzgebers ebenfalls um einen Bestandteil der Menschenwürde[439]. Gemeint ist offenbar nicht die „Randgruppe" der finanziell schwächer ge-

---

[435] Seit dem 1. Januar 2005 wird der gesamte Bedarf durch die Regelsätze abgedeckt, § 28 Abs. 1 SGB XII.

[436] SGB I vom 11. Dezember 1975, BGBl. I S. 3015.

[437] BT-Dr. 7/3786, S. 3.

[438] BT-Dr. 7/3786, S. 3, vgl. auch S. 4 zur entsprechenden Änderung des § 28 Abs. 1 Nr. 2 c BSHG.

[439] Entsprechend war die Menschenwürde-Zielsetzung des BSHG auch bis dahin schon verstanden worden, vgl. BVerwG v. 27.1.1965 – V C 32.64 – BVerwGE 20, 188, 192. Gleichwohl wird die deutliche Heraushebung des Gemeinschaftsbezugs in § 9 SGB-AT als erfreulich gewertet, weil dies die Auslegung des BSHG und die Handhabung der dort enthaltenen Ermessensspielräume beeinflussen könne, vgl. SCHELLHORN, in: KRETSCHMER/ VON MAY-

stellten, die über materielle Leistungen am allgemeinen Lebensstandard partizipieren soll, sondern „Randgruppen" im Sinne von anderweitig Benachteiligten, z. B. aufgrund Alters, Krankheit oder Behinderung, denen besondere Hilfestellung geleistet werden muss. Weil eine solche Benachteiligung oftmals eine Isolation mit sich bringt, wurde das Element des „Lebens in der Gemeinschaft" möglicherweise eingefügt, um klarzustellen, dass hier der ohnehin schon von der Menschenwürde umfasste soziale Kontakt besonders gefördert werden muss.

Die Rechtslage hat sich durch die Einführung des § 9 SGB-AT also nicht geändert. Inwiefern die Rechtsprechung diese Norm gleichwohl zu einer Ausweitung des Sozialhilfeniveaus instrumentalisiert hat, soll im folgenden Kapitel dargestellt werden.

II. Die Entwicklung der Rechtsprechung

1. Bundesverfassungsgericht

Zunächst ist aber darauf einzugehen, welche Vorgaben das Bundesverfassungsgericht in Bezug auf das Existenzminimum gemacht hat. Dessen Rechtsprechung zum Existenzminimum ist dürftig. Zwar hat es sich nach anfangs eher vagen Äußerungen über die Pflicht zur „Sicherung der Mindestvoraussetzungen für ein menschenwürdiges Dasein"[440] vor allem in den Steuerrechts-Entscheidungen der letzten Jahre eindeutig dahingehend festgelegt, dass es eine staatliche Pflicht jedenfalls zur Belassung des Existenzminimums aus Art. 1 i.V.m. Art. 20 Abs. 1 GG gibt[441]. Die Frage, ob es daneben einen Anspruch auf Gewährung materieller Hilfe gibt, hat es bislang nicht beantwortet, sondern ausdrücklich offen gelassen, „ob Art. 1 Abs. 1 GG ein Grundrecht des Einzelnen

---

DELL/ SCHELLHORN, GK-SGB I³ [1996], § 9 Rz. 28. Dagegen übersieht BIERITZ-HARDER, Menschenwürdig leben [2001], S. 151ff. diese vom Gesetzgeber beabsichtigte Untergliederung unter die Menschenwürde, was sie zu einer gleichwohl lesenswerten Analyse des geistes- und sozialwissenschaftlichen Begriffs der „Gemeinschaft" veranlasst. Im Ergebnis stellt auch sie fest, dass eine Erweiterung der Aufgaben der Sozialhilfe nicht beabsichtigt war. Sie gelangt zu der Einsicht, dass der Formulierung der „Teilnahme am Leben in der Gemeinschaft" keine konkrete Bedeutung zugewiesen werden könne. Es bleibe „nichts anderes übrig, als sie als eine Art ‚Leerformel' zu begreifen, die aus rhetorischen Gründen in den Gesetzestext eingefügt wurde" (S. 165).

[440] BVerfG v. 18.6.1975 – 1 BvL 4/74 – BVerfGE 40, 121, 133, vgl. zur frühen Rechtsprechung des Bundesverfassungsgerichts ausführlicher oben Teil 1 A. II. 2. a) und b) aa).

[441] BVerfG v. 29.5.1990 – 1 BvL 10 u. a./86 – BVerfGE 82, 60, 85; BVerfG v. 10.11.1998 – 2 BvL 42/93 – BVerfGE 99, 246, 259, vgl. hierzu ausführlich oben Teil 1 A. II. 2. b) cc) fff).

auf gesetzliche Regelung von Ansprüchen auf angemessene Versorgung begründen könnte"[442]. Auch das Maß einer verfassungsrechtlichen oder einfachgesetzlichen Fürsorgepflicht hat es nicht bestimmt; wie schon gezeigt[443], hat es auch für die Berechnung des Kinder-Freibetrages nur die bestehenden Sozialhilfesätze übernommen, ohne deren Höhe in Frage zu stellen. In der Entscheidung vom 29. Mai 1990[444] heißt es:

„Für die Ermittlung des Existenzminimums von Kindern kann auf die Maßstäbe zurückgegriffen werden, die sich aus statistisch ermittelten Regelsätzen oder normativ festgelegten Regelleistungen für den entsprechenden Bedarf ergibt [...]. Entscheidende Bedeutung für die Bemessung des Existenzminimums, um das es hier geht, kommt den Leistungen der Sozialhilfe zu, die gerade dieses Existenzminimum gewährleisten sollen und die verbrauchsbezogen ermittelt und regelmäßig den steigenden Lebenshaltungskosten angepasst werden."

Das Bundesverfassungsgericht stellt also darauf ab, dass der grundgesetzliche Existenzminimum-Bedarf gedeckt werden muss. Als geeignetes Verfahren zur Bestimmung dieses Bedarfs erkennt es das Vorgehen im Sozialhilferecht an. Dieses befand sich gerade in der Phase der stufenweise Überleitung zum Statistikmodell[445], das sich am Verbraucherverhalten orientiert und in regelmäßigen Abständen die Sozialhilfesätze inflationsbedingt fortschreiben soll. Die anhand dieses Verfahrens ermittelten Regelsätze sieht das Bundesverfassungsgericht als bedarfsdeckend an. Der im Sozialhilferecht maßgebliche Bedarf (§ 12 BSHG, jetzt § 27 SGB XII) deckt sich nach seiner Ansicht also mit dem grundgesetzlich zu gewährenden Bedarf.

Es respektiert bei der konkreten Bestimmung einen Gestaltungsspielraum des Gesetzgebers und nennt lediglich Rahmenparameter, die die Höhe des Existenzminimums bestimmen:

„Die Höhe des [...] Existenzminimums hängt von den allgemeinen wirtschaftlichen Verhältnissen und dem in der Rechtsgemeinschaft anerkann-

---

[442] BVerfG v. 20.5.1987 – 1 BvR 762/85 – BVerfGE 75, 348, 360.

[443] Teil 1 A. II. 2. b) cc) fff).

[444] BVerfG v. 29.5.1990 – 1 BvL 10 u. a./86 – BVerfGE 82, 60, 93 ff.

[445] Vgl. zu den Verfahren der Regelsatzbemessung ausführlich unten Teil 2 B. I.

ten Mindestbedarf ab. Diesen einzuschätzen ist Aufgabe des Gesetzgebers."[446]

Im Rahmen einer realitätsgerechten Bemessung[447] ist bei dieser Einschätzung auch eine Absenkung nach unten möglich, wenn sich der Gesetzgeber durch den „besonderen Finanzbedarf des Staates und die Dringlichkeit einer Haushaltssanierung [veranlasst sieht], die bisherigen Bedarfstatbestände in der gesamten Rechtsordnung zu überprüfen"[448].

Auffällig ist, dass das Bundesverfassungsgericht einerseits von den „Mindestvoraussetzungen für ein menschenwürdiges Dasein"[449] spricht, andererseits aber auf die allgemeinen wirtschaftlichen Verhältnisse abstellt. Ein in Abhängigkeit vom allgemeinen Wohlstand nach dem von der Gemeinschaft anerkannten Standard eingeschätztes Existenzminimum ist dem Sozialstaats-Minimum und nicht dem Menschenwürde-Minimalstandard zuzurechnen. Auch das Kriterium der verbrauchsbezogenen Bedarfsermittlung spricht für ein Teilhabe-Existenzminimum. Leider mangelt es den Entscheidungen an Ausführlichkeit und Klarheit, was die konkrete Höhe des Existenzminimums angeht. Dies erklärt sich damit, dass das Bundesverfassungsgericht jeweils über Pauschalierungen im Steuerrecht zu entscheiden hatte und nicht über die Vergleichsgrößen des Sozialhilferechts.

2. Verwaltungsgerichtsbarkeit

Dagegen waren die Verwaltungsgerichte immer wieder gefordert, in konkrete Einzelfällen zu entscheiden, ob ein bestimmter Gegenstand zum Existenzminimum zu rechnen ist oder nicht. Im Folgenden werden chronologisch wichtige Verwaltungsgerichtsentscheidungen dargestellt, die den Weg der Rechtsprechung – mit all ihren Definitionsversuchen – von einer auf die Menschenwürde konzentrierten Sozialhilfe hin zu einer sozialstaatlichen Teilhaberegelung markieren.

---

[446] BVerfG v. 25.9.1992 – 2 BvL 5 u. a./91 – BVerfGE 87, 153, 170.

[447] BVerfG v. 10.11.1998 – 2 BvL 42/93 – BVerfGE 99, 246, 260.

[448] BVerfG v. 25.9.1992 – 2 BvL 5 u. a./91 – BVerfGE 87, 153, 172.

[449] BVerfG v. 10.11.1998 – 2 BvL 42/93 – BVerfGE 99, 246, 260.

a) Menschenwürdebegriff des Bundesverwaltungsgericht

Vorab soll der Frage nachgegangen werden, ob das Bundesverwaltungsgericht überhaupt einen mit dem Grundgesetz vereinbaren Menschenwürde-Begriff vertritt. Zunächst könnte die Gefahr bestanden haben, dass das Bundesverwaltungsgericht sich bei seinen Überlegungen zur Menschenwürde einseitig am Würdebegriff des BSHG orientiert hat, welches, wie soeben[450] gezeigt, nicht ausschließlich das Grundgesetz, sondern auch die Fürsorgerechtstradition zum Vorbild hat. Hiergegen spricht jedoch, dass das Gericht selbst neben § 1 Abs. 2 BSHG auch Art. 1 Abs. 1 GG nennt, wenn es von der Menschenwürde spricht[451], was darauf schließen lässt, dass es in § 1 Abs. 2 BSHG eine Konkretisierung der Menschenwürde im Sinne des Grundgesetzes sieht. Man kann davon ausgehen, dass es sich den historisch bedingten Unterschied, der sich ja nur beim Lohnabstandsgebot manifestiert, nicht vor Augen geführt hat, weil es hierüber noch nicht zu entscheiden hatte (es wurde nämlich bezüglich der konkreten Regelsätze bislang noch nie umgesetzt[452]). In der Regel wird es mit Fragen zu einmaligen Beihilfe konfrontiert, für die dieses Gebot ohnehin nicht gilt. Eine Differenzierung nach „Würdigkeit", die die Menschenwürde je nach Status des Bedürftigen beliebig macht, erfolgte auch nach dem BSHG nicht mehr, so dass das Bundesverwaltungsgericht hier nicht gezwungen war, das Verständnis der Verfassung von einem allen Menschen in gleichem Maße zukommenden Wert klarzustellen. Es hat jedenfalls nie Anlass zu der Annahme gegeben, es könnte die Würde insofern anders als nach dem Grundgesetz beurteilen.

Daneben werden die Äußerungen des Bundesverwaltungsgerichts, wonach die Menschenwürde durch eine fortbestehende Hilfsbedürftigkeit Schaden nimmt[453], als nicht mit der Rechtsprechung des Bundesverfassungsgerichts[454] kompatibel gehalten, nach der ein Verlust der Würde unmöglich ist[455]. Oben[456] wurde aber

---

[450] Teil 2 A. I.

[451] BVerwG v. 26.1.1966 – V C 88.64 – BVerwGE 23, 149, 153.

[452] BIERITZ-HARDER, Menschenwürdig leben [2001], S. 15.

[453] BVerwG v. 26.1.1966 – V C 88.64 – BVerwGE 23, 149, 153; BVerwG v. 10.5.1967 – V C 150.66 – BVerwGE 27, 58, 63; BVerwG v. 11.11.1970 – V C 32.70 – BVerwGE 36, 256, 258.

[454] BVerfG v. 20.10.1992 – 1 BvR 698/89 – BVerfGE 87, 209, 228.

[455] BIERITZ-HARDER, Menschenwürdig leben [2001], S. 214.

[456] Teil 1 A. I. 4.

bereits aufgezeigt, dass der Schaden an der Menschenwürde durch die Versagung des Existenzminimums in einem anderen Sinne aufzufassen ist. Eine Beschädigung der Würde kann darin liegen, dass der unantastbare Wert des Menschen, basierend auf seiner Selbstentfaltungsfähigkeit, durch die Verhinderung eben dieser Persönlichkeitsentwicklung ausgehöhlt wird. Zurück bleibt im Extremfall nur noch die reine Existenz mit den nicht umsetzbaren Anlagen zur Selbstentwicklung, was allein aber noch einen Wert darstellt, der nicht verloren werden kann. Die Beschädigung der Würde durch Verhinderung ihrer Umsetzung kann daher niemals zu einem Verlust der „Würdebasis" führen. Die Rechtsprechung des Bundesverwaltungsgerichts ist also nicht von vorneherein verfassungswidrig und für das Verständnis der Menschenwürde somit bedeutsam. Sie soll daher in ihrer Entwicklung im Folgenden näher dargestellt werden.

b) Menschenwürde mehr als das physiologisch Notwendige

Des Öfteren hat das Bundesverwaltungsgericht klargestellt, dass sich der Begriff des menschenwürdigen Lebens „nicht einfach als eine Formel für das physiologisch Notwendige" umschreiben lasse[457]. Das „physiologisch Notwendige" entspricht der „absoluten Armut", die den Mangel der zum bloßen physischen Überleben nötigen Nahrung, Kleidung und Behausung umschreibt[458]. Dass die Sozialhilfe hierüber hinausgeht, ergibt sich bereits aus § 27 Abs. 1 SGB XII[459], der ein sozio-kulturelles Existenzminimum umschreibt[460]. Auch die Unterscheidung des SGB XII zwischen „notwendigem" und „unerlässlichem" Lebensunterhalt (§§ 27 und 26 SGB XII) zeigt, dass die Sozialhilfe über die „Erhaltung der Funktionstüchtigkeit der menschlichen Organe"[461] hinausgeht. Erst der in § 27 SGB XII definierte notwendige Lebensunterhalt deckt die für ein menschenwürdiges Leben erforderlichen Mittel ab[462].

---

[457] BVerwG v. 22.4.1970 – V C 98.69 – BVerwGE 35, 178, 180; BVerwG v. 3.11.1988 – 5 C 69.85 – BVerwGE 80, 349, 353; BVerwG v. 13.12.1990 – 5 C 17.88 – BVerwGE 87, 212, 214.

[458] NEUMANN, NVwZ 1995, S. 426, 428.

[459] Vgl. oben Teil 2 A. I.

[460] „Sozio-kulturell" im Sinne des bei Teil 1 A. III gefundenen Ergebnisses auf Menschenwürde-Niveau, nicht im Sinne eines relativen Existenzminimums.

[461] NEUMANN, NVwZ 1995, S. 426, 428.

[462] BVerwG v. 30.11.1966 – V C 29.66 – BVerwGE 25, 307, 318.

c) Relatives Existenzminimum

aa) Ursprünglich: „herrschende Lebensgewohnheiten"

Über diese unstrittige Feststellung hinaus hat das Bundesverwaltungsgericht aber noch weitaus bemerkenswertere Entscheidungen über den Standard eines menschenwürdigen Lebens getroffen. Bei der Überprüfung einmaliger Beihilfen standen die Verwaltungsgerichte vor der Aufgabe, das konkrete Maß der Hilfe zu ermitteln. Als Ausgangspunkt nahmen die Gerichte in den früheren Jahren stets die Menschenwürde; das Sozialstaatsprinzip wurde nicht als Maßstab genannt. Gleichwohl wurde immer wieder mit dem Verhältnis von Sozialhilfeempfängern zu anderen argumentiert. Ausgangspunkt der Überlegungen war zumeist die Vorstellung eines in gewissen Grenzen wandelbaren, relativen Existenzminimums, welches sich im Einklang mit den „jeweils herrschenden Lebensgewohnheiten und Erfahrungen"[463] entwickele. Sodann wurde oftmals eine direkte Verknüpfung von Sozialhilfeniveau mit den allgemeinen Verhältnissen geschaffen: der „Interventionspunkt der Sozialhilfe" sei dann erreicht, „wenn der Hilfesuchende so weit in seiner Lebensführung, gemessen an seiner Umwelt, absinkt, dass seine Menschenwürde Schaden nimmt"[464]. Die Sozialhilfe solle es ihm ermöglichen, in der Umgebung von Nicht-Hilfeempfängern ähnlich wie diese leben zu können[465]. Der Begriff des notwendigen Lebensunterhalts sei daher gegenüber der wirtschaftlichen und gesellschaftlichen Entwicklung, insbesondere gegenüber Änderungen des Lebensstandards und der Konsumgewohnheiten offen. Neue Bedarfstatbestände könnten so in die Hilfe zum Lebensunterhalt hineinwachsen. Ein beliebtes Verfahren zog die anhand der Statistischen Jahrbücher ermittelte Ausstattungsdichte der Haushalte mit dem als einmalige Leistung begehrten Gegenstand heran[466]. Wurde eine annähernde Vollversorgung festgestellt, war diese einmalige Leistung zu gewähren[467]. Auch in der Literatur stellte man auf die gesamtgesellschaftlichen Verhältnisse ab[468].

---

[463] BVerwG v. 22.4.1970 – V C 98.69 – BVerwGE 35, 178, 180f.; BVerwG v. 12.4.1984 – 5 C 95.80 – BVerwGE 69, 146, 154; Bayer. VGH v. 20.1.1978 – Nr. 432 XII 76 – FEVS 28, 445, 448; OVG Hamburg v. 19.12.1980 – Bf I 53/ 80 – FEVS 29, 414, 420; OVG Lüneburg v.25.2.1981 – 4 A 69 /80 – FEVS 31, 146, 147.

[464] BVerwG v. 11.11.1970 – V C 32.70 – BVerwGE 36, 256, 258.

[465] BVerwG v. 11.11.1970 – V C 32.70 – BVerwGE 36, 256, 258.

[466] Vgl. z. B. OVG Hamburg v. 19.12.1980 – Bf I 53/ 80 – FEVS 29, 414, 418 und 421.

[467] Vgl. z. B. Hess. VGH v. 5.2.1987 – 9 TG 2714/ 86 – FEVS 36, 368, 371. Weil 98,6 Prozent der Zwei-Personen-Haushalt von Rentnern und Sozialhilfeempfänger einen Kühlschrank besäßen, zähle dieser zum notwendigen Lebensunterhalt. Man beachte den dieser Argumenta-

bb) BVerwGE vom 22.5.1975 und vom 3.11.1988: Enges Verständnis

Entsprechend überraschend kamen daher zwei Urteile des Bundesverwaltungsgerichts aus den Jahren 1975[469] und 1988[470], welche dieser Praxis den Boden zu entziehen drohten. Es ging um den Anspruch auf einen gebrauchten Schwarz-Weiß-Fernseher. Bereits 1975 hatte man einen solchen Anspruch abgelehnt. Die Angaben, wonach 1968 sechzig Prozent der statistisch erfassten Haushalte von Rentnern und Sozialhilfeempfängern einen Fernseher besaßen, rechtfertigten keine Einbeziehung des Geräts in die Sozialhilfe. Die Lektüre des Urteils ergibt, dass das Bundesverwaltungsgericht bereits damals gar nicht der Auffassung war, eine hohe Ausstattungsdichte würde zu einem Anspruch führen, sondern im Gegenteil bereits die damalige Quote als sehr hoch ansah und sich gezwungen sah, nicht mit, sondern vielmehr gegen diese Statistik zu argumentieren. Mit dem Verweis auf andere ausreichende Möglichkeiten der Kommunikation, Information und Unterhaltung stellte das Gericht den Fernseher als bloße „Annehmlichkeit" dar, ohne die „auch heute noch" menschenwürdig gelebt werden könne[471].

In der Literatur wurde das Urteil allerdings missverstanden. Man wertete den Hinweis auf die Statistik als Argument, dass bei einer solchen Verbreitung von Fernsehgeräten noch nicht von einer herrschenden Lebensgewohnheit gesprochen werden könne[472]. Diese Argumentation machte sich das Verwaltungsge-

---

tion immanente Zirkelschluss, wenn von der Ausstattungsdichte von Sozialhilfeempfängern auf deren Bedarf geschlossen wurde!

[468] GOTTSCHICK/ GIESE, Bundessozialhilfegesetz[9] [1985], § 12 Rz. 1; **a. A.:** SCHULTE/ TRENK-HINTERBERGER, Sozialhilfe[2] [1986], S. 148 f. rechneten zum menschenwürdigen Leben zwar auch die Wahrung des „status socialis", d. h. die Teilnahme am Leben in der Gemeinschaft. Allerdings wurde am Beispiel der Haltung eines Kraftfahrzeugs (kein Anspruch) verdeutlicht, dass es nicht allein auf die gesellschaftlichen Konventionen ankommen könne.

[469] BVerwG v. 22.5.1975 –V C 43.74 – BVerwGE 48, 237 ff.

[470] BVerwG v. 3.11.1988 – 5 C 69.85 – BVerwGE 80, 349 ff.

[471] BVerwG v. 22.5.1975 –V C 43.74 – BVerwGE 48, 237, 239. Hierauf berufen sich OVG Hamburg v. 19.12.1980 – Bf I 53/ 80 – FEVS 29, 414, 420 und OVG Lüneburg v. 25.2.1981 – 4 A 69/ 80 – FEVS 31, 146, 147: Es sei nicht Aufgabe der Sozialhilfe, sämtliche „Normalbedürfnisse" im Sinne des durchschnittlichen Lebensstandards der Gesellschaft der Bundesrepublik zu befriedigen und auch einen gehobenen Bedarf zu decken.

[472] GIESE/ RADEMACKER, NWVBL 1989, 163, 166.

richt Hannover[473] im Jahre 1981 zu Eigen und bejahte den Anspruch mit der Begründung, dass Fernsehgeräte mittlerweile zur Grundausstattung auch einkommensschwacher Haushalte gehörten. Dem schloss sich auch das OVG Lüneburg in der Berufung an. In der Revision erklärte das Bundesverwaltungsgericht[474] dann aber, dass es an seiner Entscheidung aus dem Jahre 1975 festhalte. Es gäbe keinen Anspruch auf einen Fernseher. Auf die Ausstattungsdichte der Umwelt komme es nämlich nicht an. Dies sei in der bisherigen Rechtsprechung[475] auch gar nicht als Grundsatz entwickelt worden. Eine solche Interpretation verkenne unter Außerachtlassung der den Entscheidungen zugrunde liegenden Sachverhalte Sinn und Tragweite von aus ihrem Zusammenhang gelösten Ausführungen des Bundesverwaltungsgerichts. Schon früher[476] sei bemerkt worden, dass es nicht Aufgabe der Sozialhilfe sei, einen sozialen Mindeststandard und eine höchstmögliche Ausweitung der Hilfen zu gewährleisten. Auch § 9 SGB I rechtfertige keine solche Interpretation. Dieser sei nämlich nur auf die Integration von Randgruppen gerichtet[477] und solle nicht den Leistungsumfang dessen, was zum „notwendigen Lebensunterhalt" gehöre, erweitern[478].

Dieses Urteil sieht in der Sozialhilfe also allein eine Konkretisierung der Menschenwürde; eine sozialstaatliche Interpretation des § 9 SGB I wird mit dem Hinweis auf die Gesetzesmaterialien abgelehnt. Stattdessen versucht das Gericht, die Sozialhilfe zurück zu den inhaltlichen Wurzeln der Menschenwürde zu führen. Man wollte die Ausstattung der Sozialhilfeempfängerhaushalte nicht mehr einem an die generellen Verhältnisse angekoppelten Automatismus überlassen, sondern ging statt dessen dazu über, nach dem inneren Sinn der Gewäh-

---

[473] Erstinstanzliche Entscheidung vor BVerwG v. 3.11.1988 – 5 C 69.85 – BVerwGE 80, 349 ff.

[474] BVerwG v. 3.11.1988 – 5 C 69.85 – BVerwGE 80, 349, 352.

[475] BVerwG v. 22.4.1970 – V C 98.69 – BVerwGE 35, 178 ff.; BVerwG v. 11.11.1970 – V C 32.70 – BVerwGE 36, 256 ff.

[476] BVerwG v. 26.1.1966 – V C 88.64 – BVerwGE 23, 149.

[477] Vgl. hierzu oben Teil 2 A. I.

[478] Außerdem setzt sich das Urteil (wie auch schon BVerwG v. 22.5.1975 –V C 43.74 – BVerwGE 48, 237 ff.) mit den Pfändungsregeln der ZPO auseinander. Aus der Unpfändbarkeit eines Fernsehers in der Zwangsvollstreckung ergebe sich nicht die Pflicht zur Bereitstellung eines Geräts in der Sozialhilfe. Zum einen sein die Regeln des § 811 ZPO und der Sozialhilfe nicht zweckidentisch. Es sei auch ein Unterschied, ob ein vorhandenes Gerät zu belassen, oder erst die Mittel zu dessen Anschaffung zu gewähren seien, vgl. BVerwG v. 3.11.1988 – 5 C 69.85 – BVerwGE 80, 349, 353 f.

rung eines materiellen Gutes zu fragen. Hierbei stellte das Bundesverwaltungsgericht auf anderweitige Mittel der Kommunikation, Information und Unterhaltung[479] und die Möglichkeit der Kontaktaufnahme ab. Es sei durchaus daran zu denken, einem Hilfesuchenden, der etwa wegen Alters, Gebrechlichkeit oder Behinderung am Kontakt mit der Umwelt gehindert sei, ein TV-Gerät zu gewähren. Wer aber von sich aus in der Lage zur Kommunikation mit der Außenwelt in der Lage sei, bedürfe keines Fernsehers[480].

Im Schrifttum rief dieses Urteil ein geteiltes Echo hervor. Von der einen Seite musste es herbe Kritik erfahren. Dem Bundesverwaltungsgericht wurde vorgeworfen, es hätte das bis dahin unangefochtene Kriterium „herrschende Lebensgewohnheiten" verworfen, ohne ein neues zu entwickeln, und betreibe so eine „Methode der Nicht-Begründung"[481].

Daneben wurde die nun angeblich bestehende neue Unsicherheit in der Quantifizierung der Würde aber auch begrüßt. Würde lasse sich nun einmal nicht in Marktgüter und Marktpreise umrechnen. Zumindest dies hätte das Bundesverwaltungsgericht nun wenigstens erahnt. Das Urteil gehe aber nicht weit genug: Das Menschenwürde-Kriterium sei wegen seiner Vagheit und Schrankenlosigkeit unbrauchbar. Man hätte sich daher ganz davon verabschieden müssen[482].

Diese Kommentare sind indes verfehlt. Zum einen soll gerade nicht die Menschenwürde selbst beziffert werden, sondern nur die Voraussetzungen eines menschenwürdigen Lebens. Nur die Mittel zur Selbstentfaltung, nicht die Entfaltung selbst werden vom Gericht überprüft. Die Argumentation mit der Vagheit der Menschenwürde[483] vermag ebenfalls nicht zu überzeugen. Freilich ist die Entscheidung, welche Güter zur Befriedigung der Menschenwürde-Elemente notwendig sind, letztlich nicht frei von Wertungen zu treffen, welche wiederum zeitabhängig sein können. Die hierdurch zwangsläufig entstehenden Unsicherheiten müssen indes hingenommen werden. Das Menschenwürde-Kriterium ist schließlich nicht entbehrlich: Allein schon wegen der ausdrücklichen Zielset-

---

[479] BVerwG v. 3.11.1988 – 5 C 69.85 – BVerwGE 80, 349, 351.

[480] BVerwG v. 3.11.1988 – 5 C 69.85 – BVerwGE 80, 349, 355.

[481] GIESE/ RADEMACKER, NWVBL 1989, S. 163, 166.

[482] NEUMANN, NVwZ 1995, S. 426, 429. Bezugspunkt müsse stattdessen die sich aus dem Sozialstaatsprinzip ergebende Pflicht zur Herstellung sozialer Gerechtigkeit, das hieße in erster Linie zur Gleichheit, sein. Wenn aber der richtige Kontrollmaßstab der Gleichheitssatz sei, dann sei die Ausstattungsdichte der Haushalte eben doch ein geeignete Kriterium für die Entscheidung, ob eine Leistung zu gewähren sei.

[483] Zur Schrankenlosigkeit vgl. oben Teil 1 A. II. 1. b).

zung des § 1 Satz 1 SGB XII und der verfassungsrechtlichen Pflicht aus Art. 1 Abs. 1 GG in Verbindung mit dem Sozialstaatsprinzip muss die Menschenwürde stets berücksichtigt werden. Andere Kriterien zur Verwirklichung der faktischen Gleichheit sind zwar überdies ebenfalls geboten. Wenn aber die Möglichkeit besteht, dass mit jenen Mechanismen die von der Menschenwürde her notwendige Grenze unterschritten wird, dann darf der Menschenwürde-Standard nicht aus den Augen verloren werden.

Auch die Kritik, dass der notwendige Lebensunterhalt nunmehr ohne nachvollziehbaren Bezugspunkt festgesetzt worden sei, ist nicht haltbar. Das Gericht hat sich bei der Frage, wann ein Gut Voraussetzung für ein menschenwürdiges Leben ist, nämlich sehr wohl an sachlichen Gesichtspunkten orientiert. Dem Urteil liegen genau die Vorstellungen von der Menschenwürde zugrunde, die oben[484] als Inhalt des Verfassungsbegriffs aufgezeigt wurden: Selbstbestimmung und Entfaltung der Persönlichkeit. Diese vollziehen sich unabhängig vom Wohlstand der Umwelt. Zu Recht ist man also im Hinblick auf die Menschenwürde vom Kriterium der allgemeinen Ausstattungsdichte abgerückt. Stattdessen hielt das Gericht an seiner Entscheidung vom 22.5.1975 fest, wonach es darauf ankomme, ob auch auf andere Weise die Pflege von Beziehungen zur Umwelt und Teilnahme am kulturellen Leben gewährleistet seien. Die menschenwürderelevanten Elemente der Kommunikation, Information und Unterhaltung müssten gesichert sein. Dies sei regelmäßig durch den Bezug einer Tageszeitung, das Radiohören, die Benutzung einer öffentlichen Leihbücherei, gelegentliche Kinobesuche oder sonstiger Unterhaltungsveranstaltungen auch ohne Fernseher zu erreichen.

Die Kriterien des Bundesverwaltungsgerichts waren somit die verfassungsrechtlich vorgegebenen Voraussetzungen[485] der Menschenwürde. Allein zu bemängeln bleibt die Versäumnis des Gerichts, auf diesen verfassungsrechtlichen Bezug hinzuweisen und die Kriterien der Kommunikation, Information und Unterhaltung ohne diese ausdrückliche Verankerung als Maßstab des notwendigen Unterhalts aufzustellen. Es handelt sich aber bei diesem Vorgehen allenfalls um eine zu knappe, nicht aber um eine „Nicht-Begründung".

Der Wandel in der Rechtsprechung, wonach es nicht mehr auf die herrschenden Lebensgewohnheiten, sondern nur auf die zur Wesensentfaltung notwendigen Mittel ankommen sollte, war wegen seiner Rückbesinnung auf den verfassungsmäßigen Inhalt der Menschenwürde also durchaus begrüßenswert.

---

[484] Teil 1 A. I.

[485] S. o. Teil 1 A. I. 3.

cc) OVG Lüneburg vom 12.7.1989: „soziale Adäquanz"

Allerdings hat sich diese Betrachtungsweise nicht durchsetzen können. Kurze Zeit nach BVerwGE 80, 349[486] erließ das OVG Lüneburg bewusst eine Entscheidung[487], die nicht mit der genannten Rechtsprechung zu vereinbaren war. Begründend führte es aus, das Bundesverwaltungsgericht hätte sehr wohl in seinen früheren Entscheidungen Überlegungen prinzipieller Art zur Orientierung der Sozialhilfe an den herrschenden Lebensverhältnissen angestellt, von denen es nicht so einfach hätte abrücken dürfen. Gerade auch in der Entscheidung vom 12.4.1984[488], die in dem kritisierten Urteil gar nicht erwähnt werde, sei diese Beurteilung klar zum Ausdruck gekommen. Nur mit der Orientierung an der Ausstattungsdichte der Bevölkerung könne man den „Strukturprinzipien" des BSHG gerecht werden. Denn allein die Betrachtung der Verhältnisse in der Gesellschaft führe dazu, dass auch der Mangel an höher bewerteten Gütern erfasst werde, deren Besitz in der Gesellschaft „unabdingbar" geworden sei. Die Auslegung des Begriffs des „notwendigen Lebensunterhalts" hätte keine „soziale Adäquanz" mehr, wenn sie auf einem bestimmten Niveau festgehalten werde, obwohl sich das Verhalten der Verbraucher grundlegend geändert hätte.
Letztere Aussage des OVG Lüneburg ist besonders aufschlußreich. Es fordert eine „soziale Adäquanz" des notwendigen Lebensunterhalts. Diesem hatte es zuvor die Bestimmung zugewiesen, ein menschenwürdiges Leben zu ermöglichen. Letztlich wird so die Menschenwürde mit einer Teilhabe am gesellschaftlichen Wohlstand verbunden – ein Aspekt, der hier nicht hingehört. Wenn das Gericht schon den Begriff des „Sozialen" verwendet, hätte es konsequenterweise die Verbindung zum Sozialstaatsprinzip knüpfen sollen. Dass es diesen logischen Schritt unterlässt, ist zwar verständlich. Schließlich hatte man sich in Rechtsprechung und Literatur zum BSHG seit seiner Entstehung auf die Menschenwürde konzentriert. Dies ist wegen der Aufgabenbestimmung des § 1 Abs. 2 Satz 1 BSHG auch richtig. Allerdings hatte das Bundesverwaltungsgericht ja soeben klargestellt, dass der Menschenwürde der soziale, auf Teilhabe gerichtete Aspekt, der ihr in der Auslegung des § 12 BSHG untergeschoben worden war, gerade nicht innewohnt. Wenn das OVG Lüneburg dieses Element dennoch weiterhin verwirklicht sehen wollte, so hätte es nun die Gelegenheit

---

[486] BVerwG v. 3.11.1988 – 5 C 69.85 – BVerwGE 80, 349.

[487] OVG Lüneburg v. 12.7.1989 – 4 A 200/88 – info also 1990, S. 83.

[488] BVerwG v. 12.4.1984 – 5 C 95.80 – BVerwGE 69, 146. Das Bundesverwaltungs-gericht hatte dort einen größeren Bedarf in der Weihnachtszeit für Ernährung, Wohnungsschmuck und Geschenke mit den herrschenden Lebensgewohnheiten und Erfahrungen begründet

gehabt, seine Einbeziehung in das Sozialhilferecht auf andere, dogmatisch saubere Weise zu begründen. Eine verfassungskonforme Auslegung des BSHG, welche auch die vom Sozialstaatsprinzip geforderte Teilhabe berücksichtigt, hätte hier wesentlich einleuchtender gewirkt als die erneute, vom Bundesverwaltungsgericht soeben kritisierte Neudefinition der Menschenwürde.

Zumindest aber erkennt auch das OVG Lüneburg als Ausnahme vom Maßstab der Versorgungsdichte die Gruppe der reinen „Annehmlichkeiten" an. Dies sei etwa dann der Fall, wenn der Hilfeempfänger auf den Gegenstand nicht angewiesen sei, weil er einen anderen für denselben Zweck verwenden könne und ihm dies auch zuzumuten sei, weil dessen Gebrauch beispielsweise nur geringen zeitlichen und körperlichen (Mehr-)Aufwand erfordere. Als Beispiel wird die zumutbare Nutzung einer Gemeinschaftswaschmaschine in einem Mehrfamilienhaus angeführt.

dd) BVerwGE vom 14.3.1991: „Diskriminierung"

Auch das Bundesverwaltungsgericht entfernte sich wieder von seiner Ansicht in BVerwGE 80, 349. In der Entscheidung vom 14.3.1991[489] hatte es zu klären, ob ein Hilfeempfänger auf eine Sachleistung in Form einer gebrauchten, gereinigten Matratze verwiesen werden könne. In der Urteilsbegründung kam es zurück auf die alten Kriterien der „herrschenden Lebensgewohnheiten und Erfahrungen" und der Hilfe, „in der Umgebung von Nichthilfeempfängern ähnlich wie diese zu leben". Es bleibe aber dabei, dass dieser Maßstab sich nicht dazu eigne, der Sozialhilfe die Gewährleistung eines sozialen Mindeststandards und eine höchstmögliche Ausweitung der Hilfen aufzugeben. Die Betrachtungsweise, die auf die Lebensumstände der übrigen Bevölkerung abstelle, könne daher sozialhilferechtlich nur Geltung beanspruchen, soweit sie sich am Menschenwürdeschutz orientiere: „Nur im Rahmen dessen, was zur Führung eines menschenwürdigen Lebens gehört, muss die Sozialhilfe dem Hilfeempfänger Lebensgewohnheiten und Lebensumstände der übrigen Bevölkerung und eine Gleichstellung mit ihr ermöglichen".

Der sozialen Teilhabe wurde somit das Menschenwürde-Maß als Obergrenze „aufgesetzt". Diese sei erreicht, sobald der Hilfeempfänger die Art der Hilfegewährung als „diskriminierend empfinden müsste, weil sie ihn gegenüber der übrigen Bevölkerung herabsetzt", was insbesondere dann der Fall sei, wenn Art und Maß der Hilfe von Nichthilfeempfängern als „allgemein unzumutbar" gewertet würden. Im konkreten Fall wurde dies verneint, weil die Bevölkerung die

---

[489] BVerwG v. 14.3.1991 – 5 C 70.86 – FEVS 41, 397.

Benutzung gebrauchter Matratzen beispielsweise in Hotels und Krankenhäusern akzeptiere.

Dieses Urteil ist bemerkenswert angesichts der Unstimmigkeit, die die auf den ersten Blick so schlüssig anmutende neuen Argumentation des Bundesverwaltungsgerichts enthält. Eine der Ungereimtheiten besteht in der inhaltlichen Bestimmung dessen, was zur Führung eines menschenwürdigen Lebens notwendig sei. Bisher waren die herrschenden Lebensgewohnheiten von den Gerichten als Maßstab hierfür herangezogen worden[490]. Dieses Kriterium nun durch die Menschenwürde zu begrenzen, ergäbe also nur dann einen Sinn, wenn man eine neue Definition der Menschenwürde eingeführt hätte – weil sonst letztlich ein und dieselbe Bezugsgröße sich selbst begrenzen sollte. Hier hätte sich in Weiterentwicklung von BVerwGE 80, 349 eine Definition entsprechend des verfassungsmäßigen Würdegehalts angeboten. Der Satz, wonach die Sozialhilfeempfänger nicht diskriminiert, also gegenüber der übrigen Bevölkerung herabgesetzt werden dürfen, scheint auch in diese Richtung zu gehen, fühlt man sich bei Worten wie „diskriminieren" und „herabsetzen" doch an DÜRIGs Objektformel erinnert. Diese hat aber ein völlig anderes Ziel. Es geht dort um die Verkennung des menschlichen Eigenwertes. Herabgewürdigt werden heißt in diesem Zusammenhang, nicht als selbstbestimmtes und freies Wesen respektiert, sondern zum „Ding" degradiert zu werden[491]. Dass das Bundesverwaltungsgericht eine solche Bedeutung aber nicht im Sinn hat, wird in der anschließenden Konkretisierung deutlich. Ein Hilfeempfänger wird hiernach durch eine materielle Versorgung, die nicht dem von der Bevölkerung als zumutbar empfundenen Maß entspricht, herabgesetzt. Die Erniedrigung basiert folglich auf der materiellen Ausstattung der Menschen. Tatsächlich existiert in der Gesellschaft ein solches mit der individuellen Begüterung verbundenes Minderwertigkeitsdenken. Und freilich ist auch eine aufgrund des gesellschaftlichen Status drohende Ausgrenzung eine Form der Diskriminierung. Vor dieser zu schützen, ist jedoch nicht der Sinn der Menschenwürde im verfassungsrechtlichen Sinn. In einer älteren Entscheidung hatte das OVG Münster dies einmal klargestellt, als es die Bezahlung einer Klassenfahrt ablehnte:

---

[490] Vgl. BVerwG v. 22.4.1970 – V C 98.69 – BVerwGE 35, 178, 180f.; BVerwG v. 12.4.1984 – 5 C 95.80 – BVerwGE 69, 146, 154.

[491] Vgl DÜRIG, in: MAUNZ/ DÜRIG/ HERZOG (Hrsg.), Grundgesetz[41] [2002], Art. 1 Abs. I Rz. 18 und 28 und den (entstehungs-)geschichtlichen Hintergrund des Menschenwürdebegriffs, oben Teil 1 A. I. 2. c) und Teil 1 A. I. 3. a) bb).

„Es wird im Leben fast jeden einzelnen immer Dinge geben, auf die er aus diesen oder jenen Gründen verzichten muss. Diese Erfahrung mag für den Betroffenen bitter sein, die Menschenwürde wird dadurch aber nur beeinträchtigt, wenn ihm auf diese Weise Grundbedürfnisse des menschlichen Lebens vorenthalten bleiben"[492].

Nicht erwähnt hat das OVG Münster den Umstand, dass die „bittere Erfahrung" auch darin bestehen kann, dass die Umwelt auf die materielle Schlechterstellung mit Geringschätzung reagiert. Trotzdem spricht das Urteil eine klare Sprache: Zu den Grundbedürfnissen des menschlichen Lebens zählen nicht alle Dinge, die die Umwelt sich leisten kann.

Aus demselben Grund ist im Übrigen auch eine weitere Tendenz abzulehnen, die die Gerichte unter der Überschrift „soziale Ausgrenzung" einschlagen. Vereinzelt prüfen die Verwaltungsgerichte, ob wegen der Ausrichtung der Sozialhilfe an der Menschenwürde der Hilfebezug so zu gestalten sei, dass er nicht offenkundig wird, weil sonst mit einer Diskriminierung der Umwelt zu rechnen sei[493]. Allein wegen der Etikettierung als Sozialhilfeempfänger wird der Betroffene aber nicht in seiner auf seinem Personsein gründenden Würde verletzt.

Es fragt sich schließlich, ob mit dem Zumutbarkeitskriterium überhaupt eine neue – wenn auch nicht an der Verfassung orientierte – Menschenwürdedefinition vorgenommen wurde. Aber was von der Allgemeinheit als zumutbar empfunden wird, wird grundsätzlich von nichts anderem als diesen herrschenden Lebensgewohnheiten bestimmt: man empfindet stets nur eine geringe Abweichung[494] von seinem gewohnten Lebensstandard als zumutbar.
Durch einen Kunstgriff ist das Gericht dennoch zu einem Auseinanderfallen von generellem Lebensniveau und zumutbarem Versorgungsmaß gekommen. Es hat

---

[492] OVG Münster v. 28.8.1979 – VIII A 2070/ 78 – FEVS 28, 229, 231.

[493] BVerwG v. 10.5.1972, Buchholz 11, Art. 1 GG Nr. 5; VG Arnsberg v. 7.6.1990 – 5 K 922/29 – NDV 1990, 436, 437. TRENK-HINTERBERGER, ZfSH/SGB 1980, S. 46, 48 sieht für die drohende Diskrimierung Art. 1 Abs. 1 GG als relevant an. NEUMANN, KritV 1993, S. 276, 282 empfindet die Offenbarung der Bedürftigkeit als unwürdig. Später (NVwZ 1995, 426, 430) zeigt er aber auf, dass es sich um eine Paradoxie handele, wenn die Hilfe, die ein menschenwürdiges Leben ermöglichen soll, dieses nur erreichen könne, wenn ihr Bezug verschwiegen werde.

[494] Diese Abweichung nach unten war auch vorher schon in der Definition, „ähnlich" wie die Umwelt leben zu können, enthalten.

für die Zumutbarkeit auch Standards berücksichtigt, auf die sich die Bevölkerung (nur) in besonderen, meist nur kurzfristigen oder erzwungenen, Lebensumständen einlässt. Man könne deshalb so vorgehen, weil auch die Gewährung von Sozialhilfe ihrem Wesen nach nicht auf Langfristigkeit angelegt sei, sondern der Behebung einer aktuellen Notlage diene, aus der sich der Hilfeempfänger möglichst bald aus eigenen Kräften wieder befreien können solle.
Diese Begründung vermag nicht zu überzeugen. Denn der Hinweis auf den vorübergehenden Charakter der Sozialhilfe entspricht zwar den Vorstellungen des Gesetzgebers des Jahres 1961[495], aber dieses Bild stimmte schon 1991 längst nicht mehr mit der sozialen Wirklichkeit überein. Es erscheint daher schon fast zynisch, die auf Langzeitunterstützung angewiesenen Hilfeempfänger unserer Zeit mit dem realitätsfernen Hinweis auf eine beabsichtigte schnelle Wiedereingliederung voraussichtlich dauerhaft auf Hilfen zu verweisen, die von der Gesellschaft nur als Provisorien akzeptiert werden.
Um diese Fehleinschätzung bereinigt, stimmt das Zumutbarkeitskriterium inhaltlich mit dem der herrschenden Lebensgewohnheiten überein. Der Satz von der Begrenzung des einen durch den anderen Bezugspunkt ist bei richtigem Verständnis dessen, was als „zumutbar" gelten kann, daher sinnlos.

Im Ergebnis erweist sich ein Großteil der Urteilsbegründung als überflüssig. Der Senat hatte sich die Mühe gemacht, das Kriterium „herrschende Lebensgewohnheiten" entgegen der vorangegangenen Rechtsprechung wieder aufleben zu lassen, es dann durch die Deckelung mit der Menschenwürde im Grunde überflüssig zu machen, um es am Ende durch die Hintertür des neuen Kriteriums der „allgemeinen Zumutbarkeit" doch wieder zum maßgeblichen Faktor zu erheben. Etwas Neues – abgesehen von der inakzeptablen Sonderfall-Idee – ist mit dem Urteil trotz seiner vielfältigen Begründungsschleifen nicht gewonnen. Letztlich ist das Bundesverwaltungsgericht schlicht zu den vor BVerwGE 48, 237 und 80, 349 geltenden Kriterien zurückgekehrt, auch wenn es die dortige Begrenzung der Sozialhilfe (keine Schaffung eines sozialen Mindeststandards oder höchstmögliche Ausweitung der Hilfen) ausdrücklich gutheißt[496]. Im Ergebnis stellte es wieder nicht auf die Voraussetzungen der Persönlichkeitsentfaltung, sondern die gesellschaftlich üblichen Versorgungsstandards ab.

---

[495] Das BSHG stammt ursprünglich vom 30.6.1961, BGBl. I S. 815.

[496] BVerwG v. 14.3.1991 – 5 C 70.86 – FEVS 41, 397, 399.

ee) Hess. VGH vom 9.9.1992: Neue Interpretation von § 9 SGB I

Ganz anders als diese versteckte Rechtsprechungsänderung liest sich der Beschluss des Hessischen Verwaltungsgerichtshofs vom 9. September 1992[497]. Dieser stellte sich, wie auch schon das OVG Lüneburg[498], ganz offen gegen die Beurteilung in BVerwGE 80, 349. Es hatte nämlich gleichfalls über die Ausstattung mit einem Fernseher zu entscheiden. Folglich setzte es sich detailliert mit der vorangegangenen Entscheidung des Bundesverwaltungsgerichts auseinander. Neben dem schon vom OVG Lüneburg geäußerten Widerspruch zu BVerwGE 69, 146, 153 verwies es auf das seit dem 1. Juli 1990 geltende Statistikmodell[499] zur Regelsatzbemessung als Beleg dafür, dass es für die Bemessung des notwendigen Lebensunterhalts sehr wohl auf die Ausstattungsdichte der Bevölkerung ankomme. Auch der Pfändungsschutz nach § 811 ZPO, der mittlerweile nach überwiegender Ansicht ein Fernsehgerät umfasse, habe Auswirkungen auf die Bedarfseinschätzung in der Sozialhilfe. Schließlich sei beiden Regelungen der Zweck gemein, das Minimum zur Führung eines menschenwürdigen Lebens zu schützen.
Sogar nach den in BVerwGE 80, 349 entscheidenden Werten sei mittlerweile die Gewährung eines Fernsehers notwendig geworden. Das Fernsehen hätte nämlich mittlerweile im Vergleich zu anderen Kommunikationsmedien eine überragende Bedeutung bei der Informations- und Unterhaltungsfunktion sowie bei der Vermittlung der Teilhabe am Prozess der politischen Meinungsbildung. Auch wegen der flächendeckenden Versorgung der Haushalte mit einem Fernseher hätten sich nämlich die allgemeinen Verhältnisse gewandelt. Im Hörfunk gäbe es nicht mehr dasselbe Unterhaltungsangebot (z.B. kaum noch Hörspiele), örtliche Kinos hätten geschlossen, und auch die Unterhaltung und Bildung durch sonstige Veranstaltung oder Büchereien sei heute seltener möglich.
Außerdem, so heißt es in dem Urteil weiter, würde entgegen der Einschätzung des Bundesverwaltungsgerichts § 9 SBG I die Aufgabe der Sozialhilfe gegenüber § 1 Abs. 2 BSHG durchaus erweitert. Für die Teilnahme am Leben in der Gemeinschaft sei das Fernsehen wegen seiner gestiegenen Bedeutung innerhalb der Kommunikationsmedien und seiner nahezu flächendeckenden Verbreitung von Bedeutung.

---

[497] Hess. VGH v. 9.9.1992 – 9 TG 1488/92 – ZfSH/SGB 1993, 532.

[498] OVG Lüneburg v. 12.7.1989 – 4 A 200/88 – info also 1990, S. 83.

[499] Hierdurch wurde der Regelbedarf angebunden an das Ausgaben- und Verbrauchsverhalten unterer Einkommensgruppen, vgl. ausführlich unten Teil 2 B. I. 2.

Nach alldem müsse ein Fernsehgerät zum notwendigen Lebensunterhalt im Sinne von § 12 Abs. 1 Satz 1 BSHG zu zählen sein.

Der VGH argumentiert auf drei verschiedenen Ebenen. Zunächst macht er sich mit diversen Belegen dafür stark, die Ausstattungsdichte als Kriterium der Bedarfsbemessung beizubehalten. Hilfsweise führt er vor, dass auch das neue Modell zum gleich Ergebnis kommen müsse. Und schließlich weist er auf eine über § 9 SGB I neu hinzugekommene Aufgabe der Sozialhilfe hin, welche – neben dem Menschenwürde-Kriterium – ebenfalls ein Fernsehgerät erforderlich mache.

In der Tat dienen das Pfändungsverbot nach § 811 ZPO und die Sozialhilfe beide gleichermaßen der Erhaltung des Existenzminimums. Allerdings ist die Pfändbarkeit eines Fernsehgeräts, jedenfalls wenn daneben ein Rundfunkgerät vorhanden ist, nach wie vor strittig[500], so dass diese Begründung nicht zu überzeugen vermag.

Stimmig ist dagegen das Argument, dass mit der Einführung des Statistikmodells nun auch der Regelsatz an der Ausstattungsdichte der Bevölkerung orientiert sei. Es bleibt hier aber noch die Möglichkeit bestehen, dass auch dieses Bedarfsberechnungsmodell nicht im Einklang mit der Zielrichtung des menschenwürdigen Lebens steht[501].

Überzeugender als diese petitio principii wirkt daher die Argumentation des VGH dort, wo er sich nicht nur auf die von anderen entwickelten und nicht auf ihre Rechtmäßigkeit hin überprüften Standards beruft, sondern seinerseits eine materielle Prüfung vornimmt. Indem das Gericht die Kriterien des Bundesverwaltungsgerichts mit den heutigen Verhältnissen in Verbindung bringt, zeigt es nachvollziehbar auf, warum und wozu ein Fernsehgerät notwendig sein kann. Gerade in diesem Urteil, in dem die verschiedenen Bedarfsbestimmungsmodelle nebeneinander angewandt werden, tritt der Vorzug des Ansatzes aus BVerwGE 80, 349 klar hervor. Die nicht fundierte Behauptung, was alle hätten, müsse um der Würde willen auch der Sozialhilfeempfänger bekommen, verblasst neben der aufwändigen Begründung über das nicht anders stillbare Informations-, Bildungs- und Unterhaltungsbedürfnis.

Trotzdem will der VGH Kassel das Kriterium der Ausstattungsdichte beibehalten. Hier spielt die Berufung auf § 9 SGB I eine entscheidende Rolle. Denn anders als der Gesetzgeber[502] und zuvor das Bundesverwaltungsgericht[503] ist man

---

[500] Gegen die Pfändbarkeit: BFH v. 30.1.1990 – VII R 97/89 – NJW 1990, 1871; **a. A.:** LÜKE/BECK, JuS 1994, S. 22, 25 für eine Abwägung im Einzelfall.

[501] Vgl. zur Überprüfung der Regelsätze unten Teil 2 B. II.

[502] S. o. Teil 2 A. I.

hier der Meinung, dass die Aufgabe der Sozialhilfe nunmehr über den Menschenwürdeschutz hinaus erweitert worden sei. Für die Teilnahme am Leben in der Gemeinschaft sei der Umstand bedeutungsvoll, dass das Fernsehen nahe zu flächendeckende Verbreitung gefunden hätte. Erstmals wird hier also eine Neuinterpretation des § 9 SGB I vorgenommen. Der Hinweis auf die Versorgung der restlichen Bevölkerung führt zu dem Schluss, dass die neu eingeführte Aufgabe der Sozialhilfe abzielen soll auf die Schaffung einer vergleichbaren Ausstattung der Hilfeempfänger, mithin auf soziale Gerechtigkeit durch Teilhabe am allgemeinen Wohlstand. Es soll also das Sozialstaatsprinzip verwirklicht werden.

Vom Wortlaut des § 9 SGB I her ist dieses Normverständnis durchaus möglich. Fraglich ist die Zulässigkeit einer solchen Auslegung aber im Hinblick auf den Konflikt mit der historisch-teleologischen Interpretation, da sie sich eindeutig über die Regelungsabsicht des Gesetzgebers hinwegsetzt.

Der verfassungskonformen Auslegung kommt bei der Normanalyse besondere Bedeutung zu. Es ist stets dem Verständnis der Vorrang zu geben, bei der die Norm, an den Verfassungsprinzipien gemessen, Bestand haben kann. (Erst) bei mehreren möglichen Interpretationen ist aufgrund des Konkretisierungsprimats des Gesetzgebers dem vom Gesetzgeber gewählten Norminhalt der Vorzug zu geben[504]. Es kommt also darauf an, ob das Sozialstaatsprinzip ein erweitertes Verständnis des Sozialhilferechts erforderlich macht. Entscheidend ist hierbei, dass unter dem Bundessozialhilfegesetz (als „unterstem Netz") keine weiteren Normen existieren, die bedürftigen Menschen Hilfe garantieren. Da aber das Sozialstaatsprinzip in seiner Ausrichtung auf die Ermöglichung faktischer Gleichheit eine über das Menschenwürde-Maß hinausgehende Unterstützung notwendig macht[505], ist dies folglich allein durch eine Erweiterung des für diese Fälle allein maßgeblichen BSHG zu bewerkstelligen. Die sozialstaatliche Interpretation des § 9 SGB I war folglich geboten. Allein auf diese Weise konnte das Sozialhilferecht so ausgelegt werden, dass kein Verstoß gegen das verfassungsmäßige Recht auf soziale Teilhabe vorlag. Da das Menschenwürde-Existenzminimum evident nicht an das relative Existenzminimum heranreicht, waren die Gerichte in der Pflicht, dem Anspruch der Bedürftigen aus Art. 1 i. V. m. Art 20 GG durch entsprechende Interpretation des Sozialhilferechts Geltung zu verschaffen. Dem stand auch nicht im Wege, dass das Sozialstaatsprin-

---

[503] BVerwG v. 3.11.1988 – 5 C 69.85 – BVerwGE 80, 349, 351 und 353.

[504] LARENZ, Methodenlehre[6] [1991], S. 341 und 344 f.

[505] Vgl. oben Teil 1 B. I. 4. und II.

zip bei der Auslegung von Gesetzen grundsätzlich nur zur Prüfung der Systemgerechtigkeit herangezogen werden darf[506], denn für den Sonderfall der faktischen Gleichheit ist das Sozialstaatsprinzip ausnahmsweise doch konkret genug, um bei evident unzureichender einfachgesetzlicher Regelung eine verfassungskonforme Auslegung hin zu sozialer Teilhabe zu ermöglichen[507].

ff) BVerwGE vom 21. 1.1993 und andere: „soziale Ausgrenzung"

Am 21. Januar 1993[508] entschied das Bundesverwaltungsgericht abermals über die Gewährung einer einmaligen Leistung und bejahte den Anspruch auf eine Schultüte. Hierbei entwickelte es seine zuvor[509] bereits angedeuteten Überlegungen über einen Schutz vor Diskriminierung weiter und argumentierte auch nach wie vor allein mit der Menschenwürde. Die Sozialhilfeempfänger sollten in der Umgebung von Nichthilfeempfängern ähnlich wie diese leben können. Hierzu gehöre auch der Besitz einer Schultüte, denn sonst wären die Kinder in einer für sie ohnehin schwierigen Lebenssituation sozial ausgegrenzt und in ihrem Selbstwertgefühl beeinträchtigt[510].

Wie oben[511] bereits ausgeführt wurde, haben die soziale Ausgrenzung und das Selbstwertgefühl eines Menschen aber nur insofern einen Menschenwürdebezug, als dabei der Wert des Menschen an sich, also gerade aufgrund seines Menschseins, in Frage gestellt wird. Die Anerkennung aufgrund einer an Vermögenswerten orientierten Stellung in der Gesellschaft fällt nicht hierunter. Die Sorge um das Wohlbefinden eines Hilfeempfängers, welches von diesem an die Innehabung von geldwerten Genüssen geknüpft wird, kann und muss nicht Aufgabe der Sozialhilfe sein. Anders als das insoweit richtig argumentierende OVG Münster[512] entschied das Bundesverwaltungsgericht aber wiederum am

---

[506] STARCK, in: LINK (Hrsg.), LEIBHOLZ-FESTSCHRIFT [1982], S. 51, 68.

[507] Vgl. oben Teil 1 B. I. 4. und II.

[508] BVerwG v. 21.1.1993 – 5 C 34.92 – FEVS 43, 397.

[509] In BVerwG v. 14.3.1991 – 5 C 70.86 – FEVS 41, 397.

[510] BVerwG v. 21.1.1993 – 5 C 34.92 – FEVS 43, 397, 399.

[511] Teil 2 A. II. 2. c) dd).

[512] OVG Münster v. 28.8.1979 – VIII A 2070/ 78 – FEVS 28, 229, 231, vlg. oben Teil 2 A. II. 2. c) dd).

9. Februar 1995[513], als es wegen der Gefahr der sozialen Ausgrenzung die Kosten einer Klassenfahrt zum notwendigen Lebensunterhalt zählte. Wegen des Menschenwürde- und Gemeinschaftsbezugs – § 1 Abs. 2 Satz 1 BSHG und § 9 SGB I – sei es auch Aufgabe der Sozialhilfe, diese Ausgrenzung zu verhindern, die dann bestehe, wenn es ihm nicht möglich sei, in der Umgebung von Nichthilfeempfängern ähnlich wie diese zu leben[514].
Es sieht so aus, als verlagere das Bundesverwaltungsgericht hier das Gewicht von der Menschenwürde hin zum Sozialstaatsprinzip. Zwar wird das Verbot der Ausgrenzung nach wie vor mit der Würde begründet. Als zweites Begründungselement kommt hier allerdings der Gemeinschaftsbezug des § 9 SBG I hinzu. Genauere Ausführungen über die Herleitung des Prinzips „Teilnahme am Leben in der Gemeinschaft" in der vom Gericht unterlegten Bedeutung der Teilnahme am Lebensstandard lässt das Urteil jedoch vermissen.

Das Bundesverwaltungsgericht hat jedenfalls in seinen Entscheidungen nach BVerwGE 80, 349 eine Kehrtwende vollzogen von einer auf die zur Selbstentfaltung notwendigen Güter beschränkten Hilfe hin zur Gewährung all dessen, was die „soziale Ausgrenzung" verhindern solle. Weil diese in allen Lebenslagen dort droht, wo ein Mensch weniger besitzt als andere, ist es also letztlich wieder bei der Ausstattungsdichte der Umwelt angelangt.

Auch die Rechtsprechung zur Gewährung von Fernsehern wurde von dieser Vorgehensweise berührt. Im Jahr 1994 hat das Bundesverwaltungsgericht in zwei Entscheidungen[515] offen lassen können, ob ein Anspruch auf einen Fernseher besteht. 1997 bejahte der Hessische VGH[516] abermals den Bedarf an einem TV-Gerät und berief sich einerseits auf die Vollversorgung der Bevölkerung, daneben aber auch noch darauf, dass die Regelsätze für den Bezug einer Tageszeitung nicht ausreichend seien – man behielt also den zweigleisigen Begründungsstil bei.

---

[513] BVerwG v. 9.2.1995 – 5 C 2.93 – BVerwGE 97, 376 ff.

[514] BVerwG v. 9.2.1995 – 5 C 2.93 – BVerwGE 97, 376, 378.

[515] BVerwG v. 24.2.1994 – 5 C 34.91 – BVerwGE 95, 145 ff. und BVerwG v. 21.7.1994 – 5 C 52.92 – FEVS 45, 265.

[516] Hess. VGH v. 12.9.1997 – 9 TG 2940/97 – FEVS 48, 357.

In der Entscheidung vom 18. Dezember 1997[517] hatte dann schließlich auch das Bundesverwaltungsgericht eine erneute Entscheidung in der Fernseherfrage zu treffen. Diesmal bejahte es einen Anspruch. Der Fernseher als akustisch-visuelles Medium zur Information, Bildung und Unterhaltung, der es dem Einzelnen ermögliche, seine Umwelt zu erfahren und am kulturellen Leben teilzuhaben, gehöre zu der Gruppe der „persönlichen Bedürfnisse" im Sinne des § 12 Abs. 1 BSHG[518]. Es sei allein dem Hilfeempfänger überlassen, wie er seinen konkreten Bedarf decke – ob beispielsweise durch Zeitung, Kino oder eben Fernsehen. Der Sozialhilfeträger dürfte dabei nicht seine eigene Wertung über Sinn und Zweckmäßigkeit des gewählten Mediums an die Stelle des persönlichen Empfindens des Hilfeempfängers setzen. Allein die Entscheidung über den vertretbaren Umfang, also den vertretbaren finanziellen Aufwand, könne die Ausstattung des Hilfeempfängers begrenzen.

An dieser Stelle greift das Bundesverwaltungsgericht wieder einmal auf das Kriterium der Ausstattungsdichte zurück. Es sei zwar nicht allein entscheidend; beispielsweise wäre ein Kraftfahrzeug auch bei einer großen Verbreitung kein notwendiger Bedarfsgegenstand. Für die Versorgung mit einem Fernseher spreche aber, dass es Aufgabe der Sozialhilfe sei, der sozialen Ausgrenzung des Hilfebedürftigen zu begegnen, weshalb es ihm zu ermöglichen sei, in der Umgebung von Nichthilfeempfängern ähnlich wie diese zu leben. Hierzu gehöre die Möglichkeit, sich durch das Medium Fernsehen zu informieren, zu bilden und zu unterhalten. Deswegen zähle die Anschaffung eines Fernsehgeräts zu den einmaligen Leistungen des neuen § 21 Abs. 1 a Nr. 6 BSHG.

In diesem Urteil führt das Bundesverwaltungsgericht seine Entscheidung gar nicht mehr auf die Menschenwürde (oder das Sozialstaatsprinzip) zurück, sondern stützt die These der sozialen Ausgrenzung schlicht per Verweis auf sein vorangegangenes Urteil[519], welches aber selbst keine überzeugende Begründung geliefert hatte.

Auch im Übrigen ist das neue Fernseher-Urteil wenig überzeugend. Beispielsweise kann das Gericht nicht begründen, warum ein Fernseher anders zu behandeln sei als ein Kraftfahrzeug. Wenn es Aufgabe der Sozialhilfe sein soll, ein Leben ähnlich dem der Nichthilfeempfänger zu ermöglichen, dann müsste bei

---

[517] BVerwG v. 18.12.1997 – 5 C 7.95 – BVerwGE 106, 99 ff.

[518] So auch schon in BVerwG v. 24.2.1994 – 5 C 34.91 – BVerwGE 95, 146.

[519] BVerwG v. 9.2.1995 – 5 C 2.93 – BVerwGE 97, 376, 378.

vergleichbarer Ausstattungsdichte für Autos nichts anderes gelten als für Fernseher. Auch hier drohte bei vollständiger Versorgung der restlichen Bevölkerung schließlich eine soziale Ausgrenzung der nicht motorisierten Sozialhilfeempfänger. Das zuvor von BVerwGE 80, 349 eingeführte Argument der anderweitigen Bedarfsbefriedigung, das bei Autos zur Anspruchsversagung führen könnte, hat das Gericht sich hier selber abgeschnitten. Darauf, dass eine den Fernseher ersetzende Bedarfsbefriedigung mittels Zeitung etc. möglich ist, soll es ja nun nicht mehr ankommen. Entscheidend sei die Höhe des erforderlichen Aufwands. Es leuchtet ein, dass man ein – heute sehr günstig zu erwerbendes – gebrauchtes Fernsehgerät eher gewährt als ein Auto. Das Kosten-Kriterium verträgt sich aber nicht mit der anschließend zur Sozialhilfe-Aufgabe erhobenen Verhinderung der sozialen Ausgrenzung.

BIERITZ-HARDER[520] bemängelt in diesem Zusammenhang die Vagheit der Entscheidungen des Bundesverwaltungsgerichts. Wenn es, wie bei Kraftfahrzeugen, einen Bedarfs verneint, obwohl die herrschenden Lebensgewohnheiten als von ihm eingeführtes Kriterium ein Auto umfassen, dann kann offenbar nicht jede Unterschreitung dieses Standards zur Beschädigung der Menschenwürde führen, sondern bloß die fehlende Ausstattung mit Dingen, die mehr darstellen als bloße „Annehmlichkeiten"[521]. Eine nähere Definition des kritischen Punktes, an dem die Abkoppelung von den allgemeinen Lebensverhältnissen würdeverletzend sein soll, bleibt das Bundesverwaltungsgericht jedoch schuldig.

In einer jüngeren Entscheidung des Bundesverwaltungsgerichts zum notwendigen Lebensunterhalt[522] wird schließlich die Finanzierung einer Waschmaschine bejaht. Auch hier fällt wieder das Schlagwort der sozialen Ausgrenzung. Dieses Mal wird diese Aufgabe aber wieder allein auf die Menschenwürde zurückgeführt. Der Gemeinschaftsgedanke des § 9 SGB I wird nicht herangezogen.

3. Ergebnis

Als Ergebnis dieser Rechtsprechungsübersicht lässt sich festhalten, dass die Rechtsprechung in den vergangenen Jahren eine beachtliche Ausweitung der Sozialhilfe bewirkt hat. Weil es nach mittlerweile gefestigter Rechtsprechung – ein zwischenzeitlich aufgekommener restriktiver Ansatz wurde nicht weiter verfolgt – auch Aufgabe der Sozialhilfe ist, die soziale Ausgrenzung zu verhindern, sind die Dinge zu gewähren, die es dem Hilfeempfänger ermöglichen, ähnlich

---

[520] BIERITZ-HARDER, Menschenwürdig leben [2001], S. 210.

[521] BVerwG v. 4.6.1981 – 5 C 12.80 – BVerwGE 66, 261, 266 über Autos.

[522] BVerwG v. 1.10.1998 – 5 C 19.97 – BVerwGE 107, 234 ff.

wie seine Umwelt zu leben, mit Ausnahme von bloßen „Annehmlichkeiten" wie etwa Kraftfahrzeugen. Dies wird zum Teil auf den offensichtlich sozialstaatlich interpretierten § 9 SGB I, überwiegend aber auf die Menschenwürde gestützt. Hierfür hat die Verwaltungsrechtsprechung den grundgesetzlichen Wert- und Achtungsanspruch allerdings in die falsche Richtung weiterentwickelt. Anstatt den Wert eines Menschen auf dessen Personsein und damit seine inneren Anlagen zurückzuführen, gelangen die Gerichte zu einem nahezu marktwirtschaftlichen „Wert" der Person. Sie knüpfen nämlich an ein Selbstwertgefühl an, welches in Gefahr gerate, wenn wegen der schlechteren materiellen Versorgung eine soziale Ausgrenzung drohe. Der für die Rechtsprechung maßgebliche Wert der Person lässt sich also anhand seiner Begüterung errechnen. Auch wenn eine solche Bewertung tatsächlich in der Gesellschaft vorgenommen wird, so fehlt diesem Phänomen jeglicher Bezug zur Menschenwürde. Die Konkretisierung der Gerichte widerspricht daher dem Verfassungsrecht. Gleichwohl ist ein Großteil der Literatur auf der Seite der Rechtsprechung[523]. Oftmals findet hier jedoch keine detaillierte Auseinandersetzung mit dem Begriff der Menschenwürde statt[524]. Auffällig ist dagegen, dass sich jene Verfasser, die sich intensiver mit der Thematik beschäftigen, gegen die Gerichtspraxis stellen[525].

Den Entscheidungen, die zur Begründung § 9 SGB I heranziehen, mangelt es zwar in vielerlei Hinsicht an der wünschenswerten Klarheit. Zumindest wird aber gesagt, dass der dort verordnete Gemeinschaftsbezug dem Sozialhilferecht eine neben die Menschenwürde tretende neue Richtung geben soll. Das Ergeb-

---

[523] DAUBER, in: MERGLER/ ZINK (Begr.), BSHG[37] [2004], § 11 Rz. 15 und § 12 Rz. 7 f.; HOFMANN, in: ARMBORST/ BIRK/ BRÜHL, LPK-BSHG[6] [2003], § 12 Rz. 4; RÜFNER, VSSR 1997, S. 59, 60; SCHELLHORN/ SCHELLHORN, Bundessozialhilfegesetz[16] [2002], § 1 Rz. 15; SCHOCH, Sozialhilfe[3] [2001], S. 30 leitet aus der Menschenwürde ganz explizit eine Teilhabe am gesellschaftlichen Wohlstand ab; WENZEL, in: FICHTNER (Hrsg.), Bundessozialhilfegesetz[2] [2003], § 12 Rz. 1 führt zur Begründung des Ausgrenzungselements neben der Menschenwürde zumindest auch die „Teilnahme am Leben in der Gemeinschaft" an.

[524] So stellte auch der Hessische VGH (v. 9.9.1992 – 9 TG 1488/92 – ZfSH/SGB 1993, 532) fest, dass in den Kommentaren oftmals schlicht auf die Rechtsprechung verwiesen werde; eine eigenständige Meinung komme in solcher Literatur nicht zum Ausdruck.

[525] NEUMANN, NVwZ 1995, S. 426, 429 lehnt das Menschenwürdekriterium völlig ab und will den Standard allein über Sozialstaatsprinzip und – damit verbunden – Gleichheitssatz bestimmen; SPRANGER, Verwaltungsrundschau 1999, S. 242, 244 f. sieht in der auf Art. 1 Abs. 1 GG gestützten Gewährung von Luxusartikeln wie Fernsehern eine „Trivialisierung des höchsten Verfassungsgutes". Auch er bezweifelt, ob die Menschenwürde überhaupt ein brauchbares Kriterium zur Bedarfsbestimmung abgibt. Da es für ihn aber ohnehin keine grundrechtliche Fürsorgepflicht aus Art. 1 Abs. 1 GG gibt und das BSHG insofern keinen Verfassungsbezug habe, lässt er die Frage letztlich offen.

nis, nach dem zur Verhinderung der sozialen Ausgrenzung ein Leben ähnlich der Umwelt ermöglicht werden müsse, führt zu einer Gewährung des relativen Existenzminimums, wie es oben als Ausfluss des Prinzips der faktischen Gleichheit aus Art. 1 Abs. 1 in Verbindung mit Art. 20 Abs. 1 GG dargestellt wurde. Die Gerichte nehmen also eine verfassungskonforme Interpretation des § 9 SGB I und damit auch des hierdurch gesteuerten BSHG vor und erweitern so das Sozialhilferecht um eine sozialstaatliche Komponente.

B. Die Regelsätze

Die einmaligen Leistungen waren der Ansatzpunkt der Rechtsprechung, über den sozialstaatliche Teilhabe verwirklicht wurde. Der größte Teil des Lebensunterhalts wird aber über die Regelsätze (§ 28 SGB XII) abgedeckt, bei deren Überprüfung die Gerichte große Zurückhaltung an den Tag gelegt haben. Seit dem 1. Januar 2005 sind gesonderte einmaligen Leistungen nur noch in Ausnahmefällen vorgesehen. Beinahe jeglicher Bedarf wird gem. § 28 in Verbindung mit § 31 SGB XII nunmehr über die Regelsätze abgedeckt. Verfassungswidrige Mangelberechnungen bei der Regelsatzermittlung werden sich künftig also in voller Härte auswirken, weil sie nicht mehr über eine großzügige Bewilligung einmaliger Leistungen ausgeglichen werden können.
Die Berechnung der Regelsätze sowie die gerichtlichen Möglichkeiten der Überprüfung sollen im Folgenden dargestellt werden.

I. Die Bedarfsberechnung

1. Warenkorbmodell

In den Anfängen der Bundesrepublik herrschte der Glauben vor, man könne das Existenzminimum wissenschaftlich bestimmen, indem man einen sogenannten Warenkorb mit allen bedarfsrelevanten Gebrauchsgütern zusammenstellte. Diese Aufgabe übernahm der Deutsche Verein für öffentliche und private Fürsorge erstmals 1955[526] und erneut in den Jahre 1962 und 1970. Der Schein einer völligen wissenschaftlichen Objektivität der Verfahrens täuschte allerdings: Bei der Zusammenstellung des Warenkorbs spielte immer auch die subjektive Einschätzung derjenigen eine Rolle, die bei der Erstellung der Inhalte beteiligt waren[527].

---

[526] Zu den früheren Bedarfbemessungssystemen vgl. SARTORIUS, Das Existenzminimum im Recht [2000], S. 75 ff. Dort und bei HORRER, Asylbewerberleistungsgesetz [2001], S. 162 ff. finden sich auch genauere Beschreibungen von Warenkorb- und Statistikmodell.

[527] GALPERIN, NDV 1983, S. 118 nennt den Warenkorb eine „konsensfähige Wertentscheidungsballung".

In der Folgezeit vergrößerte sich der Abstand zwischen den Regelsätzen und den unteren durchschnittlichen Einkommensgruppen erheblich, so dass eine vom Deutschen Verein vorgeschlagene Neubemessung des Warenkorbs aus dem Jahr 1979, die das veränderte Verbraucherverhalten berücksichtigte, einen sprunghaften Anstieg der Regelsätze um 31 % zur Folge gehabt hätte. Dies ging den kommunalen Spitzenverbänden als Kostenträgern der Sozialhilfe zu weit, während von Seiten der Sozialwissenschaft hingegen bemängelt wurde, dass auch die neuen Regelsätze nach wie vor nicht bedarfsdeckend seien. Auch das Verfahren der Festsetzung durch den Deutschen Verein wurde kritisiert. Letztlich waren es aber hauptsächlich finanzpolitische Erwägungen, die zur Abkehr vom Warenkorbmodell führten[528]. Eine Sparmaßnahme, die als Abkehr vom Bedarfsdeckungsgrundsatz kritisiert wurde[529], war schon die erstmalige Deckelung der Regelsätze in den Jahren 1982 bis 1985, als die Fortschreibung der Regelsätze unterhalb des tatsächlichen Preisanstiegs vorgenommen wurde. Der 55. Deutsche Juristentag 1984 machte Ermittlungsverfahren und Höhe der Regelsätze zu einem seiner Themen und bemängelte beide als verfassungswidrig[530].

Von 1985 bis 1990 wurde übergangsweise ein „alternativer Warenkorb" eingeführt, der eingeschränkt an die gestiegenen Lebenshaltungskosten angepasst war und stufenweise zum Statistikmodell überleiten sollte.

2. Statistikmodell

Zum 1. Juli 1990 trat das bis heute geltende Statistikmodell (phasenweise[531]) in Kraft[532]. Es werden nicht mehr die einzelnen Bedarfsgüter der Sozialhilfe ermit-

---

[528] Ausführlich zu Entwicklung und Debatte um das Warenkorbmodell vgl. BIEBACK/ STAHLMANN, SF 1987, S. 1, 6; HORRER, Asylbewerberleistungsgesetz [2001], S. 162 ff.; OBERBRACHT, Parlamentarisierung [1993], S. 32 ff.; SARTORIUS, Das Existenzminimum im Recht [2000], S. 83 f. m. w. N.

[529] SCHELLHORN, in: WANNAGAT (Hrsg.), Jahrbuch Sozialrecht Band 8 [1986], S. 275, 279.

[530] BIEBACK, Diskussionsbeitrag, in: STÄNDIGE DEPUTATION DES DEUTSCHEN JURISTENTAGES (Hrsg.), Verhandlungen 55. DJT II [1984], Teil N, S. 121, 122; GAGEL, Diskussionsbeitrag, ebd., S. 145 f.; STOLLEIS, Referat, ebd., S. 9, 29 und 56.

[531] Zunächst wurden nur die alten Regelsätze preislich fortgeschrieben; ihnen wurde Regelsatzerhöhungsbeträge aufaddiert, die sich aus Abschlägen aus dem mit dem neuen Modell errechneten Regelsatzbetrag ergaben; STAHLMANN, ZfF 1990, S. 124, 126 moniert, „eine solche Dreingabe in Scheibchen über Jahre gestreckt" sei noch keine Anwendung des neuen Berechnungsschemas.

telt, sondern der Regelbedarf wird angebunden an das Ausgaben- und Verbrauchsverhalten unterer Einkommensgruppen. Grundlage der Bemessung ist die alle fünf Jahre durchgeführte Einkommens- und Verbraucherstichprobe des Statistischen Bundesamtes und der Vereinigung der deutschen Elektrizitätswerke. Dies ergab sich zunächst aus entsprechenden Beschlüssen der Ministerpräsidentenkonferenz der Länder von 1989, die sich am Gutachten des Deutschen Vereins vom Dezember 1988[533] orientierten. 1996 wurde die Anknüpfung an die Einkommens- und Verbraucherstichprobe in § 22 Abs. 3 BSHG (jetzt: § 28 Abs. 3 S. 4 SGB XII) gesetzlich geregelt.

Der Regelsatz wird bestimmt, indem aus dieser Stichprobe zunächst eine Referenzgruppe ausgewählt wird, die den unteren Einkommensgruppen zuzurechnen ist, aber über der Sozialhilfeschwelle liegt. Danach wird der regelsatzrelevante Verbrauch ermittelt, das heißt es wird festgelegt, welche der in der Einkommens- und Verbrauchsstichprobe genannten Verbrauchsposten dem im Regelsatz zu berücksichtigenden Bedarf entsprechen. Schließlich erfolgt durch Addition der hierauf entfallenden monatlichen Aufwendungen der Referenzgruppe die Berechnung der Regelsätze[534].

Im Jahr 1996 hatten alle alten Bundesländer das Statistikmodell umgesetzt und waren hierbei zu einem nahezu einheitlichen Regelsatzniveau gekommen[535].

3. Deckelung von 1993 bis 2004

Im Jahr 1993, als eigentlich eine Überprüfung von Regelsatzhöhe und -struktur auf Basis der Einkommens- und Verbrauchsstatistik von 1988 anstand, wurde das Statistikmodell suspendiert[536]. Seitdem erfolgte die Fortschreibung unter Verzicht auf eine bedarfsorientierte Berechnung nur noch nach einem festen Prozentsatz, seit dem 1. Juli 1997 in Übereinstimmung mit der Entwicklung der

---

[532] Vgl. ausführlich SCHELLHORN, NDV 1990, S. 14 ff.; SCHULTE, NVwZ 1990, S. 1146 ff.

[533] DEUTSCHER VEREIN FÜR ÖFFENTLICHE UND PRIVATE FÜRSORGE, Neues Bedarfsbemessungssystem [1989] (vgl. auch Kurzdarstellung des Gutachtens von SCHELLHORN, NDV 1989, S. 157 ff.); nähere Erläuterungen bei SARTORIUS, Das Existenzminimum im Recht [2000], S. 85 ff.

[534] Vgl. zum Verfahren bei der Ermittlung der Regelsätze 1990 ausführlich OBERBRACHT, Parlamentarisierung [1993], S. 41 ff.

[535] WENZEL, NDV 1996, S. 301, 302.

[536] Gesetz zur Umsetzung des Föderalen Konsolidierungsprogramms (FKPG) vom 23. Juni 1993 BGBl. I, S. 944 und Zweites Gesetz zur Umsetzung des Spar-, Konsolidierungs- und Wachstumsprogramms (2. SKWPG) vom 21. Dezember 1993, BGBl. I S. 2374.

Rentenhöhe (§ 22 Abs. 6 BSHG). Wie schon bei der ersten Deckelung in den achtziger Jahren wurde auch hier der Verstoß gegen das Bedarfssystem gerügt[537]. Auffällig wurde die Diskrepanz zwischen Entwicklung der Lebenshaltungskosten und Rentenhöhe insbesondere im Jahr 2004, als bei den Renten eine „Nullrunde" eingelegt wurde[538].
Bei der Reform des BSHG im Jahr 1996 hatte man anvisiert, das Statistikmodell 1999 wieder in Kraft treten zu lassen. Bis dahin sollte eine neue Regelsatzverordnung in Kraft treten, die nunmehr bundeseinheitlich die Regelsatzbemessung bestimmen sollte.

4. Die Regelsatzbemessung ab dem 1. Januar 2005.

Tatsächlich hat sich die Erarbeitung der neuen Regelsatzverordnung bis zum Jahr 2004 hingezogen. Berücksichtigt werden mussten auch die Änderung des Sozialhilferechts aus dem Jahr 2003, insbesondere die Aufnahme von Positionen in die Regelsätze, die zuvor als einmalige Leistungen gesondert gewährt wurden, und die Zusammenlegung von Arbeitslosen- und Sozialhilfe. Die Regelsatzverordnung[539] auf der Grundlage von § 40 SGB XII enthält die näheren Regelungen über Inhalt, Bemessung, Aufbau und Fortschreibung der Regelsätze nach dem SGB XII. Gleichzeitig entsprechen die Höhe der Leistungen, die Struktur der Regelsätze für Haushaltsangehörige sowie die Fortschreibung der Regelsätze auch den gesetzlichen Festlegungen für das Arbeitslosengeld II und das Sozialgeld nach dem SGB II[540], das gleichzeitig mit dem SGB XII am 1. Januar 2005 in Kraft tritt und für das die Sozialhilfe das Referenzsystem bildet.
Im Rahmen dieser Regelsatzverordung haben die Länder ab dem 1. Januar 2005 die Regelsätze festgelegt (§ 28 Abs. 2 Satz 1 SGB XII). Als länderinterne Entscheidung verblieb nur, ob sie bundeseinheitliche oder regionale Auswertungen der Einkommens- und Verbrauchsstichprobe zu Grunde legen (§ 2 Abs. 1 Regelsatzverordnung) und ob auf Grundlage der so festgelegten Mindestregelsätze

---

[537] HORRER, Asylbewerberleistungsgesetz [2001], S. 166; ROTHKEGEL, Strukturprinzipien [2000], S. 26; SIEVEKING, info also 1996, S. 110.

[538] Artikel 2 des Zweiten Gesetzes zur Änderung des Sechsten Buches Sozialgesetzbuch und anderer Gesetze vom 27. Dezember 2003 (BGBl. I S. 3013).

[539] Verordnung zur Durchführung des § 28 des Zwölften Buches Sozialgesetzbuch (Regelsatzverordnung –RSV) vom 3. Juni 2004, BGBl. I S. 1067. Wo im Folgenden von „der Regelsatzverordnung" die Rede ist, ist diese Bundes-Verordnung gemeint.

[540] Eingefügt durch das Vierte Gesetz für moderne Dienstleistungen am Arbeitsmarkt vom 24. Dezember 2003, BGBl. I S. 2954.

durch die Träger der Sozialhilfe regionale Regelsätze bestimmt werden dürfen (§ 28 Abs. 2 Satz 2 SGB XII). Der Regelsatzverordnung kam für die Höhe der Sozialhilfe also die zentrale Rolle zu. Zu beachten blieb für die Länder allerdings noch das Lohnabstandsgebot des § 28 Abs. 4 SGB XII. Vor der endgültigen Festsetzung der Regelsätze hatten die Länder hiernach zu prüfen, ob der Lohnabstand gewahrt bleibt und ansonsten die Regelsätze entsprechend abzusenken.

Als Referenzgruppe für die Berechnung der Regelsätze bestimmt § 2 Abs. 3 Regelsatzverordnung die untersten 20 von Hundert der nach ihrem Nettoeinkommen geschichteten Haushalte der Einkommens- und Verbrauchsstichprobe.

Die Festlegung des regelsatzrelevanten Verbrauchs erfolgt in § 2 Abs. 2 Regelsatzverordnung. Den verschiedenen Abteilungen der Einkommens- und Verbrauchsstichprobe wird ein bestimmter Prozent-satz zugeordnet, zu dem die Verbrauchsausgaben der Referenzgruppe für die Regelsätze berücksichtigt werden sollen, beispielsweise bei Abteilung 01 (Nahrung, Getränke, Tabakwaren) zu 96 Prozent, bei Abteilung 09 (Freizeit, Unterhaltung und Kultur) zu 42 Prozent. Die Addition der so errechneten relevanten Verbrauchsausgaben ergibt den Eckregelsatz, das heißt den Regelsatz des Haushaltsvorstandes. § 3 Abs. 2 Regelsatzverordnung bestimmt als Regelsätze für sonstige Haushaltsangehörige eine Größenordnung von 60 bzw. 80 Prozent des Eckregelsatzes vor bzw. nach Vollendung des 14. Lebensjahres.

Zur Fortschreibung in den Jahren, in denen keine Neubemessung nach Auswertung einer neuen Einkommens- und Verbrauchsstichprobe erfolgt (in der Regel alle 5 Jahre) regelt § 4 Regelsatzverordnung, dass die Regelsätze sich entsprechend des Rentenwerts in der gesetzlichen Rentenversicherung verändern.
Dieses Verfahren wird auch angewandt, um die Werte der Einkommens- und Verbrauchsstichprobe, die sich jeweils auf das Jahr der Erhebung beziehen – für die Regelsätze des Jahres 2005 wird beispielsweise die Einkommens- und Verbrauchsstichprobe von 1998 zu Grunde gelegt – auf das Jahr der Bemessung fortzuschreiben[541].

Als Eckregelsatz für das Jahr 2005 ergibt sich damit laut der vom Bundesministerium für Gesundheit und Soziale Sicherung an die Verordnung angehängten Modellberechnung ein Betrag von 345 Euro. Der Deutsche Verein für öffentli-

---

[541] Vgl. BR-Dr. 206/04, S. 13.

che und private Fürsorge behielt Recht mit seiner Vermutung[542], dass sich die Länder bei der tatsächlichen Regelsatzfestsetzung nach § 28 Abs. 2 SGB XII ohne weiteren Spielraum an diesem Wert und den Vorgaben aus dem SGB II (Arbeitslosengeld II für Westdeutschland: 345 Euro, Ostdeutschland: 331 Euro) orientieren würden. Zum Vergleich: im Jahr 2004 betrug der Eckregelsatz je nach Bundesland zwischen 282 Euro und 297 Euro[543]; zuzüglich eines pauschalierten Betrages für einmalige Leistungen in Höhe von 20 % des Regelsatzes[544] lagen die Sozialhilfeleistungen also zwischen 338 und 356 Euro.

Das Bundesministerium für Gesundheit und Soziale Sicherung hat das Verfahren der Regelsatzbestimmung zwar nicht offen gelegt, aber zumindest in der Begründung zum Verordnungsentwurf[545] kurz umrissen.

Zur Bestimmung der Referenzgruppe heißt es, man habe die Gruppe der Sozialhilfeempfänger herausgenommen, um Zirkelschlüsse zu vermeiden. Es lasse sich nachweisen, dass die regelsatzrelevanten Verbrauchsausgaben der untersten 20 Prozent in etwa denen der untersten 25 Prozent nach ihrem Nettoeinkommen geschichteten Haushalte mit Sozialhilfeempfängern entsprechen. Die Regelung habe somit zur Folge, dass jeder Bezieher von Hilfe zum Lebensunterhalt im Hinblick auf die durch den Regelsatz zu erfolgende Bedarfsdeckung so gestellt sei wie etwa ein Viertel der Gesamtbevölkerung in Deutschland, so dass er, wie vom Bundesverwaltungsgericht gefordert, orientiert an den herrschenden Lebensgewohnheiten und Erfahrungen ein Leben führen könne, ohne als Sozialhilfeempfänger aufzufallen.

Bei der Bestimmung des regelsatzrelevanten Verbrauchs hat man sich an § 27 Abs. 1 SGB XII orientiert, der den Bedarf im Sinne des von der Sozialhilfe zu gewährenden notwendigen Lebensunterhaltes bestimmt. Hiernach umfasst dieser insbesondere Ernährung, Unterkunft, Kleidung, Körperpflege, Hausrat, Heizung und persönliche Bedürfnisse des täglichen Lebens, wozu in vertretbarem Umfang auch Beziehungen zur Umwelt und eine Teilnahme am kulturellen Leben gehören.

---

[542] DEUTSCHER VEREIN FÜR ÖFFENTLICHE UND PRIVATE FÜRSORGE, NDV 2004, S. 109.

[543] Vgl. Aufstellung der einzelnen Regelsätze in NDV 2003, S. 289.

[544] Empfohlene Berechungsmethode für die generelle Ermittlung von Sozialhilfeansprüchen von der Redaktion von info also, info also 1996, S. 93.

[545] BR-Dr. 206/04, S. 5 ff.

Es wird eingeräumt, dass ein objektives, allgemein anerkanntes Raster hierzu nicht zur Verfügung stehe, so dass Einschätzungen und Bewertungen erforderlich seien. Die Ergebnisse des Gutachtens des Deutschen Vereins für die Regelsatzbemessung 1990 habe man nur teilweise übernehmen können, weil sich inzwischen der Zuschnitt vieler Einzelpositionen der Einkommens- und Verbrauchsstichprobe geändert habe und außerdem die meisten bisherigen einmaligen Leistungen in die Regelsatzbemessung einzubeziehen waren. Zur Bedarfseinschätzung wurden Wissenschaftler verschiedener Fachbereiche hinzugezogen, die die Regelsatzrelevanz der einzelnen Positionen eingeschätzt und bewertet haben.

Die am 1. Januar 2005 in Kraft getretene, am 3. Juni 2004 erlassene Regelsatzverordnung stimmt inhaltlich vollkommen mit dem Entwurf überein, den das Bundesministerium für Gesundheit und Soziale Sicherung im Januar 2004 den Wohlfahrtsverbänden zur Stellungnahme übersandt hat. Dies überrascht nicht, weil in § 20 Abs. 2 des Ende 2003 verabschiedeten SGB II[546] bereits festgelegt war, dass die Regelleistung zur Sicherung des Lebensunterhalts, also das Arbeitslosengeld II, das der Höhe nach den Sozialhilferegelsätzen entsprechen soll – 345 Euro betragen wird. Es war also von Anfang an abzusehen, dass die Beteiligung der Verbände keine Änderung der Verordnung bewirken würde.

II. Überprüfung des neuen Bedarfsbemessungssystems

Seit der Ankündigung einer bundeseinheitlichen Regelsatzbemessung 1996 wurden in vielen Veröffentlichungen die Anforderungen an die neue Regelsatzverordnung diskutiert; im Folgenden soll aufgezeigt werden, inwieweit die nun erlassene Regelung den einfachgesetzlichen und verfassungsrechtlichen Vorgaben genügt.
Weil für den einzelnen Bedürftigen letztlich entscheidend ist, inwieweit er mit einer Klage, die sich auf die Fehler der Regelsatzverordnung stützt, Erfolg haben wird, ist zunächst auf den gerichtlichen Prüfungsmaßstab einzugehen.

1. Gerichtlicher Prüfungsmaßstab

Die Gerichte üben aufgrund der Ermessensspielräume des Gesetzgebers bei der Einschätzung des sozialhilferechtlichen Bedarfs Zurückhaltung bei der Überprüfung der Regelsätze. Schon in den Anfängen der Geltung des BSHG, als man

---

[546] Viertes Gesetz für moderne Dienstleistungen am Arbeitsmarkt vom 24. Dezember 2003, BGBl. I S. 2954.

noch von einer wissenschaftlichen Ermittelbarkeit des Existenzminimums ausging, wurden dem Verordnungsgeber aufgrund der dennoch bestehenden „tatsächlichen" Schwierigkeiten Toleranzen zugebilligt und lediglich die Einhaltung der gebotenen Sorgfalt zum Prüfungsgegenstand erklärt, was aufgrund der Sachkunde des Deutschen Vereins für öffentliche und private Fürsorge ohne weiteres angenommen wurde[547].
In neueren Entscheidungen stellte das Bundesverwaltungsgericht fest, dass mit dem Begriff des notwendigen Lebensunterhalts notwendigerweise Toleranzen verbunden sind und dem Gesetzgeber die Entscheidungsprärogative zukommt, so dass von den Gerichten nur zu prüfen ist, ob die Wertungen im Rahmen der gesetzlichen Vorgaben vertretbar sind und mit der gebotenen Sorgfalt verfahren wurde[548]. Hierbei wird geprüft, ob der Regelsatzfestsetzung ausreichende Erfahrungswerte zugrunde liegen[549], das heißt, ob die Entscheidungen auf methodisch-rational gewonnenen empirischen Erkenntnissen beruhen[550]. Diese volle Überprüfbarkeit des Verfahrens kompensiert die auf die reine „Vertretbarkeit" von Wertungen gelockerte inhaltliche Kontrolldichte der Regelsatzfestsetzung[551].

Das Bundesverfassungsgericht erkennt ebenfalls einen Gestaltungsspielraum des Gesetzgebers an und verlangt bei möglichen Kürzungen des Sozialhilfeniveaus lediglich, dass die existenzsichernden Aufwendungen „nach dem tatsächlichen Bedarf – realitätsgerecht – bemessen werden"[552].

Von diesen Kriterien – Vertretbarkeit, ordnungsgemäßes Verfahren, Realitätsgerechtigkeit – hängt also die gerichtliche Entscheidung über die Rechtmäßigkeit der Regelsatzverordnungen (des Bundes und der Länder) ab.

---

[547] BVerwG v. 30.11.1966 – V C 29.66 – BVerwGE 25, 307, 316 f., kritisch hierzu SARTORIUS, Das Existenzminimum im Recht [2000], S. 102 f.

[548] BVerwG v. 22.4.1970 – V C 98.69 – BVerwGE 35, 178, 181; BVerwG v. 18.12.1996 – 5 C 47.95 – BVerwGE 102, 366, 368.

[549] BVerwG v. 25.11.1993 – 5 C 8.90 – BVerwGE 94, 326, 331; BVerwG v. 18.12.1996 – 5 C 47.95 – BVerwGE 102, 366, 368.

[550] ROTHKEGEL, ZFSH/SGB 2003, S. 643, 648.

[551] ROTHKEGEL, ZFSH/SGB 2002, S. 585, 593.

[552] BVerfG v. 10.11.1998 – 2 BvL 42/93 – BVerfGE 99, 246, 260, vgl. hierzu schon oben Teil 2 A. II 1.

2. Referenzgruppe

Es ist fraglich, ob die „untersten 20 von Hundert der nach ihrem Nettoeinkommen geschichteten Haushalte der Einkommens- und Verbrauchsstichprobe nach Herausnahme der Empfänger von Leistungen der Sozialhilfe" (§ 2 Abs. 3 Regelsatzverordnung) als Bezugsgruppe zur Ermittlung des Sozialhilfebedarfs geeignet sind.

a) Zirkelschluss

Ins Auge fällt zunächst, dass nur die Empfänger von Leistungen der Sozialhilfe herausgenommen werden. Um Zirkelschlüsse zu vermeiden, dürfen keine Personen in die Referenzgruppe aufgenommen werden, die selbst Sozialhilfe beziehen. Mit der Reform des Sozialrechts zum 1. Januar 2005 wurden aber noch weitere staatliche Leistungen an die Höhe der Sozialhilfe gekoppelt, in erster Linie das Arbeitslosengeld II. Dies ergibt sich aus § 20 SGB II, der in Absatz 2 gesetzlich einen Einstiegsregelsatz für das Jahr 2005 von 345 Euro (Westdeutschland) vorsieht, was dem Sozialhilfe-Eckregelsatz entspricht. Der in § 20 Abs. 1 SGB II definierte Bedarf entspricht dem des § 27 Abs. 1 SGB XII, und für künftige Neubemessung wird in § 20 Abs. 4 Satz 2 SGB II eine entsprechende Anwendung des § 28 Abs. 3 Satz 5 SGB XII angeordnet. Nicht erwerbsfähige Angehörige von Beziehern des Arbeitslosengeldes II werden gem. § 28 SGB II ein an dieses Arbeitslosengeld angekoppeltes Sozialgeld erhalten.

Bei späteren Neubemessungen der Sozialhilfe, die auf Einkommens- und Verbrauchsstichproben ab dem Jahr 2005 beruhen, werden auch Haushalte aus der Vergleichsgruppe herausgenommen werden müssen, die diese Leistungen erhalten. Bei über 2 Millionen Empfängern von Arbeitslosengeld II[553] einer ungewissen Zahl von Angehörigen Arbeitsloser, die Sozialgeld nach § 28 SGB II erhalten, würde sich ansonsten der eingebettete Zirkelschluss spürbar auswirken. Es ist ein Makel der Regelsatzverordnung, bei deren Entstehung die Angleichung der verschiedenen sozialen Sicherungssysteme schon feststand, dass sie dieses zukünftige Problem nicht schon durch einen entsprechenden Hinweis ausgeräumt hat[554]. Weil der künftige Zirkelschluss sich auf die jetzige Regel-

---

[553] Nach Angaben der Bundesregierung wurden im Herbst 2004 2,2 Millionen Anträge versandt (http://www.bundesregierung.de/artikel-,413.690071/Das-Arbeitslosengeld-II.htm); wie viele Empfänger es genau geben wird, war bei Abschluss dieser Arbeit noch nicht abzusehen.

[554] Auch der DEUTSCHE VEREINS FÜR ÖFFENTLICHE UND PRIVATE FÜRSORGE, NDV 2004, 109, 110, empfiehlt in seiner Stellungnahme zum Regelsatzverordnungs-Entwurf, schon jetzt die

satzfestsetzung jedoch nicht auswirkt, hat er auch noch keine Auswirkungen auf die Rechtmäßigkeit der Regelsatzverordnung.

b) Untere Lohngruppen

aa) Teilhabeniveau

Zur Bestimmung der Referenzgruppe und der Frage, auf welchen Prozentsatz man sich festlegen musste, ist zunächst auf die oben[555] genannte Erkenntnis zu verweisen, dass es einen konkreten verfassungsrechtlichen Maßstab dafür, auf welchem Niveau soziale Teilhabe zu verwirklichen ist, nicht gibt. Das Bundesministerium für Gesundheit und Soziale Sicherung verweist auf die ständige Rechtsprechung des Bundesverwaltungsgerichts, wonach ein Sozialhilfeempfänger, orientiert an den herrschenden Lebens-gewohnheiten und Erfahrungen, so leben können soll, dass sein Sozialhilfebezug nicht auffällt[556]. Oben[557] wurde schon aufgezeigt, dass diese Rechtsprechung, die sich auf ein falsches Menschenwürdeverständnis stützt, in ihrer Argumentation verfehlt ist. Gleichwohl wird hierdurch das Sozialhilferecht in die richtige Richtung verändert, denn auch wenn hier fälschlicherweise mit der Würde argumentiert wird, steht im Ergebnis doch ein Teilhabeanspruch, wie er vom Sozialstaatsprinzip her zu schaffen war. Der Verordnungsgeber, der diese Rechtsprechung umsetzt, schafft damit letztlich endlich auch gesetzlich ein Sozialhilfeniveau, das dem Verfassungsrecht genügt. Soziale Teilhabe auf einem vertretbaren Niveau ist gewährleistet, wenn ein Leben entsprechend dem eines Viertels der übrigen Bevölkerung ermöglicht wird[558]. In Hinsicht auf den sozialstaatlichen Teilhabeanspruch hat der Verordnungsgeber seinen Gestaltungsspielraum in nicht zu beanstandender Weise genutzt.

Empfänger von Grundsicherung für Arbeitssuchende ebenfalls aus der Referenzgruppe herauszunehmen.

[555] Teil 1 B. I. 4. b).

[556] BR-Dr. 206/04, S. 10.

[557] Teil 2 A. II. 2. c).

[558] Ob dieser Lebensstandard auch tatsächlich gewährt wird, hängt allerdings nicht allein von der Bestimmung der Referenzgruppe ab, sondern auch von der anschließenden Einschätzung des regelsatzrelevanten Bedarfs, hierzu sogleich.

bb) Menschenwürdeniveau

Allerdings verbleiben Zweifel, ob auch das Menschenwürde-Existenzminimum auf diese Weise gewahrt ist. Bei einer Ausweitung des Niedriglohnbereiches könnte es soweit kommen, dass ein großer Teil der Löhne nicht mehr zur Führung eines menschenwürdigen Lebens, wie es oben[559] umrissen wurde, ausreicht. Die Frage nach dem Schutz vor einem bodenlosen Absinken der Regelsätze ist damit zunächst eine Frage des Arbeitsrechts. Denn wenn für die Löhne ein Schutzmechanismus existiert, der dort ein gewisses Niveau garantiert, so sind die Regelsätze der Sozialhilfe ebenfalls gesichert[560].

Die Löhne in Deutschland werden nicht per Gesetz festgelegt, sondern vertraglich ausgehandelt. Dies geschieht zum einen im individualrechtlichen Vertrag zwischen Arbeitgeber und Arbeitnehmer. Wesentlich größere Bedeutung kommt aber dem kollektivrechtlichen Vertrag zwischen Arbeitgeber(vereinigungen) und Gewerkschaften, dem Tarifvertrag, zu. Dessen Bestimmungen wirken nämlich unmittelbar auf die Arbeitsverhältnisse der Tarifgebundenen (bzw. alle Verträge bei Allgemeinverbindlichkeitserklärung) ein und regeln durch Bezugnahme im Arbeitsvertrag mittelbar auch viele der übrigen Arbeitsverhältnisse. Ende des Jahres 1998 galten in der Bundesrepublik rund 49.500 Tarifverträge. Diese regelten die Arbeitsverhältnisse von schätzungsweise drei Vierteln der sozialversicherungspflichtig beschäftigten Arbeitnehmer[561].
Den Tarifvertragsparteien garantiert die Verfassung über die Koalitionsfreiheit in Art. 9 Abs. 3 GG Tarifautonomie. Das heißt, dass sie die Arbeits- und Wirtschaftsbedingungen selbständig aushandeln dürfen; der Staat hat auf diesem Gebiet seine Gesetzgebungs-zuständigkeit weit zurückgenommen[562]. Dies hat seinen Grund in der so genannten Richtigkeitsgewähr: Aufgrund des Machtgleichgewichts zwischen Arbeitgeberseite und Gewerkschaften geht man davon aus, dass die Verhandlungen zu fairen Ergebnissen führen und dem Arbeitnehmer

---

[559] Teil 1 A. I. 4.

[560] Allein die Umsetzung des Lohnabstandsgebots könnte dann noch zu einem Unterschreiten des Menschenwürde-Niveaus führen, vgl. oben Teil 2 A. I.

[561] HROMADKA/ MASCHMANN, Arbeitsrecht II [1999], S. 43.

[562] BVerfG v. 18.11.1954 – 1BvR 629/52 – BVerfGE 4, 96, 106; BVerfG v. 24.5.1977 – 2 BvL 11/74 – BVerfGE 44, 322, 340 f.; BVerfG v. 4.7.1995 – 1 BvF 2/86 u. a. – BVerfGE 92, 365, 294. Vgl. auch § 1 Abs. I des Gesetzes über die Festsetzung von Mindestarbeitsbedingungen vom 11.1.1952, BGBl. I S. 17, wonach die Regelung von Entgelten grundsätzlich durch Tarifverträge erfolgt.

besser als andere mögliche Verfahren einen gerechten Anteil am gemeinsam erwirtschafteten Gewinn sichern[563]. Der Tarifvertrag ist nach Ansicht des Bundesverfassungsgerichts das „beste und schmiegsamste Mittel zur Förderung der [...] Interessen der Beteiligten"[564]. Die tarifvertraglichen Löhne gelten demnach als gerecht. Natürlich sind sie Marktlöhne und demnach Schwankungen unterworfen. Im Interesse ihrer Mitglieder achten die Gewerkschaften jedoch auf ein akzeptables Mindestniveau der Löhne, so dass nach überwiegender Ansicht bei den Tariflöhnen jedenfalls in „Männerberufen" kein Absinken unter den kritischen Punkt des Existenzminimums zu befürchten ist[565].

Im Gegenteil wurden in der Bundesrepublik stets sehr hohe Lohnabschlüsse erzielt. Diese lagen sogar über dem, was als marktgerecht bezeichnet werden kann, und wurden mit steigender Arbeitslosigkeit erkauft. Man vertraute auf die Sozialpolitik als „Sicherheitsnetz" und nahm wenig Rücksicht auf die Arbeitsmarktsituation. Auch nach der Wiedervereinigung wurde diese Lohnpolitik fortgeführt[566]. Die Kehrseite dieses Vorgehens zeigt sich erst in den letzten Jahren. Es wird für viele Arbeitgeber zunehmend schwieriger, auf der Grundlage der tarifvertraglich geschuldeten Leistungen wettbewerbsfähig zu bleiben. Zur Sicherung des „Standortes Deutschland" werden daher vielfältige Neuerungen in der Tarifpolitik vorgeschlagen.

Unter anderem[567] fordert man in letzter Zeit die Deregulierung des Tarifsystems, insbesondere in den neuen Bundesländern, wo sich die Löhne mittlerweile den

---

[563] GAMILLSCHEG, Kollektives Arbeitsrecht I [1997], S. 285 f.

[564] BVerfG v. 24.5.1972 – 2 BvL 11/74 – BVerfGE 44, 322, 324.

[565] BIERITZ-HARDER, Menschenwürdig leben [2001], S. 272; anders BIEBACK, RdA 2000, S. 207, 208, der den Tarifvertragsparteien hier nicht vertraut und es als eine Funktion gesetzlicher Mindestlöhne ansieht, im Verhältnis zu den Tariflöhnen eine objektive untere Grenze zu setzen.

[566] WOLFGANG FRANZ, der Direktor des Zentrums für Europäische Wirtschafts-forschung, hat hierfür folgende Erklärung: Keine der Parteien, die damals am Tisch saßen, habe ein ernsthaftes Interesse an marktgerechten Löhnen im Osten gehabt: weder die – meist aus dem Westen kommenden – Gewerkschafts- und Arbeitgeberfunktionäre, die eine Lohnkonkurrenz verhindern und die Folgen überhöhter Lohnabschlüsse weiterhin beim Staat „abladen" wollten, noch die Politiker und die Treuhandanstalt, die aus einer Furcht vor einer massiven Arbeitskräftewanderung gen Westen oder aus wahltaktischen Gründen für „faire" Löhne plädiert hätten (Quelle: Frankfurter Allgemeine Zeitung vom 30.10.2000).

[567] Einen prägnanten Überblick zu den weiteren Forderungen gibt SCHAUB, NZA 2000, S. 16 ff.

Westlöhnen angenähert haben, die Produktivität der Arbeit jedoch noch erheblich unter der des Westens liegt. Man ruft nach Tariföffnungsklauseln, welche gem. § 4 Abs. 3 Tarifvertragsgesetz zur negativen Abweichung vom Tarifvertrag nötig sind und nach einer Abschaffung des Tarifvorbehalts des Art. 77 Abs. 3 Betriebsverfassungs-gesetz[568]. Gefordert wird zudem eine Neudefinition des Günstigkeitsvergleichs im Rahmen des Art. 4 Abs. 3 Tarifvertragsgesetz, welcher anerkennen soll, dass eine Arbeitsplatzgarantie gegenüber einer Verdiensteinbuße für den Arbeitnehmer durchaus günstiger sein kann[569]. Nach der derzeitigen Rechtslage ist eine solche Handhabung des Tarifvertragsrechts jedoch nicht möglich; das Bundesarbeitsgericht hat am 20.4.1999[570] klargestellt, dass es am sogenannten Sachgruppenvergleich festhält. Man könne eben nicht „Äpfel mit Birnen" vergleichen[571].

Nachdem die rechtlichen Verhältnisse eine Anpassung an die prekäre Wettbewerbslage vor Ort damit derzeit noch nicht möglich machen, versuchen viele Arbeitgeber, den tariflichen Regeln durch eine Flucht aus den Tarifverträgen zu entkommen. Die Arbeitgeberverbände reagieren mit der Schaffung sogenannter „OT-Mitgliedschaften" (d. h. Mitgliedschaften ohne Tarifbindung), bei denen die dort organisierten Mitglieder zwar ihre Serviceleistungen nutzen können, jedoch nicht mehr an Tarifverträge gebunden werden. Ein Wechsel hierzu hat allerdings wie ein Austritt aus dem Arbeitgeberverband wegen der Nachwirkung nach § 3 Abs. 3 Tarifvertragsgesetz erst nach Ende des Tarifvertrags die gewünschte Wirkung[572].
Schließlich ist zu beobachten, dass von der Wirtschaftskrise betroffene Unternehmen tarifliche Bestimmungen schlicht nicht mehr anwenden. Mögen sie auch rechtlich noch an die Tarifbestimmungen gebunden sein, so sind sowohl Arbeitgebern als auch Arbeitnehmern ganz offensichtlich rechtswidrige Zustände mit

---

[568] Vgl. hierzu RICHARDI, NzA 2000, S. 617 ff.

[569] Vgl. Gesetzesentwurf der Fraktion CDU/ CSU zur Modernisierung des Arbeitsrechts vom 18.6.2003, BT-Dr. 15/1182 und BT-Protokoll 15/29 Ausschuss für Wirtschaft und Arbeit, S. 427 ff. Dieser Entwurf wurde zwar nicht umgesetzt, aber im sogenannten „Wachstumsprogramm" der Unionsparteien vom 8.3.2004 wieder aufgegriffen.

[570] BAG vom 20.4.1999 – 1 ABR 72/98 – NzA 1999, S. 887.

[571] Diese Entscheidung wurde sofort von der Literatur scharf kritisiert, vgl. nur BAUER, NzA 1999, S. 957, 960 und BUCHNER, NzA 1999, S. 897, 901 f.

[572] Entsprechend ist eine Diskussion um die Abschaffung oder Modifizierung dieser Vorschrift entbrannt, vgl. hierzu BAUER, in: SCHLACHTER / ASCHEID/ FRIEDRICH (Hrsg.), SCHAUB-Festschrift [1998], S. 19 ff.

untertariflichen Leistungen lieber als der Verlust von Arbeitsplätzen. Mittlerweile werden in den neuen Bundesländern die Tarifverträge von einer Vielzahl der Unternehmen unterlaufen[573].

Es bleibt also Folgendes festzuhalten: Es gelten – jedenfalls formal – für drei Viertel der sozialversicherungspflichtigen Beschäftigungs-verhältnisse Tariflöhne, welche im Moment höher liegen, als es eine marktgerechte Lohnpolitik erlauben würde. Selbst wenn die Gewerkschaften sich in künftigen Lohnrunden auf moderatere Lohnabschlüsse einlassen werden, so bedeutet dies noch keine Gefahr für die unteren tariflichen Lohnbereiche, in die Nähe des Menschenwürde-Existenzminimums zu geraten, denn auf eine derartige Bedrängung ihrer Mitglieder werden sich die Gewerkschaften, die den Arbeitgeberverbänden gleich mächtig gegenüberstehen, nicht einlassen.
Gefährdet sind vielmehr diejenigen Arbeitnehmer, deren Beschäftigungsverhältnis nicht (mehr) von einem Tarifvertrag geregelt wird. Und diese Zahl steigt, zum einen um die Beschäftigten, deren Arbeitgeber aus seinem Verband ausgetreten ist oder zu einer Verbandsmitgliedschaft ohne Tarifbindung gewechselt hat. Zum anderen erhöht sie sich um die Summe der Betriebe, bei denen rechtlich zwar ein Tarifvertrag greift, tatsächlich aber untertariflich bezahlt wird und die Arbeitnehmer in Sorge um ihren Arbeitsplatz nicht klagen.

Deutschland ist also kein Land (mehr), in dem durch die Gewerkschaften ein nationales Lohnminimum gewährleistet wäre. Konsequent ist daher weiterzufragen, ob nicht auf anderem Wege ein gewisses Mindestniveau der Löhne aufrechterhalten wird, etwa durch gesetzliche Mindestlöhne.

Die Lohnfindung ist als Teil der Tarifautonomie Sache der Tarifvertragsparteien. Eine gesetzliche Festsetzung der Löhne wäre somit als Verstoß gegen Art. 9 Abs. 3 GG verfassungswidrig. Etwas anderes gilt aber für die Festlegung eines gesetzlichen Mindestlohns, sofern er in einer Höhe festgelegt wird, oberhalb derer eine sinnvolle tarifliche Lohnpolitik noch möglich ist[574].
Es gibt bereits mehrere Gesetze, die eine Mindestlohn-Festsetzung ermöglichen. Zum einen bietet das Gesetz über die Festsetzung von Mindestarbeitsbedingungen vom 11.1.1952[575] die Möglichkeit hierzu. In den über fünfzig Jahren seines

---

[573] Weshalb die um ihrem Macht fürchtenden Gewerkschaften mittlerweile gesetzlich abgesichertes Verbandsklagerecht zur Durchsetzung von Tarifverträgen fordern, um gegen Firmen, die unter Tarif zahlen, vorgehen zu können.

[574] GAMILLSCHEG, Kollektives Arbeitsrecht I [1997], S. 296.

[575] BGBl. I S. 17.

Bestehens sind nach diesem Gesetz aber noch keine Mindestarbeitsbedingungen erlassen worden. Effektiv genutzt wurde dagegen das Instrumentarium der Festsetzung von Arbeitsbedingungen durch die Heimarbeitsausschüsse gem. §§ 18 ff. des Heimarbeitsgesetzes vom 14.3.1951[576]. Dies betrifft freilich nur den Bereich der in Heimarbeit Beschäftigten[577]. Wegen starker Lohnunterbietung durch in die Bundesrepublik entsandte ausländische Arbeitnehmer mit einem Arbeitsvertrag nach ausländischem Recht wurde schließlich für den Baubereich das Arbeitnehmer-Entsendegesetz geschaffen. Hiernach erstrecken sich Mindestentgeltsätze in für allgemeinverbindlich erklärten Tarifverträgen auch auf entsandte Arbeitnehmer[578].

Gesetzliche Mindestlöhne existieren bisher also nur in Randbereichen. Eine flächendeckende Schaffung von Mindestlöhnen wird zwar von einigen Autoren[579] und mittlerweile auch von den Gewerkschaften[580] gefordert, von der Politik jedoch – jedenfalls noch – nicht in Angriff genommen. Grund hierfür ist, dass faktisch in Deutschland durchaus eine Begrenzung der Löhne nach unten stattfin-

---

[576] BGBl. I S. 191.

[577] Es ist anzunehmen, dass hier ein Schutz der materiellen Stellung von Frauen anvisiert wurde, denn in klassischen weiblichen Berufen – und diese finden sich auf dem Gebiet der Heimarbeit – dauert die Diskriminierung von Frauen auf die Gebiete der Entlohnung bis heute fort (PETER, ArbuR 1999, S. 289, 295).

[578] Seit dem 1.1.1999 ist die Bundesregierung durch § 1 Abs. 3a Arbeitnehmer-Entsendegesetz (BGBl. 1998 I S. 3843) ermächtigt, einen solchen Mindestlohn-tarifvertrag sogar durch Verordnung für allgemeinverbindlich zu erklären. Das Gesetz selbst, die Begründung im Gesetzesentwurf (BT-Dr. 14/45 Art. 10, S. 25 ff.) und auch der konkrete Entstehungszusammenhang zeigen aber, dass mit den so eingeführten Mindestentgelten nur bestimmte Funktionen eines Mindestlohns erfüllt werden sollen: in erster Linie geht es hierbei um den Schutz des einheimischen Tarifniveaus gegenüber Lohnunterbietung durch ausländische Unternehmen. Er orientiert sich an dem, was zum Schutz des heimischen Tarifniveaus notwendig ist. Bei den Mindestentgelt-Tarifverträgen handelte es sich um Vereinbarungen, die nur im Hinblick auf die Erstreckung nach dem Arbeitnehmer-Entsendegesetz geschlossen wurden. Inhaltlich haben sie für die tarifgebundenen Arbeitsverhältnisse keine Relevanz, weil die dort festgelegten Mindestentgelte weit unterhalb des Stundenlohns für die niedrigste Lohngruppe im Baubereich, Tarifgebiet Ost, lagen (vgl. BIEBACK, RdA 2000, S. 207, 214). Die existenzsichernde Funktion dieses Mindestlohns ist also nur Nebensache.

[579] PETER, ArbuR 1999, S. 296 ff. m.w.N.

[580] Quelle: Der Spiegel vom 25.9.2004, veröffentlicht auch unter http://www.spiegel.de/spiegel/vorab/0,1518,319890,00.html.

det, ohne dass es eines weiteren gesetzlichen Instruments bedürfte, und zwar durch die Existenz der Sozialhilfe als sozialem „Auffangnetz". Allen Kürzungsregelungen bei Verweigerung von zumutbarer Arbeit zum Trotz – denn faktisch sind die Sozialämter nur allzu oft außer Stande, die Voraussetzungen dieser Kürzung zu überprüfen – lohnt sich Arbeit jedenfalls wirtschaftlich nur, wenn der Lohn oberhalb der Sozialhilfe liegt.

Am Ende des arbeitsrechtlichen Exkurses gelangt man also unweigerlich wieder zum Gebiet der Sozialhilfe zurück. Auf Grund der faktischen Mindestlohnfunktion[581] der Sozialhilfe können die Löhne nicht unter ihr Niveau absinken. Die Sozialhilfe reguliert sich somit nach unten selbst – nach oben können die Löhne in wirtschaftlich guten Zeiten steigen und führen dann dazu, dass die an sie angebundene Sozialhilfe mit erhöht wird. Faktisch enthält dieses System eine eingebaute Sperre sozialen Rückschritts, weil das Sozialhilfeniveau immer nur steigen, aber nicht sinken kann.

Für die Ausgangsfrage, ob bei der Bestimmung der untersten 20 Prozent der Haushalte ohne Sozialhilfeempfänger als Vergleichsgruppe die Gefahr eines Absinkens unter das Existenzminimum zu befürchten ist, gilt also Folgendes: Die Auswahl ist verfassungsrechtlich unbedenklich, weil die Sozialhilfe selbst durch ihre faktische Mindestlohnfunktion bewirkt, dass die Einkommen der Vergleichsgruppe nicht unter den Menschenwürde-Standard absinken.

cc) konkrete Datenauswahl

Bei der konkreten Regelsatzbemessung haben sich die Verordnungsgeber allerdings nicht an die Vorgabe aus der Bundes-Regelsatzverordnung gehalten, als Vergleichsgruppe die untersten 20 Prozent der nach ihrem Nettoeinkommen geschichteten Haushalte der Einkommens- und Verbrauchsstichprobe nach Herausnahme der Sozialhilfeempfänger heranzuziehen. Das Bundesministerium für Gesundheit und Soziale Sicherung legt für seine Modellberechnung die in der Einkommens- und Verbrauchsstatistik aufgeführten Haushalte mit einem Nettoeinkommen von unter 1800 DM zugrunde[582]. Tatsächlich stellt diese Gruppe aber nur 9,39 Prozent der erfassten Haushalte dar[583]. Die nächste Gruppe mit

---

[581] BIEBACK/ STAHLMANN, SF 1987, S. 1.

[582] FROMMANN, NDV 2004, S. 246, 248 ff. mit einer detaillierten Aufstellung der Einkommens- und Verbrauchsstatistik und der Bewertung durch den Verordnungsgeber

[583] Die Einkommens- und Verbrauchsstatistik 1998 kann angefordert werden beim Statistischen Bundesamt.

einem Einkommen von 1800 bis 2499 DM macht 11,75 Prozent der Haushalte aus. Wenn man bedenkt, dass wegen der noch vorzunehmenden Herausnahme vom Sozialhilfeempfänger-Haushalten die berücksichtigungsfähige Anzahl der einkommensschwächsten Gruppe noch beträchtlich sinkt, wird klar, dass Einkommen zwischen 1800 und 2499 DM als Referenzgruppe hätte gewählt werden oder zumindest eine Mischkalkulation aus den beiden Gruppen hätte erfolgen müssen. Die „ärmere" Vergleichsgruppe hat naturgemäß ein niedrigeres Ausgabeverhalten, so dass die hieran angelehnten Ergebnisse der Auswertung der Einkommens- und Verbrauchsstatistik auch zu niedrigeren Beträgen für die Sozialhilfeempfänger führten.

Bei aller theoretischer Zulässigkeit der Vergleichsgruppenbestimmung ist die tatsächliche Wahl der Referenzgruppe daher fehlerhaft. Der Bundes-Verordnungsgeber hat seine eigene Vorgabe, die untersten 20 Prozent der Haushalte ohne Sozialhilfeempfänger auszuwählen, hierbei mit falschen Daten umgesetzt, so dass ein methodischer Fehler vorliegt. Dies hat zwar noch keine Auswirkungen auf die Bundes-Regelsatzverordnung, weil die Modellberechnung nur an die Begründung zum Verordnungsentwurf angehängt ist. Betroffen sind aber die konkreten Regelsatzfestsetzungen durch die Länder, denn hier wurden durch die Bank die Werte der Modellberechnungen (in ihrer Umsetzung im an die Sozialhilfe angeknüpften § 20 Abs. 2 SGB II, d. h. mit dem Abschlag auf 331 Euro für die neuen Bundesländer) ohne Begründung und offenbar unbesehen übernommen. Die somit letztlich auf der Landesverordnungsebene manifestierte fehlerhafte Vergleichsgruppenbestimmung unterliegt auch der vollen gerichtlichen Kontrolle, weil es sich um einen Verfahrensfehler handelt. Die Festsetzungen in den Landesregelsatzverordnungen sind dahe rechtswidrig.

3. Bedarfsermittlung

In der Begründung des Bundesministeriums für Gesundheit und Soziale Sicherung zu § 2 Regelsatzverordnung heißt es, dass dadurch, dass gemäß § 28 Abs. 3 SGB XII die Einkommens- und Verbrauchsstichprobe als Datengrundlage für die Bemessung herangezogen werde, gewährleistet sei, dass die Leistungen nach den tatsächlichen, statistisch ermittelten Verbrauchsausgaben von Haushalten bemessen würden und so dem Bedarfsdeckungsprinzip entsprächen[584]. Diese Aussage trifft so nicht zu. Die Wahl der Datengrundlage ist ein wichtiges Element der Bedarfsermittlung. Eine genauso große Bedeutung kommt aber der Gewichtung der einzelnen hierin ausgewiesenen

---

[584] BR-Dr. 206/04, S. 5.

Verbrauchsausgaben zu. Erst wenn auch dies verfassungskonform geschieht, kann man von der Erfüllung des Bedarfsdeckungsprinzips sprechen.

a) Datengrundlage

Grundsätzlich ist das in § 28 Abs. 3 SGB XII vorgeschriebene Statistikverfahren auf Grundlage der Einkommens- und Verbrauchsstichprobe geeignet, dem Teilhabeanspruch gerecht zu werden. Auch das Bundesverfassungsgericht hat die verbrauchsbezogene Ermittlung der Sozialhilfesätze als verfassungskonforme Festsetzung des Existenzminimums anerkannt[585].

b) Bedarfseinschätzung

aa) Begründung des Verordnungsgebers

Das Bundesministerium für Gesundheit und Soziale Sicherung hat das Verfahren der Bedarfseinschätzung nur in groben Zügen offengelegt[586]. Dies allein ist schon ein Grund zur Beanstandung, denn so entzieht sich der Verordnungsgeber der Kontrolle, ob das Verfahren der Regelsatzfestsetzung methodisch-rational vorgenommen wurde. Zweifel an der Richtigkeit der Bedarfsbemessung, die aufgrund der mangelnden Transparenz des Verfahrens nicht aufgeklärt werden können, gehen zu Lasten des Verordnungsgebers.

Kritisch untersucht werden kann nur, was als Grundlage der Einschätzungen zu den einzelnen Abteilungen der Einkommens- und Verbrauchsstichprobe mitgeteilt wurde. Das Bundesministerium für Gesundheit und Soziale Sicherung hat zur Bedarfseinschätzung Sachverständige hinzugezogen, und zwar Wissenschaftler aus den Bereichen Wirtschafts- und Sozialwissenschaften, Soziologie, Rechts- und Haushaltswissenschaften sowie jeweils einen Experten des Deutschen Vereins und des Instituts für Sozialforschung und Gesellschaftspolitik. Gemeinsam wurden die Einschätzungen des Deutschen Vereins aus dem Jahr 1989 überarbeitet. Dabei wurde jede Einzelposition der Einkommens- und Verbrauchsstichprobe gemäß der in ihr enthaltenen Warengruppen nach ihrer Regelsatzrelevanz eingeschätzt, bewertet und rechnerisch zusammengeführt.

So heißt es beispielsweise als Ergebnis dieser Bewertung zu Abteilung 03 (Bekleidung und Schuhe):

---

[585] BVerfG v. 29.5.1990 – 1 BvL 10 u. a./86 – BVerfGE 82, 60, 93 ff.

[586] BR-Dr. 206/04, S. 5 ff.

"Ausgangspunkt ist eine volle Berücksichtigung. Die ausgewiesenen Ausgaben enthalten jedoch einzelne Positionen, die nicht dem notwendigen Bedarf zuzurechnen sind (z. B. für Maßkleidung, Pelze), die bei dem betroffenen Personenkreis nicht anfallen (z. B. Arbeitskleidung [...]) oder die nicht durch den neuen Regelsatz gedeckt werden müssen (z. B. Erstausstattungen). Zudem ist begrenzt auch eine Verweisung auf Gebrauchtkleidung zumutbar. Daher ist eine Reduzierung der statistischen Verbrauchsausgaben auf 89 % sachgerecht. [...]"

Diese Einschätzung geht von zahlreichen fehlerhaften Grundannahmen aus. In der Einkommens- und Verbrauchsstichprobe 1998 wurden Bedarfsgruppen, die in früheren Stichproben separat ausgewiesen wurden, in größere Gruppen zusammengefasst, so dass es nicht mehr möglich ist, die Ausgaben der Verbrauchergruppen für einzelne Posten exakt zu definieren. Der Verordnungsgeber war daher zu Schätzungen gezwungen, die teilweise offensichtlich verfehlt sind. Luxusbekleidungsartikel wie Maßkleidung und Pelze, für die bei den Regelsätzen ein Abzug vorgenommen wird, werden bei der Referenzgruppe der unteren Lohngruppen ohnehin nicht oder in verschwindend geringem Umfang angeschafft werden, wohingegen davon auszugehen ist, dass ein größerer Teil des Bekleidungsbedarfs dieser Gruppe schon durch Second-Hand-Anschaffungen abgedeckt wird, so dass eine Kürzung des Bedarfs unter Verweisung auf eben diese Beschaffungsmöglichkeit nicht angebracht ist[587]. Außerdem kritisiert der Deutsche Verein für öffentliche und private Fürsorge, dass dieses normative Element mit Blick auf das Bemessungssystem Statistikmodell irrelevant ist und allenfalls in einem Warenkorbmodell Bedeutung hätte, wenn die Frage der preislichen Bewertung von Bekleidungsstücken behandelt wird[588].

Entsprechend verzerrte Einschätzungen finden sich auch in den Abteilungen 09 (Freizeit, Unterhaltung und Kultur) und 12 (andere Waren und Dienstleistungen), in denen großzügige Abschläge vorgenommen werden, um nicht regelsatzrelevante Luxuspositionen wie Sportboote und Segelflugzeuge oder Gebühren und Courtagen für Finanzanlageberatungen zur Bildung von Geldvermögen, Schmuck und Edelmetalle herauszunehmen, die bei der Vergleichsgruppe der unteren Lohngruppe wohl zu Unrecht vermutet werden.

---

[587] FROMMANN, NDV 2004, S. 246, 248 ff. mit einer detaillierten Aufstellung der Einkommens- und Verbrauchsstatistik und der Bewertung durch den Verordnungsgeber.

[588] DEUTSCHER VEREIN FÜR ÖFFENTLICHE UND PRIVATE FÜRSORGE, NDV 2004, S. 109, 110.

Als weiteres Beispiel lässt sich Abteilung 07 (Verkehr) anführen:

„Die Ausgaben dieser Abteilung für die Nutzung von Verkehrsdienstleistungen im Schienen- und Straßenverkehr werden in vollem Umfang berücksichtigt, um dem entsprechenden Mobilitätsverhalten der Bevölkerung Rechnung zu tragen. Aus dem gleichen Grund werden auch die ausgewiesenen Ausgaben für Fahrräder voll berücksichtigt. Da die Abteilung jedoch in größerem Umfang Ausgaben für eine Reihe von Gegenständen und Leistungen enthält, die nicht zum notwendigen Bedarf gehören, insbesondere für Kraftfahrzeuge und Motorräder und deren Reparaturen, ergibt sich ein Anteil an den ausgewiesenen Ausgaben von 37 %."

Hier kritisiert die Bundesarbeitsgemeinschaft der Sozialhilfe-initiativen e.V.[589] zu Recht, dass diese Bewertung ein völlig verzerrtes Bild von den Kosten für Mobilität entstehen lässt. Wer einseitig die Kosten für Kraftfahrzeuge aus dem Bedarf herausnimmt (insofern bleibt der Verordnungsgeber auf einer Linie mit der Rechtsprechung zu KfZ als nicht bedarfszugehöriger „Annehmlichkeiten"[590]), muss berücksichtigen, dass den nicht motorisierten Bedürftigen dafür andere, hohe Kosten für öffentliche Verkehrsmittel treffen, die den in dieser Abteilung bemessenen Betrag von 18 Euro bei weitem übersteigen. Wer – jedenfalls in Gegenden ohne günstigere Sozialtickets der Verkehrsverbunde – für dieses Geld Fahrscheine erwerben muss, kann sich pro Monat rund fünf Hin- und Rückfahrten leisten. Diese Einschätzung des Mobilitätsverhaltens der Bevölkerung ist nicht realitätsgerecht und widerspricht somit sowohl dem Kriterium des Bundesverfassungsgerichts als auch der vom Verordnungsgeber selbst gesetzten Vorgabe, dem Mobilitätsverhalten der Bevölkerung voll gerecht werden zu wollen. Nicht nur der Teilhabe-, auch der Würdegedanke wird hier verletzt, wenn man bedenkt, dass die Mobilität Voraussetzung zur Nutzung verschiedener Grundrechte ist, etwa zur Aufrechterhaltung von Kontakten mit der Umwelt (Art. 8 Abs. 1 und 9 Abs. 1 GG) und Familie (Art. 6 Abs. 1 GG) und zur Teilnahme an kulturellen Veranstaltungen (Art. 2 Abs. 1 und Art. 5 Abs. 1 Satz 1 GG).

---

[589] Bundesarbeitsgemeinschaft der Sozialhilfeinitiativen e.V., Stellungnahme zum Entwurf der Regelsatzverordnung, veröffentlicht unter
http://www.labournet.de/diskussion/arbeit/realpolitik/alos/regelsatz.pdf.

[590] BVerwG v. 4.6.1981 – 5 C 12.80 – BVerwGE 66, 261, 266; vgl. auch oben Teil 2 A. II. 2. c) ff).

Aufschlussreich sind auch die Erläuterungen zu Abteilung 08 (Nachrichtenübermittlung):

„Die in dieser Abteilung gemeinsam ausgewiesenen Ausgaben für die Position „Telefon- und Telefaxgeräte, einschl. Reparatur" werden zur Hälfte berücksichtigt. Damit wird den Leistungsberechtigten sowohl ein einfaches Telefon als auch ein Modem für den Internetzugang möglich; kein Bedarf wird jedoch insbesondere für die in dieser Position enthaltenen Faxgeräte, Anrufbeantworter und teuere Funktelefone gesehen. Die Postdienstleistungen werden voll berücksichtigt. Die in der Position „Telefon- und Telefaxdienstleistungen" gemeinsam ausgewiesenen Ausgaben werden zu 60 % berücksichtigt. Damit werden zum einen die Grundgebühren für Telefon und ein durchschnittlicher Verbrauch an Gesprächsgebühren erfasst. Zum anderen werden damit Internetzugangskosten teilweise berücksichtigt, da ein Ausschluss von den Informationsmöglichkeiten, die das Internet bietet, nicht mehr als akzeptabel angesehen wird. Zu berücksichtigen ist dabei, dass ein Bedarf auch in Internetcafes, in der Schule oder bezüglich der Stellensuche bei der Bundesagentur für Arbeit gedeckt werden kann. Insgesamt ergibt sich hieraus ein regelsatzrelevanter Anteil von 64 % der Ausgaben in dieser Abteilung."

Diese Abteilung belegt anschaulich, dass die Regelsätze in der Tat dem Wandel der Lebensverhältnisse Rechnung tragen. Wo früher über die Notwendigkeit des Fernsehers als Mittel der Information gestritten wurde, ist heute schon das Internet als unabdingbares Medium anerkannt. Zu kritisieren ist einzig, dass übersehen wird, dass die Deckung des Bedarfs in Internetcafés anstatt zu Hause über Modem auch oder sogar erst recht Kosten verursacht.

Insgesamt bleibt festzuhalten, dass die Expertenkommission zwar vorgibt, die einzelnen Positionen der Verbrauchsabteilungen zu gewichten, aber hierbei nicht sorgfältig vorgegangen ist, wenn ihr die oben genannten Fehler unterlaufen konnten. Man kann die somit bestehende Rechtswidrigkeit der Verordnung entweder verfahrensmäßig mit dem groben Sorgfaltsverstoß oder inhaltlich begründen, weil die so erreichten Ergebnisse schlicht nicht vertretbar (Maßstab des Bundesverwaltungsgerichts) beziehungsweise nicht realitätsgerecht (Bundesverfassungsgericht) sind.

bb) Zweck: Schaffung eines Niedriglohnsektors

Entsprechend wird auch der Verdacht geäußert, dass es dem Verordnungsgeber nur vordergründig um die Einhaltung des Bedarfsdeckungsprinzips gegangen sei. Tatsächliche Motivation sei aber gewesen, die Regelsätze möglichst gering zu halten. Dies zeige schon die Tatsache, dass die Höhe der Regelsätze für Arbeitslosengeld II und Sozialgeld bereits mit Verabschiedung des SGB II Ende 2003 feststand; es entstehe der Eindruck, dass mit der Regelsatzverordnung nur noch nachträglich legitimiert werden solle, was bereits vorab im SGB II „unter dem Diktat der Wirtschafts- und Beschäftigungspolitik sowie der leeren Kassen"[591] vorgegeben wurde. Zwar soll, wie man an § 20 Abs. 4 Satz 2 SGB II erkennen kann, das SGB XII mit seinen Leistungen eine Leitfunktion für die Grundsicherung für Arbeitssuchende haben, tatsächlich sei das Verhältnis aber umgekehrt[592]. Problematisch sei, dass beim SGB II anders als beim SGB XII nicht die Sicherungs-, sondern die negative Anreizfunktion im Vordergrund stehe[593]. Die Empfänger von Arbeitslosengeld II, deren Versorgungsstandard zum Teil erheblich unter das gewohnte, an den vorherigen Einkünften orientierte Arbeitslosenhilfe-Niveau absinken wird, werden gezwungen, sich verstärkt um Arbeit zu bemühen, wenn sie ihren Lebensstandard halten oder jedenfalls auf gemäßigtem Niveau abfangen wollen. Anvisiert sei die Schaffung eines Niedriglohn-Sektors[594].

Die gewollte Anreizfunktion zur Arbeitsaufnahme bestünde für den Großteil der ehemals besser versorgte Arbeitslosenhilfe-Bezieher schon, wenn ihre Bezüge auf ein tatsächlich dem Verbrauchsverhalten unterer Lohngruppen angepasstes Sozialhilfeniveau abgesenkt würden. Es entsteht aber der Eindruck, dass der Niedriglohnbereich noch weiter ausgeweitet werden soll, indem auch die Regelsätze des SGB XII entsprechend gedrückt werden. Entsprechende Einschnitte hat man bereits in Phasen der Regelsatzdeckelung erlebt, als die Entwicklung der Regelsätze erstmals vom allgemeinen Lebensstandard abgekoppelt wurde. Bereits damals wurde über die Ermöglichung eines Niedriglohnbereichs diskutiert, etwa durch die offene Absenkung der Regelsätze unter Erhöhung der Freibeträge für erwerbstätige Sozialhilfeempfänger[595]. Solche Modelle wurden aber

---

[591] BAECKER/ HANESCH/ HUSTER, Frankfurter Rundschau v. 05.03.2004, veröffentlicht auch unter http://www.tacheles-sozialhilfe.de/harry/view.asp?ID=1144.

[592] DEUTSCHER VEREIN FÜR ÖFFENTLICHE UND PRIVATE FÜRSORGE, in: NDV 2004, S. 109.

[593] BAECKER/ HANESCH/ HUSTER, Frankfurter Rundschau v. 05.03.2004, veröffentlicht auch unter http://www.tacheles-sozialhilfe.de/harry/view.asp?ID=1144.

[594] BAECKER/ HANESCH/ HUSTER, Frankfurter Rundschau v. 05.03.2004, veröffentlicht auch unter http://www.tacheles-sozialhilfe.de/harry/view.asp?ID=1144.

[595] BARTHEL, Der Arbeitgeber 1994, S. 573, 578.

schnell wie auch die jetzige Regelsatzbemessung[596] als dem Bedarfsdeckungsprinzip widersprechend kritisiert[597].

Fraglich ist, ob dieses Prinzip tatsächlich verletzt wird, wenn die Empfänger von Sozialhilfe auf Leistungen unterhalb des allgemeinen Lebensstandards verwiesen werden. Zunächst ist in verfassungsrechtlicher Hinsicht auf die Ergebnisse des ersten Teils dieser Arbeit zu verweisen: die Vorgaben des Grundgesetzes sind verletzt, wenn entweder keine Teilhabe mehr gewährleistet oder das Menschenwürde-Existenzminimum unterschritten wird. Zur Teilhabe ist zu sagen, dass tatsächlich eine Absenkung der Regelsätze mit einer Abkoppelung von den Löhnen einhergeht – allerdings ist diese Zäsur bei der wechselseitigen Abhängigkeit der beiden Größen Lohn und Sozialhilfe unumgänglich, will man die Schaffung eines Niedriglohnbereiches ermöglichen. Wenn die Löhne die Absenkung nachvollziehen, zeigt sich die wirtschaftliche Notwendigkeit einer solchen Maßnahme. Es sei an dieser Stelle noch einmal an die These ALEXYs[598] zum Recht auf faktische Gleichheit erinnert, wonach der Staat Hilfen orientiert am allgemeinen Lebensstandard zu gewähren hat, diesen aber im Lichte gegenläufiger Prinzipien unterschreiten kann. Eine solche Konstellation liegt vor, wenn die gesamtwirtschaftliche Lage die Lohndifferenzierung als Mittel, Arbeitsplätze zu schaffen, erforderlich macht. Ein Verstoß gegen das Recht auf Teilhabe ist aufgrund der dem Staat ebenfalls gegebenen Aufgabe, die Schaffung von Arbeitsplätzen zu fördern[599], daher nicht gegeben. Die Rechtsprechung, wonach eine Angleichung an die herrschenden Lebensgewohnheiten zu erreichen ist, muss insofern modifiziert werden, als die Teilhabe aus wichtigen Gründen eingeschränkt werden kann.

Wenn aber eine Abkoppelung vom allgemeinen Lebensstandard als erforderlich angesehen wird, so ist in umso stärkerem Maße auf die Einhaltung des zweiten Bedarfserfordernisses zu achten. Die Sozialhilfe darf nicht beliebig abgesenkt werden, sondern muss, so die Verpflichtung aus Art. 1 Abs. 1 GG in Verbin-

---

[596] BAECKER/ HANESCH/ HUSTER, Frankfurter Rundschau v. 05.03.2004, veröffentlicht auch unter http://www.tacheles-sozialhilfe.de/harry/view.asp?ID=1144.

[597] WINGEN, Der Arbeitgeber 1994, S. 912, 915.

[598] ALEXY, Theorie der Grundrechte [1985], S. 380 ff.

[599] Diese Aufgabe wird man letztlich auch beim Sozialstaatsprinzip verorten können; das Streben nach allgemeinem Abbau der Arbeitslosigkeit kann man aufgrund seiner gesamtwirtschaftlichen und -gesellschaftlichen Auswirkungen zur „gleichmäßigen Förderung des Wohles aller Bürger", BVerfG v. 17.8.1956 – 1 BvB 2/51 - BVerfGE 5, 85, 198, zählen.

dung mit dem Sozialstaatsprinzip, die Voraussetzungen eines menschenwürdigen Lebens gewähren. Mit der Loslösung von den herrschenden Lebensverhältnissen wird der Effekt einer Abwärtsspirale von Löhnen und Sozialhilfe eintreten. Die Löhne werden sich oberhalb der Sozialhilfe-„Mindestlohn"-Schwelle einpendeln, welche wiederum, wenn das jetzige Verfahren bei künftigen Neubemessungen übernommen wird, so weit sinken wird, dass die Löhne weiter absacken können. Das theoretische soziale Schreckensszenario, dass das Lohnniveau derart absinkt, dass schon Nicht-Hilfeempfänger nicht mehr über der Menschenwürde-Schwelle leben, wird wohl nicht eintreten. Nachdem aber die Sozialhilfe unterhalb der Löhne angesiedelt ist, ist eine Sicherung der Würdevoraussetzungen für ihre Empfänger erforderlich. Um das zu erreichen, bleibt nur die Erstellung eines Warenkorbes, der die oben[600] genannten Facetten der Menschenwürde, von physischer Existenz bis hin zur Entfaltung sozialer Kontakte, als absolute Untergrenze der Sozialhilfe beziffert[601]. Oberhalb der Schwelle dieses Kontroll-Warenkorbes ist der Gesetzgeber frei, zur Regulierung der Wirtschafts- und Beschäftigungspolitik Einschnitte in das Teilhabe-Element der Sozialhilfe vorzunehmen. Diese Forderung ist nicht neu: In ihrer Untersuchung, ob das Lohnabstandsgebot mit der Verfassung vereinbar ist, kommt BIERITZ-HARDER[602] zu dem Ergebnis, dass als Untergrenze bei der Regelsatzermittlung die „nicht unterschreitbaren Lebens- und Freiheitsinteressen" im Sinne der faktischen Grundrechtswahrnehmung ermöglicht werden müssen, was empirisch ermittelt und festgeschrieben werden müsse.

Möglicherweise ergibt sich durch die Abkoppelung von den allgemeinen Lebensverhältnissen ein Verstoß gegen das Bedarfsdeckungsprinzip aber nicht aus der Verfassung, sondern aus dem einfachen Recht. Nach § 22 Abs. 3 Satz 2 und 3 SGB XII berücksichtigt die Regelsatz-bemessung Stand und Entwicklung von Nettoeinkommen, Verbraucherverhalten und Lebenshaltungskosten auf der Grundlage der Verbrauchsausgaben von Haushalten in unteren Einkommensgruppen. Hiermit wird eine Anbindung an die Lebensverhältnisse der Referenzgruppe festgelegt. Allerdings wird keine hundertprozentige Deckung verlangt. Die Lebensverhältnisse sind lediglich im Rahmen der Zielsetzung des § 28 Abs. 3 Satz 1 SGB XII, mit den Regelsätzen den Bedarf des notwendigen Lebensunterhalts zu decken, von Belang. Die Wortwahl des Gesetzgebers ist insofern sehr aussagekräftig: sie werden „berücksichtigt", sind also nicht etwa

---

[600] Teil 1 A. I. 4.

[601] So auch ROTHKEGEL, ZFSH/SGB 2003, S. 643, 650 f.

[602] BIERITZ-HARDER, Menschenwürdig leben [2001], S. 278, 286.

„allein maßgeblich". Entscheidend muss vielmehr sein, was – vor der Konkretisierung durch ein Bedarfsbemessungssystem – nach dem SGB XII als Bedarf anzusehen ist, und das sind bei verfassungskonformer Auslegung des Gesetzes[603] die Mittel, die zur Führung eines menschenwürdigen Lebens und einer sozialstaatlichen Teilhabe erforderlich sind. Das Wort „berücksichtigen" spiegelt dabei sehr gut wider, was zur verfassungsrechtlich gebotenen faktischen Gleichheit erforderlich ist: Grundsätzlich muss sich die Sozialhilfe an den allgemeinen Lebensverhältnissen orientieren; die Einbeziehung anderer Prinzipien kann aber zur Folge haben, dass keine hundertprozentige Gleichstellung erfolgt[604]. Wenn wirtschaftliche und beschäftigungspolitische Zwänge Einschnitte erforderlich machen, bleiben die allgemeinen Lebensverhältnisse aber gleichwohl *berücksichtigt*, denn eine Teilhabe wird in dem Umfang ermöglicht, als die weiteren Prinzipien dies zulassen.

Es bleibt also festzuhalten, dass die Regelsatzverordnung durch die Höhe der Regelsätze nicht per se gegen das einfache Recht und die Verfassung verstößt. Der Verordnungsgeber hat aber vorgegeben, ein Verfahren der Bedarfseinschätzung anzuwenden, das er nicht eingehalten hat. Die vorgebliche Herausrechnung von tatsächlich nicht bedarfsuntypischen Posten ist innerhalb dieses Verfahrens unsorgfältig und führt zu auf dieser Grundlage nicht vertretbaren Ergebnissen. Richtigerweise hätte eine methodisch saubere Bedarfsprüfung zu höheren Regelsätzen führen müssen, die der Verordnungsgeber in einem zweiten Schritt durchaus zum Zwecke der Arbeitsmarktregulierung hätte kürzen können. In diesem Fall wäre aber verfahrensmäßig der weitere Schritt hinzugekommen, durch Bildung eines Kontroll-Warenkorbes das Menschenwürde-Existenzminimum sicherzustellen.

c) Fortschreibung

Der aufgrund der Einkommens- und Verbrauchsstichprobe von 1998 ermittelte Bedarf konnte nicht ohne weiteres den Regelsätzen zugrunde gelegt werden, sondern musste auf den Stand von 2005 hochgerechnet werden. Die Werte des Jahres 1998 wurden für die Regelsätze vom 1. Januar 2005 gemäß dem Verfahren nach § 4 Regelsatzverordnung nach den in den letzten Jahren prozentualen Erhöhungen der gesetzlichen Renten fortgeschrieben. Entsprechend erfolgt

---

[603] Vgl. oben Teil 2 A. II. 2. c) ee).

[604] So auch FROMMANN, NDV 2004, S. 246, 247: Der Wortlaut des § 28 Abs. 3 SGB XII belässt dem Verordnungsgeber erheblichen Spielraum, „berücksichtigt" bedeutet gerade nicht, dass die Lebensführung der eines Nicht-Hilfeempfängers gleichen „muss".

künftig die jährliche Fortschreibung der Regelsätze in den Jahren, in denen keine Neubemessung nach § 28 abs. 3 Satz 5 SGB XII vorgenommen wird.

Die Fortschreibung der Regelsätze wurde in den vergangenen 15 Jahren stets dazu genutzt, Einsparungen vorzunehmen. Schon bei der Einführung des Statistikmodells im Jahr 1990 stellte sich das Problem der Hochrechnung, damals der Daten der Einkommens- und Verbrauchsstichprobe von 1983 auf das Jahr 1988. Der Deutsche Verein für öffentliche und private Fürsorge hatte in seinem Gutachten, auf das sich die Ministerpräsidentenkonferenz bei der Einführung des Statistikmodells gestützt hat, zwei Fortschreibungsmodelle vorgeschlagen, die die tatsächliche Entwicklung des Preisindexes berücksichtigten[605]. Aus Kostengründen entschied sich die Ministerpräsidentenkonferenz für die günstigere Alternative, den Lebenshaltungsindex *aller* Haushalte zugrunde zu legen, was eine Anhebung des Eckregelsatzes von 5,8 Prozent bedeutete[606]. Weil die Ausgaben von Haushalten mit geringem Einkommen überproportional angestiegen waren, wurde von der Literatur die andere Variante der nur an diese Gruppe angelehnten Fortschreibung für fachlich angemessen gehalten[607]; die Regelsätze hätten in dem 5-Jahres-Zeitraum dann um 13,9 Prozent steigen müssen[608].

Eine Untersuchung aus dem Jahr 2001[609] hat ergeben, dass sich der Realwert des Regelsatzes zwischen 1993 und 2000 kontinuierlich und deutlich zurückentwickelt hat: im Jahr 2003 war der durchschnittliche Regelsatz um 2,3 % zu gering bemessen, um wenigstens die Kaufkraftposition von 1993 sicherzustellen. Von 2000 bis 2004 blieb die Entwicklung der Rentenwerte, an die die Regelsätze seit 1997 angekoppelt sind, gipfelnd in der „Nullrunde" von 2004 immer weiter hinter der Jahressteuerungsrate zurück, so dass sich die reale Absenkung der Sozialhilfesätze noch verstärkte.

Diesen Mechanismus hat man durch die Fortschreibungsmethode des § 4 Regelsatzverordnung in die neue Bedarfsermittlung übernommen. Sozialhilferechtlich steht die Fortschreibung anhand der Rentenentwicklung im Widerspruch zu den Vorgaben aus § 28 Abs. 3 Satz 2 SGB XII, wonach die Regelsatzbemessung neben Stand und Entwicklung von Nettoeinkommen und

---

[605] Vgl. SCHELLHORN, NDV 1989, S. 157, 159.

[606] Vgl. BVerwG v. 18.12.1996 – 5 C 47.95 – NDV-RD 1997, 49, 50.

[607] SCHNEIDER, SF 2001, S. 239, 240.

[608] Vgl. BVerwG v. 18.12.1996 – 5 C 47.95 – NDV-RD 1997, 49, 50.

[609] SCHNEIDER, SF 2001, S. 239 ff.

Verbraucherverhalten die Lebenshaltungskosten zu berücksichtigen hat. Die Rentenwerte, die sich zwar offiziell an den Löhnen orientieren, aus wirtschaftlichen und demographischen Gründen in jüngster Zeit und zu erwartender Weise auch in Zukunft tatsächlich aber hinter der Entwicklung des Lohnniveaus und der Lebenshaltungskosten zurückbleiben, werden dem nicht gerecht.

Natürlich gilt auf verfassungsrechtlicher Ebene genau wie bei der Bedarfseinschätzung, dass die Teilhabe zugunsten gegenläufiger Prinzipien eingeschränkt werden kann. Auch erfolgt eine Korrektur der vom Gesetzgeber nicht abzusehenden Ergebnisse der Rentenwerts-Entwicklung bei künftigen Fortschreibungen spätestens nach fünf Jahren, wenn eine neue Einkommens- und Verbrauchsstatistik ausgewertet ist. Gleichwohl ist die gewählte Fortschreibungsmethode wegen ihrer Nichtbeachtung der Vorgaben aus § 22 Abs. 3 Satz 2 SGB XII sozialhilferechtswidrig. Die bundesverwaltungsgerichtliche Anforderung an die Regelsätze, den gesetzlichen Rahmen einzuhalten[610], ist damit nicht erfüllt. Auch in diesem Punkt ist die Regelsatzverordnung rechtswidrig.

Zur Fortschreibung auf den aktuellen Regelsatzwert ist zudem zu bemängeln, dass man mehr hätte tun müssen als lediglich die Veränderung der Löhne und Lebenshaltungskosten prozentual hochzurechnen. Auch inhaltlich ist das Material der Einkommens- und Verbrauchsstatistik 1998 jetzt schon veraltet. Gerade in den Bereichen der Informations- und Kommunikationstechnik und bei den Bedarfen von Kindern und Jugendlichen hinkt es nach Ansicht der Bundesarbeitsgemeinschaft der Sozialhilfeinitiativen e.V.[611] hinterher. Außerdem werden die durch die Gesundheitsreform 2004 stark gestiegenen Kosten für Krankheit nicht berücksichtigt. Der Deutsche Verein für öffentliche und private Fürsorge hat daher die Einführung einer Öffnungsklausel empfohlen, die es ermöglichen würde, bei der Bemessung bedarfsrelevante Sachverhalte zu berücksichtigen, die in der Einkommens- und Verbrauchsstichprobe keinen Eingang gefunden haben[612]. Ob in diesen Punkten schon die Schwelle der gerichtlichen Angreifbarkeit durch fehlende Vertretbarkeit der Regelung gegeben ist, kann allerdings nicht eindeutig gesagt werden.

---

[610] BVerwG v. 18.12.1996 – 5 C 47.95 – BVerwGE 102, 366, 368.

[611] Bundesarbeitsgemeinschaft der Sozialhilfeinitiativen e.V., Stellungnahme zum Entwurf der Regelsatzverordnung, veröffentlicht unter http://www.labournet.de/diskussion/arbeit/realpolitik/alos/regelsatz.pdf.

[612] DEUTSCHER VEREIN FÜR ÖFFENTLICHE UND PRIVATE FÜRSORGE, NDV 2004, S. 109, 110.

4. Festsetzung der Regelsätze für sonstige Haushaltsangehörige

Laut Begründung zum Verordnungsentwurf orientieren sich die neuen Anteile von 60 % bis 80 % des Eckregelsatzes für sonstige Haushaltsangehörige an einer wissenschaftlichen Untersuchung des Statistischen Bundesamtes, wonach 14-jährige oder ältere Kinder etwa ein Drittel höhere Kosten als jüngere Kinder verursachen. Das rechtfertigt aber nicht die vorgenommene Festsetzung der Regelsätze. Laut § 28 Abs. 3 Satz 3 SGB XII muss die Grundlage der Regelsatzbemessung das statistisch ermittelte Verbrauchsverhalten der unteren Einkommensgruppen sein. Eine solche Bedarfsbemessung für Kinder wurde nicht vorgenommen. Die Anforderungen an die Regelsätze, auf einer hinreichend gesicherten Datengrundlage anhand von vertretbaren Wertungen vorgenommen worden zu sein, wurden durch diese „freihändige"[613] Festsetzung nicht erfüllt. Die Regelung wird somit gleichfalls nicht der gerichtlichen Überprüfung standhalten.

5. Pauschalierung von einmaligen Leistungen

a) Inhalt und Ziel der Pauschalierungsregelung

Als wesentliche Änderung gegenüber der Regelung im BSHG sieht das SGB XII bis auf wenige Ausnahmefälle[614] keine einmaligen Leistungen mehr vor. Stattdessen wird der bislang im konkreten Einzelfall berücksichtigte Bedarf für besondere Anschaffungen gemäß § 28 Abs. 1 Satz 1 SGB XII pauschalierend in die Regelsätze mit eingebracht.

Es hat im Sozialhilferecht, schon allein aus Gründen des ansonsten nicht zu bewerkstelligenden Verwaltungsaufwandes, Pauschalierungen in einem gewissen Umfang immer schon gegeben. Die Regelsätze zur Deckung des Regelbedarfs nach § 28 Abs. 1 Satz 1 SGB XII (früher: § 22 Abs. 1 Satz 1 BSHG) selbst sind Pauschalleistungen, von denen aber im konkreten Einzelfall abgewichen werden kann (§ 28 Abs. 1 Satz 2 SGB XII/ § 22 Abs. 1 Satz 2 BSHG), und auch die

---

[613] DEUTSCHER VEREIN FÜR ÖFFENTLICHE UND PRIVATE FÜRSORGE, NDV 2004, S. 109, 110.

[614] § 31 SGB XII: Erstausstattung für die Wohnung einschließlich Haushaltsgeräte, Erstausstattung für Bekleidung einschließlich bei Schwangerschaft und Geburt und mehrtägige Klassenfahrten; gesonderte Leistungen gibt es im übrigen gem. §§ 29 bis 34 SGB XII wie bisher für Unterkunft und Heizung sowie Mehrbedarf, Beiträge für die Kranken- und Pflegeversicherung, Vorsorgebeiträge und Schuldentilgung.

ehemaligen einmaligen Leistungen konnten unter gewissen Umständen pauschaliert werden (§ 21 Abs. 1 b BSHG[615])[616].

Seit dem 1. Juli 1999 sah die Experimentierklausel des § 101a BSHG[617] eine Ermächtigung der Sozialhilfeträger zur Erbringung pauschalierter Leistungen aufgrund Rechtsverordnung vor. Bis zum 30.6.2005[618] sollten aus solchen Modellvorhaben Erkenntnisse gewonnen werden, wie der Bedarfs- und Individualisierungsgrundsatz einerseits und an Durchschnittswerten orientierte Typisierungsinteressen andererseits in Einklang zu bringen sind. Noch vor Abschluss der Experimentierphase und Auswertung der Ergebnisse[619] kam es dann aber im Zuge der Eingliederung des Sozialhilferechts in das Sozialgesetzbuch zur gesetzlichen Verankerung der generellen Pauschalierung. Hiermit werden vielfältige Ziele verfolgt: Der Staat hat ein Interesse an den durch diese Verwaltungsvereinfachungen hervorgebrachten finanziellen Einsparungen[620]; außerdem entsprach aufgrund der hohen Arbeitsbelastung in den Sozialämtern eine zeitgerechte Ermittlung des individuellen Bedarfs ohnehin nicht mehr der Realität. Den Bedürftigen soll die neue Regelung zu mehr Autonomie verhelfen, indem sie die Kalkulierbarkeit des Leistungsbezuges sowie Dispositionsfreiheit Hilfeempfänger erhöht[621], was auch der Aufgabe der Sozialhilfe, Hilfe zur Selbsthilfe zu leisten (§ 1 Satz 2 SGB XII) entgegenkommt.

---

[615] Eingefügt durch Art. 7 Nr. 6 des Gesetzes zur Umsetzung des Föderalen Konsolidierungsprogramms vom 23. Juni 1993 (FKPG), BGBl. I S. 944.

[616] Außerdem fanden sich auch schon im BSHG Pauschalierungen in Form von Mehrbedarfszuschlägen (§ 23 BSHG), Geldleistungen der Blindenhilfe (§ 67 Abs. 2 BSHG) oder Pflegegeld (§ 69 a Abs. 1 bis 3 BSHG) sowie in der Belassung von pauschalen Freibeträgen (§§ 79, 81, und § 88 Abs. 2 Nr. 8 BSHG i.V.m. der hierzu ergangenen Durchführungsverordnung).

[617] Eingefügt durch Art. 2 des Siebten Gesetzes zur Änderung des Bundessozialhilfegesetzes vom 25. Juni 1999, BGBl. I S. 1442.

[618] Ursprünglich bis zum 31.12.2004; verlängert durch Art. 1 Nr. 5 des Gesetzes zur Verlängerung von Übergangsregelungen im Bundessozialhilfegesetz vom 27.4.2002 – BGBl. I S. 1462.

[619] Vgl. BERLIT, info also 2003, S. 195, 202 m.w.N. zu den bislang gewonnenen Erkenntnissen.

[620] BT-Dr. 15/1514, S.2 und 52, 59; es werden Einsparungen von rund 66 Millionen Euro im ersten Jahr nach In-Kraft-Treten erwartet.

[621] BT-Dr. 15/1514, S. 52, 59.

b) Pauschalierung und Bedarfsdeckungsprinzip

Es wird kritisiert, dass die nun erfolgte generelle Pauschalierung verfassungswidrig sei, weil sie gegen das Bedarfsdeckungsprinzip in seiner Ausprägung als Individualisierungsgrundsatz, Gegenwärtigkeits- und Faktizitätsprinzip verstoße[622].
Das Bedarfsdeckungsprinzip (§ 28 Abs. 3 Satz 1 SGB XII) sagt aus, dass mit den Sozialhilfeleistungen der sozialhilferechtliche Bedarf des Bedürftigen, wie er in § 1 Satz 1 SGB XII, § 27 SGB XII und § 9 SGB I umschrieben ist, gedeckt werden muss. Auf verfassungsrechtlicher Ebene ist dem Menschenwürde- und Teilhabeanspruch des Einzelnen Genüge zu tun.
Der Individualisierungsgrundsatz des Sozialhilferechts sieht vor, dass sich die Leistungen der Sozialhilfe nach der Besonderheit des Einzelfalles, vor allem nach der Art des Bedarfs, den örtlichen Verhältnissen und den eigenen Kräften und Mitteln der Person oder des Haushalts richten müssen (§ 9 Abs. 1 SGB XII)[623]. Er soll gewährleisten, dass nicht mit starren Regeln auf die unterschiedlichen Problemlagen der Hilfebedürftigen reagiert wird[624].
Außerdem wird aus dem sozialhilferechtlichen Bedarfsdeckungsgrundsatz gefolgert, dass die Hilfe den gegenwärtigen und tatsächlichen Hilfebedarf decken muss (Gegenwärtigkeits- und Faktizitätsprinzip)[625].

Pauschalierungen durchbrechen den Individualisierungsgrundsatz, weil hier keine Ermittlung des individuellen Hilfebedarfs erfolgt. Der Leistungsbemessung liegt stattdessen eine abstrakt-generelle Vorausschätzung eines typischen Bedarfs zugrunde.
Um das sozialhilferechtliche Strukturprinzip des Individualitätsgrundsatzes nicht zu verletzen, ist eine „Öffnungsklausel" erforderlich, die im Einzelfall eine von der Pauschalleistung abweichende Leistungsbemessung ermöglicht[626]. Frühere Pauschalierungsregelungen haben derartige Öffnungsklauseln enthalten, so zum

---

[622] ROTHKEGEL, ZFSH/SGB 2002, S. 585, 588 f. und ZFSH/SGB 2003, S. 643 ff.

[623] Vgl. auch § 33 Abs. 1 SGB I, wonach bei der Ausgestaltung von inhaltlich nicht im einzelnen bestimmten Rechten oder Pflichten die persönlichen Verhältnisse des Berechtigten oder Verpflichteten, sein Bedarf und seine Leistungsfähigkeit sowie die örtlichen Verhältnisse zu berücksichtigen sind, soweit Rechtsvorschriften nicht entgegenstehen.

[624] ROTHKEGEL, ZfSH/ SGB 2000, S. 259, 273.

[625] ROTHKEGEL, ZFSH/SGB 2003, S. 645.

[626] ROTHKEGEL, ZfSH/ SGB 2002, S. 585, 587.

Beispiel § 22 Abs. 2 Satz 1 BSHG, wonach die laufenden Leistungen zum Lebensunterhalt abweichend von den Regelsätzen zu bemessen waren, soweit dies nach der Besonderheit des Einzelfalles geboten war[627]. Der Gesetzgeber hat erklärt, dass auch weiterhin „zielgenau, d. h. bezogen auf den tatsächlichen Hilfebedarf entsprechend der individuellen Lebenssituation" geleistet werde[628]: „Dass sich die Hilfe nach den Besonderheiten des Einzelfalles richtet, ist eine Selbstverständlichkeit"[629]. Tatsächlich findet sich auch in der Neuregelung zur Sozialhilfe eine Öffnungsklausel. Laut § 28 Abs. 1 Satz 2 SGB XII werden die Bedarfe abweichend von den pauschalierten Regelsätzen festgelegt, wenn im Einzelfall ein Bedarf ganz oder teilweise anderweitig gedeckt ist oder unabweisbar seiner Höhe nach erheblich von einem durchschnittlichen Bedarf abweicht. Daneben sieht § 37 Abs. 1 SGB XII vor, dass die Deckung eines über die Regelsätze hinausgehenden individuellen Bedarfs durch die Gewährung von Darlehen zu erfolgen hat, die im Wege späterer Aufrechnung mit Teilen der Regelleistungen zurückzahlbar sind.

Die beiden Regelungen betreffen unterschiedliche Sachverhalte. § 28 Abs. 1 Satz 2 SGB XII meint den Fall eines besonderen individuellen Bedarfs, der aus dem Regelsatz nicht gedeckt werden kann und auf den der Berechtigte keinen Einfluss hat[630]. Die Gesetzesbegründung nennt als Beispiel Übergrößen bei Kleidung[631]. In diesem Fall ist von dem nicht individualisierbaren Regelsatz abzuweichen, eine nur darlehensweise Mehrleistung findet nicht statt. Die Literatur befürchtet allerdings, dass die Tatbestandsvoraussetzungen der „Unabweisbarkeit" und „Erheblichkeit" in der Tradition des Rechtsprechung zu § 22 Abs. 1 Satz 2 BSHG und gemäß der Intention des Gesetzgebers restriktiv ausgelegt werden und der Norm nur geringe praktische Bedeutung zukommen wird[632]. Dagegen regelt § 37 Abs. 1 SGB XII den Fall, dass der Bedürftige seine Rücklagen anderweitig verbraucht hat oder die Ansparzeit für ehemals einmalige

---

[627] Während der Experimentierphase zur weiterreichenden Pauschalierung sah § 101 a Satz 3 BSHG vor, dass auch diese Pauschalbeträge dem Grundsatz der Bedarfsdeckung gerecht werden mussten, woraus das Erfordernis einer Öffnungsklausel für die konkreten Modellvorhaben folgte, vgl. hierzu ROTHKEGEL, ZfSH/SGB 2002, S. 585, 589.

[628] BT-Dr. 15/1514, S. 52.

[629] BR-Dr. 654/03, S. 168.

[630] MROZYNSKI, ZFSH/SGB 2004, S. 198, 213.

[631] BT-Dr. 15/1514, S. 59.

[632] BERLIT, info also 2003, S. 195, 203.

Leistungen noch nicht ausgereicht hat[633]. Hier erhält er nur ein Darlehen. Eine echte Öffnungs- oder Härteklausel, so die Kritik an der Regelung, liege hier nicht vor. Die vorübergehende darlehensweise Mehrleistung verschiebe die Problem nur auf der Zeitachse und helfe allenfalls, aktuell bestehende Bedarfe vor Ablauf einer Ansparphase decken zu können, nicht aber, von der Pauschalierung nicht erfassten Bedarfsunterschieden Rechnung zu tragen[634]. Mit Hinblick auf den Individualisierungsgrundsatz tolerierbar wäre diese Regelung allenfalls, wenn die Pauschalen einen hinreichenden finanziellen „Puffer" aufwiesen, die regelmäßig auch atypische Bedarfslagen auffange. Im Gegenteil erschienen die offenbar an den durchschnittlichen bisherigen einmaligen Leistungen orientierten Zuschläge in den neuen Regelsätzen aber eher „auf Kante genäht"[635]. Wegen einer anzunehmenden nicht geringen Streubreite der in diese Durchschnittsbildung einfließenden Werte sei eine Vielzahl von Verletzungen des Bedarfsdeckungs-grundsatzes daher vorprogrammiert[636]. Eine Bedarfsunterdeckung bei nur darlehensweiser Mehrleistung liege nur dann nicht vor, wenn in den betreffenden Einzelfällen ein im Übrigen atypisch niedriger Bedarf für den Lebensunterhalt bestehe, der die durch die Rückzahlung in den Folgemonaten ansonsten drohende Bedarfsunterschreitung abfange[637].

Die Pauschalleistungen sind unter anderem dazu gedacht, dem Bezieher dadurch mehr Selbständigkeit zu ermöglichen, dass er Ansparungen für später anfallende Bedarfstatbestände trifft. Wenn aber in dem Moment, in dem dieser Bedarf konkret wird, keine angesparten Mittel vorhanden sind, widerspreche es, so die Kritik, dem Gegenwärtigkeits- und Faktizitätsprinzip, dem Bedürftigen jetzt die Mittel zur Deckung des nun vorhandenen Bedarfs zu verweigern[638].

Verschlimmert werde die Situation der Bedürftigen zudem dadurch, dass durch die Zusammenführung mit den laufenden Leistungen die gerichtliche Kontrolle erschwert werde[639], weil die Teilelemente der Regelsätze nicht mehr einzeln beurteilbar, sondern miteinander verschmolzen seien. „Unter dem Deckmantel

---

[633] MROZYNSKI, ZFSH/SGB 2004, S. 198, 214.

[634] BERLIT, info also 2003, S. 195, 202.

[635] BERLIT, info also 2003, S. 195, 202.

[636] BERLIT, info also 2003, S. 195, 202.

[637] ROTHKEGEL, ZFSH/SGB 2003, S. 643, 644.

[638] ROTHKEGEL, ZFSH/SGB 2002, S. 585, 589.

[639] BERLIT, info also 2003, S. 195, 203.

erweiterter Autonomie und Selbstverantwortung"[640] werde es jetzt zum Prinzip, dass durch Verweis auf die Regelsatzleistung argumentiert werden könne, der Bedarf sei bereits abgegolten, wo früher definitiv nicht in den Regelleistungen enthaltene Güter des einmaligen Bedarfs von der Rechtsprechung gesondert zugesprochen werden konnten.

Die genannten Schlechterstellungen der Bedürftigen gegenüber der früheren Regelung im BSHG sind nicht zu leugnen. Fraglich ist aber, ob sie auch rechtswidrig sind.

Unbestrittenerweise sind Bedarfsdeckungsprinzip und die in ihm wurzelnden Individualisierungs-, Gegenwärtigkeits- und Faktizitätsgrundsätze Strukturprinzipien des einfachgesetzlichen Sozialhilferechts. Aber auch solche darf der Gesetzgeber nach seinem Ermessen aus- und umgestalten, sofern und soweit nicht höherrangiges Recht, insbesondere Verfassungsrecht, dem Grenzen setzt[641].

ROTHKEGEL ist der Ansicht, die oben genannten Prinzipien gehörten zu eben solchen „verfassungsfesten" Vorgaben des Sozialhilferechts, denn sie seien notwendig, um sicherzustellen, dass die verfassungsrechtliche Verpflichtung zur Gewährung eines menschenwürdigen Daseins erfüllt werde, wie sie aus Art. 1 Abs. 1 Satz 2 GG, Art. 2 Abs. 2 Satz 1 GG und dem Sozialstaatsprinzip bestehe[642].

Der Inhalt dieser verfassungsrechtlichen Verpflichtung wurde im ersten Teil dieser Arbeit herausgearbeitet. Der Staat muss dafür sorgen, dass dem Einzelnen die Ausübung seiner Grundrechte auch faktisch möglich ist und darüber hinaus eine Teilhabe am gesellschaftlichen Wohlstand schaffen[643].

Die Menschenwürdevoraussetzungen dienen der individuellen Entfaltung. Dies bedeutet aber nicht, dass ihre Bemessung auch individuell zu erfolgen hätte. Denn schließlich geht es nicht um die Ermöglichung einer maximalen Grundrechtsausübung, sondern nur um die Schaffung eines Mindeststandards. Ein solcher ist aber generell zu ermitteln: Bei der Erstellung eines „Menschenwürde-Warenkorbs" müssen allgemeine Erwägungen darüber angestellt werden, in welchem Umfang beispielsweise Mittel zur kostenpflichtigen Nutzung von Informationsquellen als Voraussetzung für Art. 5 Abs. 1 Satz 1 GG oder zur Teilnahme an kulturellen Veranstaltungen (Art. 2 Abs. 1 GG, Art. 9 Abs. 1 GG) be-

---

[640] BERLIT, info also 2003, S. 195, 203.

[641] ROTHKEGEL, ZFSH/SGB 2002, S. 585, 588.

[642] ROTHKEGEL, ZFSH/SGB 2002, S. 585, 588.

[643] Vgl. oben Teil 1 A. I. 4. und B. I. 4.

reitzustellen sind. Individuelle Mehrbedarfe kann es bei diesem Mindeststandard nicht geben. Eine Ausnahme bilden freilich die Mittel zur Wahrung der Gesundheit, die von der individuellen Konstitution des Einzelnen abhängen. Diese werden aber auch nicht von den Regelsätzen des § 28 SGB XII, sondern von besonderen Tatbeständen in §§ 47 ff. SGB XII abgedeckt.
Die Mittel zur Grundrechtsausübung machen aber ohnehin nur den geringeren Teil des sozio-kulturellen Existenzminimums aus; so sind auch die meisten Bedarfsgüter, die früher als einmalige Leistungen umstritten waren, bei richtiger Betrachtung nicht den Würdevoraussetzungen, sondern dem sozialstaatlichen Teilhabeaspekt zuzuordnen[644]. Die Verwaltungsgerichte haben das Kriterium entwickelt, der Sozialhilfeempfänger müsse ähnlich wie seine Umwelt leben können, bei der Bemessung des sozio-kulturellen Existenzminimum sei also auf die „herrschenden Lebensgewohnheiten"[645] Rücksicht zu nehmen. Die Rechtsprechung zu den einmaligen Leistungen ist so verfahren, hinsichtlich des konkret begehrten Gutes zu überprüfen, in welchem Maß Bevölkerungsgruppen in wirtschaftlich bescheidenen Verhältnissen hierüber verfügten. Ein individueller Bedarf bestand dann, wenn der Hilfeempfänger im Gegensatz zur Mehrheit der Nichtbedürftigen dieses Gut nicht zur Verfügung hatte.
Dies ist aber nicht die einzige Methode, wie eine Vergleichbarkeit mit den herrschenden Lebensgewohnheiten hergestellt werden kann. Auch die Haushalte der Nicht-Sozialhilfebezieher wirtschaften nicht aus der „Froschperspektive" bezüglich jedes einzelnen anzuschaffenden Objekts unabhängig von der restlichen Situation im Haushalt heraus, sondern müssen auf der Grundlage des jeweils monatlich zur Verfügung stehenden Einkommens entscheiden, welche Güter in welcher Qualität und welchem Umfang zu welchem Zeitpunkt angeschafft werden können. Individualitäts-, Gegenwärtigkeits- und Faktizitätsgedanken in dem Sinne, dass er gegenwärtig nicht schlechter ausgestattet sein will als seine Umwelt, sind ein Luxus, den sich der auf seine eigenen Mittel Angewiesene – so er nicht Schulden machen will – nicht leisten kann. Wenn kein Geld für eine neue Waschmaschine oder einen neuen Fernseher da ist, muss er eben, bis genug angespart wurde, zum Waschsalon gehen und Radio hören. So er zur Referenzgruppe derer gehört, die in wirtschaftlich bescheidenen Verhältnissen leben, wird ihm die Anschaffung der in dieser Gruppe regelmäßig vorhandenen Güter

---

[644] Vgl. oben Teil 2 A. II. 2. c). und 3.

[645] BVerwG v. 22.4.1970 – V C 98.69 – BVerwGE 35, 178, 180; BVerwG v. 12.4.1984 – 5 C 95.80 – BVerwGE 69, 146, 154; BVerwG v. 21.1.1993 – 5 C 34.92 – BVerwGE 92, 6, 7; BVerwG v. 18.2.1993 – 5 C 40.91 – BVerwGE 92, 112, 114; BVerwG v. 9.2.1995 – 5 C 2.93 – BVerwGE 97, 376, 378; BVerwG v. 1.10.1998 – 5 C 19.97 – BVerwGE 107, 234, 236.

in absehbarer Zeit möglich sein (bzw. eine darlehensweise finanzierte sofortige Anschaffung abgezahlt sein). Es bedeutet keine Schlechterstellung der Sozialhilfeempfänger, wenn man ihnen diese Kehrseite der Autonomie, monatlich einen gewissen festen Betrag zur Verfügung zu haben, gleichfalls aufbürdet. Sicherlich führt die Pauschalierung dazu, dass bei einigen Empfängern größere Lücken entstehen als bei anderen, weil sie aufgrund ihrer individuellen Situation zeitweilig ungewöhnlich hohen Ausgaben gegenüberstehen. Aber diesen Konstellationen, etwa Neuanschaffungen im Haushalt, kostspieligen Verwandtschaftsbesuchen oder einer teuren Familienfeier sehen sich auch Beziehen von niedrigen Einkommen ausgesetzt, die hier gleichfalls Verzicht üben oder mit Einsparungen in anderen Bereichen kompensieren müssen.

Die Wahrung von Individualitäts-, Gegenwärtigkeits- und Faktizitätsprinzip sind demnach keine Voraussetzung dafür, dass die soziale Teilhabe gewahrt bleibt. Sie stellen kein Element des verfassungsrechtlich abgesicherten Bedarfsdeckungsprinzips dar. Der Gesetzgeber war daher frei, sie durch die Pauschalierungsregelungen außer Kraft zu setzen; letztere gehen als Sonderregelungen dem einfachgesetzlichen Individualisierungsgrundsatz aus § 9 SGB XII vor. Die Pauschalierungsregelung des § 28 Abs. 1 Satz 1 SGB XII an sich ist also im Hinblick auf das Bedarfsdeckungsprinzip zulässig.

c) konkrete Bedarfsermittlung

Damit der Bedarf, also die Möglichkeit, ähnlich wie Nicht-Hilfeempfänger leben zu können, gedeckt bleibt, muss der in den Regelsätzen festgelegte Betrag aber um so genauer ermittelt werden, wenn kein „Ausgleich" über einmalige Leistungen mehr erfolgen kann. Vor allem aber muss bei einem Verweis auf das wirtschaftliche Verhalten der Referenzgruppe sorgfältig geprüft werden, in welchem Umfang das Herausrechnen von „bedarfsuntypischen" Positionen[646], wie es bei der Regelsatzverordnung in großem Maße betrieben wurde, zulässig ist. Zwar hat der Verordnungsgeber einen Ermessensspielraum, weil keine der Vergleichsgruppe identische, sondern nur eine ähnliche Lebensführung ermöglicht werden muss. Man muss sich aber im Klaren sein, dass alle Einschnitte, die die Sozialhilfe tiefer unter das Niveau der Niedrigverdiener drücken, den wirtschaftlichen Spielraum der Empfänger weiter einengen. Die Bildung von Ansparreserven und die autonome Einteilung der Mittel, die den Empfänger in die Lage ver-

---

[646] Beziehungsweise die arbeitsmarktpolitisch motivierte Gesamtkürzung des Regelsatzes, vgl. hierzu oben Teil 2 B. II. 3. b) bb).

setzt, selbst durch Verzicht Versorgungslücken zu kompensieren, werden bei zu niedrig angesetzten Regelsätzen zu unerfüllbaren Forderungen.

Im Folgenden ist daher die konkrete Pauschalierungsausgestaltung an den Kriterien zu messen, die das Bundesverwaltungsgericht aufgestellt hat. Zur Rechtmäßigkeit pauschaler Festlegungen sind bereits einige Entscheidungen ergangen, die teilweise etwas konkretere Prüfungsmaßstäbe hervorgebracht haben als die allgemeinen Momente der Vertretbarkeit und des ordnungsgemäßen Verfahrens.

Zunächst muss auch hier „mit der gebotenen Sorgfalt verfahren" worden sein[647]. Der Verordnungsgeber hat die ehemals einmaligen Leistungen in die Regelsätze mit einbezogen. Es gilt für die neuen Pauschalierungen also das oben[648] zu den Regelsätzen gesagte; insbesondere schlägt sich auch hier die Fehlerhaftigkeit bei der Auswahl der Referenzgruppe und der Einschätzung des Bedarfs nieder. Wo oben schon bei der generellen Bedarfseinschätzung gemutmaßt wurde, dass das Bundesministerium für Gesundheit und Soziales tatsächlich nicht an konkreten Einschätzungen einzelner Bedarfsposten interessiert war, sondern ergebnisorientiert einen niedrigen Regelsatz schaffen wollte, setzt sich dieser Verdacht in Bezug auf die Pauschalierungen fort. Die neuen Regelsätze liegen 16 Prozent über dem bisherigen durchschnittlichen Regelsatz der Bundesländer. Nachdem diese Zahl bislang das Verhältnis der bisherigen einmaligen Leistungen zu den Regelsätzen ausgemacht hat[649], scheint es, als habe man anstelle einer tatsächlichen, an der Einkommens- und Verbrauchsstichprobe orientierten Bedarfsprüfung schlicht entsprechende Zuschläge auf die alten Regelsatzwerte eingefügt[650]. Jedenfalls liegt aufgrund des unsorgfältigen Vorgehens bei der (behaupteten) Auswahl von Referenzgruppe und Bedarfseinschätzung eine von der Rechtsprechung auszusprechende Rechtswidrigkeit der pauschalierten Beträge vor.

Als weitere Vorgabe für die Zulässigkeit von Pauschalierungen hat das Bundesverwaltungsgericht festgelegt, dass die Pauschalen sich auf Bedarfsbereiche be-

---

[647] BVerwG v. 22.4.1970 – v C 11.68 – BVerwGE 35, 170, 181; BVerwG v. 22.12.1998 – 5 C 25.97 – BVerwGE 108, 221, 227.

[648] Teil 2 B. II. 2. und 3.

[649] Im Jahr 1991 betrugen die einmaligen Leistungen bei Alleinstehenden bzw. Haushaltsvorständen 16 Prozent, bei weiteren erwachsenen Haushaltsmitgliedern 17 Prozent und bei Kindern 18 Prozent des jeweiligen Regelsatzes (BARTHEL, Der Arbeitgeber 1994, S. 573, 574 mit Verweis auf eine Sondererhebung des Statistischen Bundesamtes).

[650] So auch BERLIT, info also 2003, S. 195, 203.

ziehen müssen, in denen die Vielfalt der individuellen Bedürfnisse und die begrenzten Mittel es der Verwaltung praktisch unmöglich machen, in jedem Einzelfall alle den Bedarf bestimmenden Faktoren vollständig und genau festzustellen[651].
Die Sozialhilfe ist mit rund 2,81 Millionen Empfängern im Jahr 2003[652] zu einem Phänomen der Massenverwaltung geworden, nach Herausnahme der Empfänger von Arbeitslosengeld II werden es 2005 immer noch knapp 2 Millionen Bedürftige sein. Eine zeitnahe und realitätsgerechte Ermittlung des individuellen Bedarfs der einzelnen Empfänger ist von den überforderten Sozialämtern nicht zu erreichen. Die Pauschalierung sämtlicher Leistungen stellte sich somit als einziger Ausweg aus dieser Ermittlungsnotlage dar.

Weiterhin müssen die Bedarfswerte so differenziert ausfallen, dass die jeweils wesentlichen personen- und sachbezogenen Bedarfsmerkmale erfasst werden[653]. Bei der Berechnung der Gesamtpauschale hat der Verordnungsgeber vorgeblich jede einzelne Position der Einkommens- und Verbrauchsstichprobe überprüft und bewertet und erst anschließend zu einem Gesamtbetrag zusammengefügt. Wäre dieses Verfahren sauber durchgeführt worden, könnte man die Pauschale in diesem Punkt nicht beanstanden. Wegen der Fehlerhaftigkeit der Bewertung und der mangels Transparenz zu Lasten des Verordnungsgeber gehenden Zweifel an der Einhaltung des behaupteten Verfahrens liegt aber auch hier Rechtswidrigkeit vor.

Die typisierten Bedarfswerte müssen auf ausreichenden Erfahrungswerten beruhen[654]. Die Einkommens- und Verbrauchsstichprobe liefert eine solche Datengrundlage.

Es müssen aber auch die aus diesen Erfahrungswerten gezogenen Schlussfolgerungen, insbesondere auch prognostische Einschätzungen von Geschehensabläu-

---

[651] BVerwG v. 1.10.1992 – 5 C 28.89 – Buchholz 436.0 § 88 BSHG Nr. 28, S. 27, 30.

[652] STATISTISCHES BUNDESAMT, Statistik der Sozialhilfe für das Jahr 2003 [2004], abrufbar unter http://www.destatis.de/presse/deutsch/pm2004/p3280081.htm.
[653] BVerwG v. 1.10.1992 – 5 C 28.89 – Buchholz 436.0 § 88 BSHG Nr. 28, S. 27, 30.

[654] BVerwG v. 12.4.1984 – 5 C 95.80 – BVerwGE 69, 146, 158 und 160f.; BVerwG v. 1.10.1992 – 5 C 28.89 – Buchholz 436.0 § 88 BSHG Nr. 28, S. 27, 30; BVerwG v. 22.12.1998 – 5 C 25.97 – BVerwGE 108, 221, 227.

fen, „vertretbar" sein[655]. Dies scheitert an der unsorgfältigen Umsetzung des Bedarfseinschätzungsverfahrens[656].

Schließlich verlangt das Bundesverwaltungsgericht, dass Entscheidungsraum für abweichende Bedarfslagen im Einzelfall bleibt. Dies wird durch die oben dargestellten Öffnungsklauseln in § 28 Abs. 1 Satz 2 SGB XII und § 37 Satz 1 SGB XII gewährleistet.

Im Ergebnis wird die Pauschalierung durch § 28 Abs. 1 Satz 1 SGB XII in Verbindung mit § 2 Regelsatzverordnung der gerichtlichen Kontrolle also nicht etwa wegen einer Unzulässigkeit der generellen Pauschalierung, sondern aufgrund des fehlerhaften Verfahrens und der Unvertretbarkeit der Wertungen bei der konkreten Regelsatzbemessung nicht standhalten.

6. Lohnabstandsgebot

Die Modellberechnung zur Regelsatzverordnung sieht als durchschnittlichen Eckregelsatz ab dem 1. Januar 2005 einen Betrag von 345 Euro vor. Gemäß § 28 Abs. 4 SGB XII hätten die Länder beim Erlass ihrer Regelsatz-Verordnungen nach § 28 Abs. 2 SGB XII gegebenenfalls Kürzungen vornehmen müssen, um dem Lohnabstandsgebot Rechnung zu tragen.

Auf die Verfassungswidrigkeit des Lohnabstandsgebots, welches nicht durch ein Menschenwürde-Minimum aufgefangen wird, wurde oben[657] bereits kurz eingegangen. Das klassische Argument für das Lohnabstandsgebot, hiermit einen Arbeitsanreiz für die Sozialhilfebezieher zu schaffen, kann nach der Herausnahme der erwerbsfähigen Bedürftigen aus der Sozialhilfe nicht mehr gelten[658]. Es erfüllt aber genau wie die bei der Regelsatzverordnung vorgenommene Kürzung die Funktion, über die Auswirkung der Sozialhilfe auf das Arbeitslosengeld II einen Arbeitsanreiz zu schaffen. Die Sozialhilfebezieher werden auch hier als „Unschuldige" mit wirtschaftspolitisch motivierten Kürzungen belegt; auch hier sind diese Einschnitte aufgrund ihrer Notwendigkeit für den Arbeitsmarkt vom Gestaltungsspielraum des Gesetzgebers gedeckt, solange nur das sozialstaatliche

---

[655] BVerwG v. 25.11.1993 – 5 C 8.90 – BVerwGE 94, 326, 331; BVerwG v. 22.12.1998 – 5 C 25.97 – BVerwGE 108, 221, 227.

[656] Vgl. oben Teil 2 B. II. 3. b).

[657] Teil 2 A. I.

[658] ROTHKEGEL, ZFSH/ SGB 2003, S. 643, 649.

Teilhabe-, nicht aber das Menschenwürde-Element der Sozialhilfe betroffen ist[659]. Weil § 28 Abs. 4 SGB XII zur Korrektur des Bedarfs erst zur Anwendung kommt, nachdem die Regelsätze in der Verordnung ermittelt wurden, muss der Menschenwürde-Kontroll-Warenkorb daher erneut in Ansatz gebracht werden. Bereits bei der Kürzung der Regelsätze zur Schaffung eines Niedriglohnsektors hätte die Einhaltung des Menschenwürde-Standards so gesichert werden müssen[660]. Selbst wenn die Bundesverordnungs-Regelsätze diesen Standard noch übersteigen und verfassungsmäßig sind, darf das Lohnabstandsgebot im nächsten Schritt nur insofern umgesetzt werden, als auch danach noch die Voraussetzungen der Menschenwürde gewahrt bleiben.

Die Länder haben das Lohnabstandsgebot erwartungsgemäß jedoch gar nicht umgesetzt. Es wurde schon bislang in der Praxis nie zu Begrenzungen der Hilfe eingesetzt[661]. Und wegen der erstrebten Angleichung der Leistungen nach dem SGB II und SGB XII haben die Länder in ihren Regelsatzverordnungen schlicht die Werte der Bundes-Modellberechnung zur Sozialhilfe, wie sie sich in der Festsetzung des Arbeitslosengeldes II manifestieren, übernommen.

7. Ergebnis

Die Bundes-Regelsatzverordnung sowie die Landes-Regelsatzverordnungen mit ihren konkreten Regelsatzfestsetzungen sind rechtswidrig. Die Regelsätze wurden aufgrund eines fehlerhaften Verfahrens festgesetzt und sind niedriger, als sie als Ergebnis einer ordnungsgemäßen Durchführung des vom Gesetzes- und Verordnungsgebers vorgegebenen Verfahrens der Bedarfseinschätzung anhand der Einkommens- und Verbrauchsstichprobe hätten sein müssen.

III. Rechtsschutzmöglichkeiten

Der einzelne Sozialhilfeempfänger, dem aufgrund dieser Verordnungen ein zu niedriger Sozialhilfebetrag gewährt wird, hat die Möglichkeit, gegen den an ihn ergangenen Sozialhilfebescheid mit der Verpflichtungsklage gemäß § 42 Abs. 1, 2. Alt. VwGO vorzugehen und auf Gewährung eines höheren Betrages zu klagen. Die Gerichte werden hierbei eine Inzidentkontrolle der Regelsatzverord-

---

[659] Vgl. oben Teil 2 B. II. 3. b) bb).

[660] Vgl. oben Teil 2 B. II. 3. b) bb).

[661] BIERITZ-HARDER, Menschenwürdig leben [2001], S. 15.

nungen (der Landesverordnungen und der sie steuernden Bundes-Verordnung) vornehmen, deren Rechtswidrigkeit und damit ihre Unwirksamkeit feststellen.

Problematisch ist die Frage, ob sie anschließend die Sozialhilfeträger zur Zahlung eines bestimmten Betrages verurteilen können. Das Bundesverwaltungsgericht hat in dem Beschluss vom 25.1.1988[662] erklärt, § 22 Abs. 3 Satz 1 BSHG[663] stehe einer solchen Verurteilung entgegen, weil hiernach nur die zuständigen Landesbehörden zur Regelsatzfestsetzung berufen seien. Später hat das OVG Lüneburg[664] den Sozialhilfeträger nicht zur Gewährung eines bestimmten Betrages verurteilt, sondern nur zur Neubescheidung unter Beachtung der Rechtsauffassung des Gerichts. Die Verwaltung habe bei der Regelsatzermittlung die Letztentscheidungskompetenz. Der Regelsatzverordnungsgeber, der selbst am verwaltungsgerichtlichen Verfahren nicht beteiligt war, sei aufgrund Art. 19 Abs. 4 GG gehalten, die Vorschrift neu zu erlassen und damit eine Grundlage für eine neue Entscheidung der Sozialhilfeträger zu schaffen[665]. Bis dahin bewirkte das Urteil allerdings, dass der verurteilte Sozialhilfeträger für den obsiegenden Kläger einen überschlägig ermittelten Regelbedarf unter Vorbehalt der Neufestsetzung durch die Landesbehörden zu zahlen hatte. Ein Verstoß gegen das vom Bundesverwaltungsgericht zuvor ausgesprochene Verbot, seitens der Sozialhilfebehörden eine Regelsatzfestsetzung vorzunehmen, wurde umgangen, indem dieses Vorgehen als Festsetzung im Einzelfall nach § 22 Abs. 1 Satz 2 BSHG ausgegeben wurde, so dass ein Verstoß gegen die Zuständigkeit der Landesbehörden nicht vorlag[666].

Ein solcher Ausweg ist jedenfalls nach der jetzigen Gesetzeslage nicht mehr möglich. Die Öffnungsklausel des § 28 Abs. 1 Satz 2 SGB XII dient nur zu Befriedigung eines individuellen Bedarfs, der nicht vom Regelsatz abgedeckt wird[667], nicht aber zur Aufstockung eines falsch ermittelten Regelsatzes.

---

[662] BVerwG v. 25.1.1988 – 5 B 96.87 – NDV 1988, 284.

[663] In der Fassung vom 24.5.1983 (BGBl. I S. 613).

[664] OVG Lüneburg v. 29.11.1989 – 4 OVG A 153/ 87 – NDV 1990, 116.

[665] STAHLMANN, ZfF 1990, S. 124, 125 bezweifelt das, sieht aber jedenfalls einen faktischen Zwang zur Neufestsetzung, weil die Feststellung im Einzelfall eine landesweite Unruhe auslösen werde.

[666] STAHLMANN, ZfF 1990, S. 124, 125.

[667] Vgl. oben Teil 2 B. II. 5. b).

Es ist aber auch nicht notwendig, durch vergleichbare Kunstgriffe eine Zuständigkeit der Sozialhilfeträger zur Abhilfe im Einzelfall zu schaffen. Denn die Gerichte müssen sich nicht auf die einfachgesetzliche Regelung des SGB XII berufen und gelangen auch nicht hiermit in Konflikt, wenn sie dem Bedürftigen selbst einen höheren Betrag zusprechen wollen. Sie können den Sozialhilfeträger nämlich aufgrund des verfassungsrechtlichen Anspruchs des Bedürftigen zur Gewährung eines konkreten Betrages verpflichten. Wie im ersten Teil dieser Arbeit aufgezeigt wurde[668], besteht aus Art. 1 Abs. 1 GG in Verbindung mit dem Sozialstaatsprinzip ein Anspruch auf das Existenzminimum zur Schaffung der Menschenwürdevoraussetzung und auf Teilhabe am allgemeinen Lebensstandard. Dieser Anspruch ist aufgrund des Gestaltungsspielraums des Gesetzgebers so lange der Höhe nach unbestimmt und nicht gerichtlich durchsetzbar, wie eine ausreichende einfachgesetzliche Regelung besteht. Erst wenn der Gesetzgeber evident hinter seinen verfassungsrechtlichen Pflichten zurückbleibt, können die Gerichte selbst als ultima ratio Abhilfe in Form von betragsmäßigen Entscheidungen treffen.

Genau diese Situation liegt hier vor. Die unwirksamen Regelsatzverordnungen führen zur Unvollständigkeit der einfachgesetzlichen Regelung. Aus dem SGB XII heraus kann eine Regelsatzfestsetzung nicht erfolgen. Es wird also evident die Pflicht zur Schaffung einer einfachgesetzlichen Grundlage zur Gewährung des Existenzminimums verletzt.

Sowohl die Behörden als auch die Gerichte sind wegen Art. 1 Abs. 3 GG und Art. 20 Abs. 3 GG dazu berufen, nunmehr unmittelbar auf Grundlage der Verfassung ein betragsmäßig festgesetztes Existenzminimum zuzusprechen[669]. Eine vorrangige Zuständigkeit der Behörden besteht nicht. Die Gerichte sind nicht verpflichtet, die Festsetzung per Bescheidungsurteil den Sozialämtern zu überlassen. Aufgrund der Eilbedürftigkeit – es geht schließlich um die Gewährung von Mitteln, die der Bedürftige zum Leben braucht – ist vielmehr eine eigene Festsetzung durch die Gerichte angebracht, die dann den Sozialhilfeträger zur Zahlung dieses Betrages verurteilen. Der Verordnungsgeber hat es in der Hand, durch eine Neuregelung die grundsätzlich ihm zustehende Kompetenz zur Regelsatzfestsetzung alsbald wieder zu auszuüben.

Hinsichtlich der Höhe des verfassungsmäßigen Anspruchs wurde oben[670] herausgearbeitet, dass die Tatbestandsmerkmale der „Menschenwürde-

---

[668] Vgl. oben Teil 1; zusammenfassendes Ergebnis unter Teil 1 C.

[669] Vgl. oben Teil 1 A. II. 2. b) cc) fff).

[670] Vgl. oben Teil 1 A. II. 2. b) cc) fff) und Teil 1 B. II. 1.

voraussetzungen" und „sozialen Teilhabe" weitgehend der Konkretisierung bedürfen und hierzu der Gesetzgeber berufen ist. Bei der Festsetzung der Regelsätze haben die Gerichte sich daher an die Vorgaben zu halten, die der Gesetzgeber im SGB XII und der von ihm ermächtigte Verordnungsgeber in den nicht zu beanstandenden Teilen der Bundes-Regelsatzverordnung aufgestellt hat.

Nach § 28 Abs. 3 SGB XII werden die Regelsätze so bemessen, dass der Bedarf nach Absatz 1 dadurch gedeckt werden kann. Die Regelsatzbemessung berücksichtigt Stand und Entwicklung von Nettoeinkommen, Verbraucherverhalten und Lebenshaltungskosten. Grundlagen sind die tatsächlichen, statistisch ermittelten Verbrauchsausgaben von Haushalten in unteren Einkommensgruppen. Datengrundlage ist die Einkommens- und Verbrauchsstichprobe.

Der Verordnungsgeber hat in nicht (noch)[671] zu beanstandender Weise konkretisiert, dass als Vergleichsdaten die Verbrauchsausgaben die untersten 20 von Hundert der nach ihrem Nettoeinkommen geschichteten Haushalte der Einkommens- und Verbrauchsstichprobe nach Herausnahme der Empfänger von Leistungen der Sozialhilfe heranzuziehen sind (§ 2 Abs. 3 Regelsatzverordnung). Zulässig ist auch die Eingangsbestimmung des § 2 Abs. 2 Regelsatzverordnung, in der geklärt wird, auf welche Weise diese Verbrauchsausgaben verwertet werden. Der Eckregelsatz setzt sich hiernach aus der Summe der Verbrauchsausgaben zusammen, die sich aus den Vomhundertanteilen der daraufhin genannten Abteilungen der Einkommens- und Verbrauchsstichprobe ergeben.
Die anschließend genannten Prozentsätze beruhen, wie oben[672] gezeigt, auf falschen Erwägungen und sind bei der Bedarfsbestimmung nicht mehr zu Grunde zu legen.

Die Gerichte haben daher bedarfsgerechte Prozentsätze der Verbrauchsausgaben der untersten 20 Prozent der Haushalte ohne Sozialhilfeempfänger, wie sie in der neuesten verfügbaren Einkommens- und Verbrauchsstichprobe ausgewiesen sind, zum Regelsatz zusammenzuaddieren.

Wie oben[673] bereits gesagt, lagen die Einkommen der Einkommens- und Verbrauchsstichprobe 1998 bei 9,39 Prozent der Haushalte unter 1.800 DM und

---

[671] Zum künftigen Zirkelschluss bei Einbeziehung von Beziehern von Arbeitslosen-geld II s. o. Teil 2 B. II. 2. a).

[672] Teil 2 B. II. 3. b) aa).

[673] Teil 2 B. II. 2. b) cc).

bei 11,75 Prozent zwischen 1.800 und 2.499 DM[674], so dass entweder eine Auswertung der Daten der Gruppe zwischen 1.800 DM bis 2.499 DM oder jedenfalls eine Mischkalkulation, die auch die unterste Gruppe berücksichtigt, erfolgen muss. Wegen der Herausnahme der Empfänger von Sozialhilfeleistungen erscheint es vertretbar, allein auf die Werte der Gruppe bis 2.499 DM abzustellen[675].

Sodann hat eine prozentuale Ermittlung des regelsatzrelevanten Bedarfs zu erfolgen. Der Verordnungsgeber hat ohne schlüssige Argumentation in einem untransparenten Verfahren zu viele Posten aus den Abteilungen herausgerechnet[676], so dass seine nicht nachvollziehbaren Einschätzungen, die eine Kürzung bewirken sollen, nicht berücksichtigt werden können. Die Gerichte haben die Ausgaben der Referenzgruppe stattdessen aufgrund der Vorgabe aus § 28 Abs. 3 SGB XII, sich an den Verbrauchsausgaben der Referenzgruppe zu orientieren, grundsätzlich zu hundert Prozent zu Grunde zu legen. Kürzungen sind nur dort möglich, wo die Ausgaben nachweislich einen nicht regelsatzrelevanten Bedarf betreffen, also nicht unter den Bedarf nach §§ 27, 28 SGB XII fallen oder einem Sonderbedarf gemäß §§ 29 ff. SGB XII zugehören.
Eine solche Berechnung hat FROMMANN[677] exemplarisch vorgenommen. Nach Hochrechnung unter Berücksichtigung der zwischenzeitlichen Rentenentwicklung bis 2005 ergibt die Addition der so ermittelten Verbrauchsausgaben der Gruppe zwischen 1.800 und 2.499 DM einen Betrag von 626,73 Euro. Legt man allein die Verbrauchsausgaben der Haushalte mit einem Einkommen unter 1.800 DM zu Grunde, ergibt sich ein Betrag von 447,98 Euro[678].
Die Gerichte können einen Betrag zusprechen, der entweder auf einer Mischkalkulation der beiden Gruppen beruht oder nur die Ausgaben der besserverdienenden Gruppe berücksichtigt. Vertretbar erscheint angesichts der Verteilung der Einkommen ein Betrag zwischen den durchschnittlichen Ausgaben von 537 Euro und dem Höchstbetrag von 627 Euro. Außerdem berücksichtigt FROMMANN nicht die Rechtswidrigkeit der an den Renten orientierten unzureichenden Fortschreibung[679]. Um der tatsächlichen Entwicklung der Löhne und Preissteigerung

---

[674] FROMMANN, NDV 2004, S. 246, 248 unter Berufung auf das Statistische Bundesamt.

[675] So die von FROMMANN, NDV 2004, S. 246, 248 ff. bevorzugte Variante.

[676] Vgl. hierzu oben Teil 2 B. II. 3. b) aa).

[677] FROMMANN, NDV 2004, S. 246, 248.

[678] FROMMANN, NDV 2004, S. 246, 249.

[679] Vgl. oben Teil 2 B. II. 3. c).

der vergangenen sieben Jahre gerecht zu werden, wäre sogar eine Verpflichtung zur Zahlung noch höherer Beträge zulässig.

Es sei angemerkt, dass das Urteil, in dem der Sozialhilfeträger zur Gewährung dieses Betrages verpflichtet wird, nur inter partes wirkt. Die übrigen Sozialhilfeempfänger bekommen diesen höheren Regelsatz nur, wenn sie sich selbst mit Rechtsmitteln gegen den rechtswidrigen Regelsatz wehren. Weil eine Festsetzung im Einzelfall aber „landesweite Unruhe"[680] auslösen wird, ist davon auszugehen, dass eine baldige Neuregelung des Sozialhilferechts erfolgen wird.

Es mag verwundern, dass über den verfassungsunmittelbaren Anspruch auf das Existenzminimum derzeit also mehr eingeklagt werden kann, als der Gesetz- bzw. Verordnungsgeber gewähren müsste. Wie oben[681] ausgeführt, erfüllt der Staat seinen sozialstaatlichen Auftrag auch dann, wenn er unter Berücksichtigung arbeitsmarktpolitischer Gesichtspunkte ein Existenzminimum (nur) auf dem aktuellen Sozialhilfeniveau gewährt. Die evidente Unzulänglichkeit, die den verfassungsunmittelbaren Anspruch aktiviert, liegt daher auch nicht in der Höhe der aktuellen Regelung, sondern in der Fehlerhaftigkeit des Verfahrens, die zur Rechtswidrigkeit der Regelsatzverordnungen führt. Der Staat ist nun in der sonderbar anmutenden Situation, dass er aufgrund seiner fehlerhaften Verordnungen und der darin vorgenommenen Wertungen mehr leisten muss, als er es ohne diese Regelung hätte tun müssen und, so die allgemeine Vermutung, auch wollte. Er hat sich durch das aufgestellte Verfahren aber selbst gebunden. Es wurden Regelungen in die Bundesverordnung aufgenommen, die – vorgeblich – der Angleichung der Lebensumstände an circa ein Viertel der Bevölkerung dienen sollten. Die Gerichte müssen die in den rechtmäßigen Verordnungselementen enthaltenen Wertungen respektieren. Der Staat kann sich nun nicht mehr darauf berufen, dass diese Wertungen nur vorgeschoben waren und eigentlich politisch ein anderes Ergebnis gewollt war. Der verfassungsunmittelbare Anspruch auf das Existenzminimum richtet sich aufgrund des Konkretisierungsprimats des Gesetzgebers nach den gesetzgeberischen Wertungen (bzw. den Wertungen des vom Gesetzgeber ermächtigten Verordnungsgebers); geheime Vorbehalte machen diesen Regelungen nicht zunichte. Dem Verordnungsgeber bleibt lediglich die Möglichkeit, eine ordnungsgemäße Neuregelung zur Begrenzung der Regelsätze zu erlassen; hierdurch würde der verfassungsunmittelbare Anspruch automatisch nicht nur auf deren Höhe gesenkt, sondern auch deaktiviert.

---

[680] So auch STAHLMANN, ZfF 1990, S. 124, 125.

[681] Teil 2 B. II. 3. a) bb).

IV. Exkurs: Regelsätze nach dem SGB II

Das zu den Regelsätzen der Sozialhilfe Gesagte gilt entsprechend auch für die Regelsätze für Arbeitslosengeld II und Sozialgeld[682] nach dem SGB II.

Gemäß § 1 Abs. 1 Satz 2 SGB II dient die Grundsicherung für Arbeitssuchende dazu, den Lebensunterhalt der erwerbsfähigen Hilfebedürftigen zu sichern. Da ihnen gemäß § 5 Abs. 2 Satz 1 SGB II keine Sozialhilfe zusteht, erfüllt das Arbeitslosengeld II also die Funktion, das Existenzminimum zu sichern. Neben dieser Sicherungsfunktion kommt dem Arbeitslosengeld II die Funktion zu, einen Anreiz zur Annahme von Arbeit zu schaffen[683]. Dieser Zweck wird aber schon durch die Begrenzung auf das Sozialhilfe-Niveau erreicht und führt daher bei der Regelsatz-Ermittlung nicht zu Erwägungen, die im Parallelverfahren nach dem SGB XII nicht auch maßgeblich wären.

Die Bedarfsdefinition des § 20 Abs. 1 Satz 1 SGB II entspricht der des § 27 Abs. 1 SGB XII. Die – im Fall des SGB II in Gesetzesform festgelegte – Regelsatzhöhe von 345 Euro gleicht dem Betrag der Regelsatzverordnung. Die Sozialhilfe bildet das Referenzsystem für das SGB II[684]. Die Werte wurden demnach – alles andere wäre auch realitätsfremd – nur einmal ermittelt und dann für beide Bücher getrennt in Gesetzes- beziehungsweise Verordnungsform verabschiedet. Die Regelsätze der beiden Bücher des Sozialgesetzbuches gleichen einander also in Funktion, Inhalt und Zustandekommen[685]. Die Grundsätze der Rechtsprechung zur Kontrolle der Regelsätze der Sozialhilfe sind somit auf die Regelsätze des SGB II übertragbar. Die Fehler bei der Regelsatzfestsetzung, die zur Rechtswidrigkeit der Regelsatzverordnung führen, bewirken gleichfalls die Rechtswidrigkeit der höhenmäßigen Regelsatzfestsetzung in § 20 Abs. 2 SGB II. Auch hier greift daher der verfassungsmäßige Anspruch auf das Existenzminimum, den die Hilfebedürftigen in Höhe des oben vorgerechneten Betrages gleichfalls gerichtlich einklagen können.

---

[682] Das sind Leistungen zur Sicherungen des Lebensunterhalts von nicht erwerbsfähigen Angehörigen, die mit erwerbsfähigen Hilfebedürftigen in Bedarfsgemeinschaft leben nach § 28 SGB II. Sie erhalten an das Arbeitslosengeld II angelehnte Regelleistungen.

[683] Vgl. oben Teil 2 B. II. 3. b) bb).

[684] Dass die Sozialhilfe die Bezugsgröße sein soll, wird deutlich an der Regelung über die Neubemessung der Regelsätze, in der § 20 Abs. 4 Satz 2 SGB II auf § 28 Abs. 3 Satz 5 SGB XII verweist.

[685] Die ansonsten bestehenden Unterschiede zwischen den Büchern, vgl. hierzu MROZYNSKI, ZFSH/SGB 2004, S. 198 ff. wirken sich hierauf nicht aus.

Zusammenfassung der Ergebnisse

1. Es bedarf einer positiven Definition der Menschenwürde, um den Inhalt des aus ihr abgeleiteten Existenzminimums bestimmen zu können (siehe oben Teil 1 A. I. 1. a)).
2. Ausgangspunkt der Inhaltsbestimmung ist die Werttheorie. Hiernach kommt die Würde dem Einzelnen allein kraft seines Menschseins zu, sie ist der Eigenwert, der auf dem Wesen des Menschen beruht (siehe oben Teil 1 A. I. 1. b)-d)).
3. Seit der Antike wurden verschiedene Konzepte zur Bestimmung des Wesens und damit der Würde des Menschen erarbeitet, die den ideengeschichtlichen Hintergrund des Verfassungsbegriffs bilden. Antike, christliche Theologie und aufklärerische Philosophie verbindet der Ansatz, die Menschenwürde mit der auf der Vernunftbegabung des Menschen fußenden Möglichkeit zur Selbstbestimmung zu begründen (siehe oben Teil 1 A. I. 2.).
4. Der Parlamentarische Rat hat im Rahmen der Beratungen zu Art. 1 Abs. 1 GG lediglich angedeutet, dass die Menschenwürde auf dem Selbstbestimmungsrecht des Einzelnen basiert, und die Norm als reinen Anspruch auf Abwehr von Angriffen gegen den hieraus resultierenden Achtungsanspruch konzipiert. Die Beratungen zu Art. 2 GG ergeben jedoch, dass die materiellen Voraussetzungen zur Daseinsentfaltung ebenfalls als Menschenwürdeelement angesehen wurden. Der Einzelne sollte ein Recht auf das Existenzminimum haben, jedoch keinen Anspruch verfassungsrechtlicher Art (siehe oben Teil 1 A. I. 3. a) bb)).
5. Die Grundrechte mit Bezug zur Persönlichkeit des Menschen konkretisieren die Würdenorm. Neben der Gewährleistung der rein physischen Existenz schützt das Grundgesetz insbesondere die geistige Entfaltung, den sozialen Kontakt zur Umwelt und die Intimsphäre (siehe oben Teil 1 A. I. 3. c) cc)).
6. Art. 1 Abs. 1 Satz 2 GG stellt eine objektive Verpflichtung zur Belassung und Gewährung der so konkretisierten materiellen Würdevoraussetzungen dar (siehe oben Teil 1 A. I. 4.).
7. Art. 1 Abs. 1 GG ist ein Grundrecht, d. h. der Schutzbereich ist vom Einzelnen einklagbar. Es ist nicht nötig, die Würdenorm als bloßes Prinzip zu verstehen, weil insbesondere die Schrankenlosigkeit der Würdenorm nicht ihrer Grundrechtsqualität entgegensteht (siehe oben Teil 1 A. I.).
8. Das Bundesverfassungsgericht hat sich über einen verfassungsunmittelbaren Anspruch auf Gewährung des Existenzminimums noch nicht geäußert, sondern lediglich eine objektive Verpflichtung des Staates hierzu

bejaht. Das Bundesverwaltungsgericht hält Teilhaberechte bei Untätigkeit des Gesetzgebers in außergewöhnlichen Fällen, etwa dem Existenzminimum, für möglich (siehe oben Teil 1 A. II. 2. b) aa)).
9. Nach der sozialstaatlichen Grundrechtskonzeption ist der Staat in der Pflicht, auch für die realen Voraussetzungen der Freiheitsentfaltung zu sorgen. Verfassungsunmittelbare Leistungsansprüche sind zwar grundsätzlich nicht möglich, weil hierdurch der Freiheitsbegriff verwässert, die Bindungsklausel des Art. 1 Abs. 3 GG leer laufen, die Staatskasse überfordert und das Konkretisierungsprimat des Gesetzgebers verletzt würde. Auf das Existenzminimum, das die Voraussetzungen der Entfaltung der Menschenwürde sichert, besteht als Ausnahme zu diesem Grundsatz jedoch ein Anspruch. Die Würde bleibt nach wie vor dem Einzelnen zur Eigendefinition überlassen und der Staat durch den Anspruch gebunden. Der Finanzierung des Existenzminimums hat der Staat oberste Priorität einzuräumen. Der Gestaltungsspielraum des Gesetzgebers wird in der Weise gewahrt, dass ein konkret bezifferbarer Anspruch erst bei offensichtlicher Unzulänglichkeit der gesetzlichen Regelung von den Gerichten geprüft wird. Dann erst wird der zuvor der Höhe nach noch unbestimmte verfassungsrechtliche Anspruch aktiviert, und die Gerichte können als ultima ratio durch Rückgriff auf die Verfassung dem Bedürftigen einen bedarfsdeckenden Betrag zusprechen. (siehe oben Teil 1 A. II. 2. bb) und cc)).
10. Anspruchsgrundlage für die Gewährung der Würdevoraussetzungen ist Art. 1 Abs. 1 GG in Verbindung mit dem Sozialstaatsprinzip, wobei die Menschenwürde die Höhe des Anspruchs bestimmt. Dem Sozialstaatsprinzip kommt die Funktion zu, die Würdenorm um eine leistungsrechtliche Dimension zu erweitern (siehe oben Teil 1 A.; zusammengefaßt in Teil 1 A III.).
11. Um ein sozio-kulturelles Existenzminimum im Sinne von Teilhabe am allgemeinen Wohlstand zu begründen, kann die Menschenwürdenorm inhaltlich nicht herangezogen werden. Ein solcher Anspruch muss über das Sozialstaatsprinzip hergeleitet werden (siehe oben Teil 1 B.).
12. Das Sozialstaatsprinzip ist inhaltlich weitgehend unbestimmt. Es verpflichtet den Gesetzgeber zur Schaffung sozialer Gerechtigkeit (siehe oben Teil 1 B I. 3.).
13. Der Gesetzgeber soll die „faktische Gleichheit", das heißt den Abbau materieller Ungerechtigkeiten, fördern (siehe oben Teil 1 B I. 4.).
14. Das Sozialstaatsprinzip ist aufgrund seiner Unbestimmtheit grundsätzlich nicht geeignet, Grundlage konkreter Ansprüche zu sein (siehe oben Teil 1 B II. 1.).

15. Der Ansatz, einen Anspruch auf faktische Gleichheit bei Art. 3 Abs. 1 GG anzusiedeln, ist aufgrund der Unvereinbarkeit von rechtlicher und faktischer Gleichheit und dem Vorrang der rechtlichen Gleichheit bei Art. 3 GG abzulehnen (siehe oben Teil 1 B II. 2.).
16. Ein Anspruch auf das relative Existenzminimum kann auf das Sozialstaatsprinzip in Verbindung mit Art. 1 Abs. 1 GG gestützt werden. Das Sozialstaatsprinzip gibt den Inhalt, die Teilnahme am allgemeinen Lebensstandard, vor. Die Menschenwürdenorm fügt der objektiven Verpflichtung zur faktischen Gleichheit das subjektive Recht hinzu. Wie beim Anspruch auf das Menschenwürde-Existenzminimum ist aber auch hier der Gestaltungsspielraum der Legislative zu respektieren, so dass der Anspruch erst bei einer evidenten gesetzgeberischen Pflichtverletzung konkret einklagbar wird (siehe oben Teil 1 B II. 3.).
17. Das Bundessozialhilfegesetz hatte seinem Wortlaut und den Materialien zufolge nur die Aufgabe, das Menschenwürde-Existenzminimum zu sichern. Der Begriff der Menschenwürde wird im Sozialhilferecht weitgehend im Sinne des Grundgesetzes verstanden. Allerdings setzt sich in verfassungswidriger Weise die armenrechtliche Vorstellung fort, dass ein Manneslohn zur Absicherung eines 5-Personen-Haushalts ausreicht, was zur Einfügung des gegen Art. 1 Abs. 1 GG verstoßenden Lohnabstandsgebotes führte (siehe oben Teil 2 A. I.).
18. Auch § 9 SGB AT, der als Ziel der Sozialhilfe die „Teilnahme am Leben in der Gemeinschaft" nennt, sollte dem Sozialrecht dem kein sozialstaatliches Teilhabe-Element hinzufügen (siehe oben Teil 2 A. I.).
19. Der Menschenwürdebegriff des Bundesverwaltungsgericht entspricht dem des Grundgesetzes (siehe oben Teil 2 A. II. 2. a)).
20. Die Rechtsprechung erweiterte den Umfang der Sozialhilfe auf das relative Existenzminimum, indem es die Aufgabe hinzufügte, soziale Ausgrenzung zu verhindern. Fälschlicherweise wird dies zumeist auf die Menschenwürde zurückgeführt, obwohl der Schutz vor Diskriminierung wegen materieller Schlechterstellung nicht hierunter fällt. Richtig ist der Ansatz, eine sozialstaatliche Interpretation des § 9 SGB AT vorzunehmen. Weil das Sozialhilferecht zuvor evident hinter dem verfassungsrechtlichen Standard zurückblieb, konnten die Gerichte durch ein erweitertes Verständnis der Norm dem verfassungsrechtlichen Anspruch auf das relative Existenzminimum Geltung verschaffen (siehe oben Teil 2 A. II. 2. c) und 3).
21. Mit der Regelsatzverordnung soll das relative Existenzminimum gewährt werden (siehe oben Teil 2 B. II. 2. b) aa).
22. Die gerichtliche Kontrolle der Regelsatzverordnung beschränkt sich auf die Vertretbarkeit der Wertungen, die Einhaltung eines ordnungsgemä-

ßen Verfahrens und die Realitätsgerechtigkeit der Ergebnisse (siehe oben Teil 2 B. II. 1.).
23. Die Regelsatzverordnungen von Bund und Ländern sind bei Anwendung dieses Prüfungsmaßstabs aus mehreren Gründen rechtswidrig. So wurde bei der Bestimmung der Referenzgruppe das vom Bundesverordnungsgeber selbst aufgestellte Kriterium, die untersten 20 Prozent der Haushalte nach Herausnahme der Sozialhilfeempfänger heranzuziehen, nicht eingehalten (siehe oben Teil 2 B. II. 2. b) cc)).
24. Bei der Gewichtung der Bedarfspositionen der Einkommens- und Verbrauchsstatistik, die der Verordnungsgeber vorgeblich vorgenommen hat, kam es zu nicht realitätsgerechten Einschätzungen und unvertretbaren Wertungen aufgrund sorgfaltswidriger Bewertungsvorgänge (siehe oben Teil 2 B. II. 3. b) aa)).
25. Die Verordnungsgeber hätten mit einem anderen Verfahren durchaus in rechtmäßiger Weise die Regelsätze in vergleichbarer Höhe festsetzen können. Die Abkoppelung der Sozialhilfe von den allgemeinen Lebensverhältnissen zur Schaffung von Arbeitsplätzen ist verfassungs- und sozialhilferechtlich zulässig. Dann muss aber durch einen Kontroll-Warenkorb gesichert sein, dass jedenfalls das Menschenwürde-Existenzminimum gewahrt bleibt (siehe oben Teil 2 B. II. 3. b) bb)).
26. Die Fortschreibung anhand der Rentenentwicklung steht im Widerspruch zu den Vorgaben aus § 28 Abs. 3 Satz 2 SGB XII (siehe oben Teil 2 B. II. 3. c)).
27. Die Festsetzung der Regelsätze für sonstige Haushaltsangehörige beruht nicht auf einer ausreichenden Datengrundlage (siehe oben Teil 2 B. II. 4.).
28. Die Pauschalierungsregelung des § 28 Abs. 1 Satz 1 SGB XII ist im Hinblick auf das Bedarfsdeckungsprinzip zulässig. Der Verordnungsgeber konnte das Individualitäts-, Gegenwärtigkeits- und Faktizitätsprinzip einschränken, weil diese zwar Strukturprinzipien des Sozialhilferechts, aber nicht verfassungsrechtlich abgesichert sind. Das fehlerhafte Verfahren und die Unvertretbarkeit der Wertungen bei der konkreten Regelsatzbemessung machen aber die Höhe der pauschalierten Regelsätze nach der Regelsatzverordnung rechtswidrig (siehe oben Teil 2 B. II. 5. b) und c)).
29. Sollten die Länder das Lohnabstandsgebot in Zukunft umsetzen wollen, müssten sie die Absicherung des Menschenwürde-Existenzminimums anhand eines Kontroll-Warenkorb gewährleisten (siehe oben Teil 2 B. II. 6.).
30. Der einzelne Sozialhilfeempfänger kann gerichtlich gegen den ihm gewährten, auf Grund der fehlerhaften Regelsatzverordnungen zu niedrig

bemessenen Regelsatz vorgehen. Die Verwaltungsgerichte können und müssen wegen der evidenten Pflichtverletzung des Verordnungsgebers den verfassungsunmittelbaren Anspruch auf das Existenzminimum durchsetzen und einen konkreten Betrag zusprechen. Bei ihrer Entscheidung über die Höhe des Regelsatzes müssen sie sich an den ordnungsgemäßen Vorgaben der Regelsatzverordnung und dem SGB XII orientieren. Es ist daher ein Regelsatz von jedenfalls über 537 Euro zuzusprechen (siehe oben Teil 2 B. III).

31. Entsprechend können auch die Empfänger von Arbeitslosengeld II und Sozialgeld nach dem SGB II höhere Regelsätze einklagen (siehe oben Teil 2 B. IV).

Literaturverzeichnis

Achterberg, Norbert/ Krawietz, Werner/ Wyduckel, Dieter (Hrsg.)	Recht und Staat im sozialen Wandel, Festschrift für Hans Ulrich SCUPIN zum 80. Geburtstag, Duncker & Humblot, Berlin 1983 [SCUPIN-Festschrift]
Alexy, Robert	Theorie der Grundrechte, Nomos, Baden-Baden 1985/ Suhrkamp, Frankfurt am Main 1986
Anschütz, Gerhard	Die Verfassung des Deutschen Reichs vom 11. August 1919. Ein Kommentar für Wissenschaft und Praxis. 2. Teil, 3. und 4. Aufl., Stilke, Berlin 1926
Armborst, Christian/ Birk, Ulrich-Arthur/ Brühl, Albrecht u. a.	Bundessozialhilfegesetz. Lehr- und Praxiskommentar, 6. Auflage, Nomos, Baden-Baden 2003 [LPK-BSHG^6]
Bachof, Otto	„Begriff und Wesen des sozialen Rechtsstaats", VVDStRL 12 (1954), S. 37-84
Bachof, Otto/ Heigl, Ludwig/ Redeker, Konrad (Hrsg.)	Verwaltungsrecht zwischen Freiheit, Teilhalbe und Bindung. Festgabe aus Anlaß des 25jährigen Bestehens des Bundesverwaltungsgerichts, Beck, München 1978 [BVerwG-Festgabe]
Badura, Peter	„Das Prinzip der sozialen Grundrechte und seine Verwirklichung im Recht der Bundesrepublik Deutschland", Der Staat 14 (1975), S. 17-48
Badura, Peter	„Generalprävention und Würde des Menschen", Juristenzeitung 1964, S. 337-344
Barthel, Alexander	„Sozialhilfe behindert Lohndifferenzierung", Der Arbeitgeber 1994, S. 573-579
Baecker, Gerhard/ Hanesch, Walter/ Huster, Ernst-Ulrich u. a.	„Aufruf von Wissenschaftlerinnen und Wissenschaftlern. Das sozialkulturelle Existenzminimum in der Abwärtsspirale – Die geplante Regelsatzverordnung beschädigt einen Eckwert des deutschen Sozialstaats", Frankfurter Rundschau vom 05.03.2004, veröffentlicht auch unter http://www.tacheles-

sozialhilfe.de/harry/view.asp?ID=1144.

Bauer, Jobst-Hubertus „Betriebliche Bündnisse für Arbeit vor dem Aus?", NzA 1999, S. 957-962

Bauer, Jobst-Hubertus „Flucht aus Tarifverträgen: Königs- oder Irrweg?", in: SCHLACHTER/ ASCHEID/ FRIEDRICH (Hrsg.), SCHAUB-Festschrift [1998], S. 19-46

Benda, Ernst Gefährdungen der Menschenwürde, Westdeutscher Verlag, Opladen 1975

Benda, Ernst (Hrsg.)/ Handbuch des Verfassungsrechts der Bundesrepublik
Maihofer, Werner Deutschland Teil 1 (Studienausgaben), 2. Auflage, de
(Hrsg.)/ Vogel, Hans- Gruyter, Berlin 1995 [Handbuch Verfassungsrecht I²]
Jochen (Hrsg.)

Berlit, Uwe „Zusammenlegung von Arbeitslosen- und Sozialhilfe. Bemerkungen zu den Gesetzentwürfen von Bundesregierung und hessischer Landesregierung für ein neues SGB II und SGB XII", info also 2003, S. 195-208

Bethge, Herbert „Aktuelle Probleme der Grundrechtsdogmatik", Der Staat 24 (1985), S. 351-382

Bieback, Karl-Jürgen Diskussionsbeitrag, in: STÄNDIGE DEPUTATION DES DEUTSCHEN JURISTENTAGES (Hrsg.), Verhandlungen 55. DJT II [1984], Teil N, S. 145-146

Bieback, Karl-Jürgen „Rechtliche Probleme von Mindestlöhnen, insbesondere nach dem Arbeitnehmer-Entsendegesetz", RdA 2000, S. 207-216

Bieback, Karl-Jürgen „Sozialstaatsprinzip und Grundrechte", EuGRZ 1985, S. 657-669

Bieritz-Harder, Renate Menschenwürdig leben. Ein Beitrag zum Lohnabstandsgebot des Bundessozialhilfegesetzes, seiner Geschichte und verfassungsrechtlichen Problematik, Spitz, Berlin 2001

Birk, Ulrich-Arthur Kommentierung zu § 1 BSHG, in: Kommentierung zu § 12 BSHG, in: ARMBORST/ BIRK/ BRÜHL (Bearb.), LPK-

BSHG⁶ [2003]

Böckenförde, Ernst-Wolfgang	„Die sozialen Grundrechte im Verfassungsgefüge", in: BÖCKENFÖRDE/ JEKEWITZ/ RAMM (Hrsg.), Soziale Grundrechte [1981], S. 7-16
Böckenförde, Ernst-Wolfgang	„Grundrechtstheorie und Grundrechtsinterpretation", NJW 1974, S. 1529-1538
Böckenförde, Ernst-Wolfgang (Hrsg.)/ Jekewitz, Jürgen (Hrsg.)/ Ramm, Thilo (Hrsg.)	Soziale Grundrechte. 5. Rechtspolitischer Kongreß der SPD vom 29. Februar bis 2. März 1980 in Saarbrücken. Dokumentation: Teil 2, Müller, Heidelberg 1981
Böckenförde, Ernst-Wolfgang (Hrsg.) / Spaemann, Robert (Hrsg.)	Menschenrecht und Menschenwürde. Historische Voraussetzungen – säkulare Gestalt – christliches Verständnis, Klett-Cotta, Stuttgart 1987
Breuer, Rüdiger	„Grundrechte als Anspruchsnormen", in: BACHOF / HEIGL/ REDEKER (Hrsg.), BVerwG-Festgabe [1978], S. 89-119
Breuer, Rüdiger	„Grundrechte als Quelle positiver Ansprüche", Jura 1979, S. 401-412
Buchner, Herbert	„Der Unterlassungsanspruch der Gewerkschaft - Stabilisierung oder Ende des Verbandstarifvertrages?", NzA 1999, S. 897-902
Buck, August (Hrsg.)	G. PICO DELLA MIRANDOLA. De hominis dignitate. Über die Würde des Menschen. Lateinisch-Deutsch (N), Meiner, Hamburg 1990
Cicero, Marcus Tullius	De officiis, in: GUNERMANN, Heinz (Hrsg.), MARCUS TULLIUS CICERO, De officiis. Vom pflichtgemäßen Handeln. Lateinisch und deutsch, Reclam, Stuttgart 1976
Cuno, Willi	Existenzminimum in der Armenpflege, Anrechnung der Leistungen der Privatwohlthätigkeit und Invalidenrente, Schriften des Deutschen Vereins für Armenpflege und Wohlthätigkeit, Heft 39, S. 110 – 150, Duncker & Humblot, Leipzig 1898 [Existenzminimum in der Ar-

	menpflege]
Czub, Hans-Joachim	Verfassungsrechtliche Gewährleistungen bei der Auferlegung steuerlicher Lasten. Die zweckmäßige Gestaltung der Sozialhilfe, der steuerlichen Grundfreibeträge und des Kinderlastenausgleichs, Duncker & Humblot, Berlin 1982
Dauber, Gerlinde	Kommentierung zu Einführung - § 26 BSHG, in: MERGLER/ ZINK (Begr.), BSHG^{37} [2004]
Deutscher Bundestag/ Bundesarchiv (Hrsg.)	Der Parlamentarische Rat 1948 – 1949. Akten und Protokolle. Band 5/ I Ausschuß für Grundsatzfragen, Boldt, Boppard am Rhein 1993 [Parl. Rat 5/ I]
Deutscher Bundestag/ Bundesarchiv (Hrsg.)	Der Parlamentarische Rat 1948 – 1949. Akten und Protokolle. Band 5/ II Ausschuß für Grundsatzfragen, Boldt, Boppard am Rhein 1993 [Parl. Rat 5/ II]
Deutscher Verein für öffentliche und private Fürsorge	Neues Bedarfsbemessungssystem für die Regelsätze der Sozialhilfe: Ableitung der Regelsätze für sonstige Haushaltsangehörige, Eigenverlag, Frankfurt am Main 1989
Deutscher Verein für öffentliche und private Fürsorge	„Stellungnahme des Deutschen Vereins zum Entwurf einer Verordnung zur Durchführung des § 28 des Zwölften Buches Sozialgesetzbuch (Regelsatzverordnung – RSV)", NDV 2004, S. 109-110
Doemming, Klaus-Berto von/ Füsslein, Rudolf Werner/ Matz, Werner	„Entstehungsgeschichte der Artikel des Grundgesetzes", JöR 1951 (ganzer Band)
Dolzer, Rudolf/ Vogel, Klaus/ Graßhof, Karin (Hrsg.)	Bonner Kommentar zum Grundgesetz, Loseblattsammlung, Müller, Heidelberg, Stand: 112. Lieferung Juli 2004 [BK-GG]
Dreier, Horst	Besprechung von HÄBERLE, „Das Menschenbild im Verfassungsstaat", AöR 116 (1991), S. 623-628
Dreier, Horst (Hrsg.)	Grundgesetz. Kommentar. Band 1. Art. 1 - 19, 2. Auflage, Mohr Siebeck, Tübingen 2004 [Grundgesetz I²]

Dreier, Horst	Kommentierung zu Art. 1 GG, in: DREIER (Hrsg.), Grundgesetz I² [2004]
Dürig, Günter	„Der Grundrechtssatz von der Menschenwürde. Entwurf eines praktikablen Wertsystems der Grundrechte aus Art. 1 Abs. I in Verbindung mit Art. 19 Abs. II des Grundgesetzes", AöR 81 (1956), S. 117-157
Dürig, Günter	Kommentierung zu Art. 1 und 2 GG, in: MAUNZ/ DÜRIG/ HERZOG (Hrsg.), Grundgesetz⁴¹ [2002]
Enders, Christoph	Die Menschenwürde in der Verfassungsordnung. Zur Dogmatik des Art. 1 GG, Mohr Siebeck 1997
Fichtelmann, Helmar	„Einkommenssteuer-Tarif und Sozialstaatlichkeit", FR 1969, S. 483- 491
Fichtner, Otto (Hrsg.)	Bundessozialhilfegesetz mit Asylbewerberleistungsgesetz und Grundsicherungsgesetz (GsiG), Kommentar, 2. Aufl., Vahlen, München 2003 [Bundessozialhilfegesetz]
Fichtner, Otto	Kommentierung zu § 1 BSHG, in; Fichtner (Hrsg.), Bundessozialhilfegesetz² [2003]
Forsthoff, Ernst	„Begriff und Wesen des sozialen Rechtsstaats", VVDStRL 12 (1954), S. 8-36
Freitag, Hans Otto	„Zur Bedeutung subjektiver öffentlicher Rechte und des Verfahrensrechts für das Verhältnis von Verpflichtungsklage und verbundener Leistungsklage im Sozialgerichtsverfahen", DVBl. 1976, S. 6-14
Friauf, Karl Heinrich	„Zur Rolle der Grundrechte im Interventions- und Leistungsstaat", DVBl. 1971, S. 674-682
Friederici, Hans Jürgen (Hrsg.)	Ferdinand Lassalle. Reden und Schriften. Reclam, Dresden 1987
Friesenhahn, Ernst	„Der Wandel des Grundrechtsverständnisses", in: STÄNDIGE DEPUTATION DES DEUTSCHEN JURISTENTAGES (Hrsg.), Verhandlungen 50. DJT, Bd. II [1974], Teil G, S. 1-37
Frommann, Matthias	„Warum nicht 627 Euro? Zur Bemessung des Regelsat-

	zes der Hilfe zum Lebensunterhalt nach dem SGB XII für das Jahr 2005", NDV 2004, S. 246-254
Fürle, Arnold	Kritik der MARXschen Anthropologie. Eine Untersuchung der zentralen Theoreme, Vink, München 1979
Gagel, Alexander	Diskussionsbeitrag, in: STÄNDIGE DEPUTATION DES DEUTSCHEN JURISTENTAGES (Hrsg.), Verhandlungen 55. DJT II [1984], Teil N, S. 145-146
Galperin, Peter	„Stand und Blockade der "Warenkorb-Reform", NDV 1983, S. 118-119
Gamillscheg, Franz	Kollektives Arbeitsrecht Band 1, 1. Aufl., Beck, München 1997 [Kollektives Arbeitsrecht I]
Geddert-Steinacher, Tatjana	Menschenwürde als Verfassungsbegriff. Aspekte der Rechtsprechung des Bundesverfassungsgerichts zu Art. 1 Abs. 1 Grundgesetz, Duncker & Humblot, Berlin 1990
Giese, Bernhard	Das Würde-Konzept. Eine normfunktionale Explikation des Begriffes Würde in Art. 1 Abs. 1 GG, Duncker & Humblot, Berlin 1975
Giese, Dieter/ Rademacker, Olaf	„Ausgewählte Fragen des Sozialhilferechts", NWVBL 1989, S. 163-170
Giloy, Jörg	„Das Existenzminimum im Einkommenssteuerrecht", DStZ/A 1979, S. 123-126
Gitter, Wolfgang/ Thieme, Werner/ Zacher, Hans F. (Hrsg.)	Im Dienst des Sozialrechts. Festschrift für Georg WANNAGAT zum 65. Geburtstag am 26. Juni 1981, Heymanns, Köln Berlin Bonn München 1981 [WANNAGAT-Festschrift]
Goerlich, Helmut/ Dietrich, Jörg	„Fürsorgerisches Ermessen, Garantie des Existenzminimums und legislative Gestaltungsfreiheit", Jura 1992, S. 134 – 142
Gunermann, Heinz (Hrsg.)	MARCUS TULLIUS CICERO. De officiis. Vom pflichtgemäßen Handeln. Lateinisch und deutsch, Reclam, Stuttgart 1976
Häberle, Peter	„Das Bundesverfassungsgericht im Leistungsstaat. Die

	Numeraus-clausus-Entscheidung vom 18.7.1972", DÖV 1972, S. 729-740
Häberle, Peter	„Die Menschenwürde als Grundlage der staatlichen Gemeinschaft", in: ISENSEE/ KIRCHHOF (Hrsg.),Handbuch Staatsrecht I [1987], § 20
Häberle, Peter	„Grundrechte im Leistungsstaat", VVDStRL 30 (1972), S. 43-141
Häberle, Peter	Diskussionsbeitrag, in: LINK (Hrsg.), LEIBHOLZ-Festschrift, S. 83-86
Hamann, Andreas/ Lenz, Helmut	Das Grundgesetz für die Bundesrepublik Deutschland vom 23. Mai 1949, 3. Aufl., Luchterhand, Neuwied 1970 [Grundgesetz^3]
Harms, Jens (Hrsg.)	Sozialstaat und Marktwirtschaft, Haag + Herchen, Frankfurt am Main 1987
Haverkate, Görg	Rechtsfragen des Leistungsstaates. Verhältnismäßigkeitsgebot und Freiheitsschutz im leistenden Staatshandeln, Mohr Siebeck, Tübingen 1983
Heller, Hermann	„Rechtsstaat oder Diktatur?", Recht und Staat in Geschichte und Gegenwart Bd. 68, Mohr Siebeck, Tübingen 1930
Herdegen, Matthias	Kommentierung zu Art. 1 Abs. 1 GG, in: MAUNZ/ DÜRIG/ HERZOG (Hrsg.), Grundgesetz^{43} [2004]
Hermes, Georg	Das Grundrecht auf Schutz von Leben und Gesundheit. Schutzpflicht und Schutzanspruch aus Art. 2 Abs. 2 Satz 1 GG, Müller, Heidelberg 1987 [Leben und Gesundheit]
Hesse, Konrad	„Der Gleichheitsgrundsatz im Staatsrecht", AöR 77 (1951), S. 167-224
Hesse, Konrad	Diskussionsbeitrag, in: LINK (Hrsg.), LEIBHOLZ-Festschrift, S. 77-78
Höfling, Wolfram	Kommentierung zu Art. 1 GG, in: SACHS (Hrsg.), Grundgesetz^3 [2003]

Höfling, Wolfram	Offene Grundrechtsinterpretation. Grundrechtsauslegung zwischen amtlichem Interpretationsmonopol und privater Konkretisierungskompetenz, Duncker & Humblot, Berlin 1987
Hofmann, Albert	Kommentierung zu § 12 BSHG, in: ARMBORST/ BIRK/ BRÜHL (Bearb.), LPK-BSHG^6 [2003]
Hofmann, Hasso	„Die versprochene Menschenwürde", AöR 118 (1993), S. 353-377
Horrer, Stefan	Das Asylbewerberleistungsgesetz, die Verfassung und das Existenzminimum, Duncker& Humblot, Berlin 2001 [Asylbewerberleistungsgesetz]
Hromadka, Wolfgang/ Maschmann, Frank	Arbeitsrecht Band 2, Springer, Berlin Heidelberg New York 1999 [Arbeitsrecht II]
Ipsen, Jörn	Staatsrecht II (Grundrechte), 3. Aufl., Luchterhand, Neuwied 2000 [Staatsrecht II^3)
Isensee, Josef	„Der Sozialstaat in der Wirtschaftskrise. Der Kampf um die sozialen Besitzstände und die Normen der Verfassung", in: LISTL/ SCHAMBECK (Hrsg.), BROERMANN – Festschrift [1982], S. 365-390
Isensee, Josef (Hrsg.)/ Kirchhof, Paul (Hrsg.)	Handbuch des Staatsrechts der Bundesrepublik Deutschland. Band I. Grundlagen von Staat und Verfassung, Müller, Heidelberg 1987 [Handbuch Staatsrecht I]
Isensee, Josef (Hrsg.)/ Kirchhof, Paul (Hrsg.)	Handbuch des Staatsrechts der Bundesrepublik Deutschland. Band V. Allgemeine Grundrechtslehren, 2. Aufl., Müller, Heidelberg 2000 [Handbuch Staatsrecht V^2]
Jarass, Hans D./ Pieroth, Bodo	Grundgesetz für die Bundesrepublik Deutschland. Kommentar, 4. Aufl., Beck, München 1997 [Grundgesetz^4]
Jellinek, Georg	System der subjektiven öffentlichen Rechte, 2. Aufl., Mohr Siebeck, Tübingen 1905
Kant, Immanuel	Grundlegung zur Metaphysik der Sitten [1785], Neudruck von TIMMERMANN (Hrsg.), Vandenhoeck & Rup-

	recht, Göttingen 2004
Kirchhof, Paul	„Steuergerechtigkeit und Sozialstaatliche Geldleistungen", JZ 1982, S. 305-312
Kirchhof, Paul (Hrsg.)/ Offerhaus, Klaus (Hrsg.)/ Schöberle, Horst (Hrsg.)	Steuerrecht. Verfassungsrecht. Finanzpolitik. Festschrift für Franz KLEIN, O. Schmidt, Köln 1994 [KLEIN-Festschrift]
Kittner, Michael	Kommentierung zum Sozialstaatsprinzip, in: WASSERMANN (Hrsg.), AK-Grundgesetz² [1989], Art. 20 Abs. 1 – 3 IV
Klauser, Theodor (Hrsg.)	Reallexikon für Antike und Cristentum. Sachwörterbuch zur Auseinandersetzung des Christentums mit der antiken Welt, Band 4, Hiersemann, Stuttgart 1959
Krawietz, Werner	„Gewährt Art. 1 Abs. 1 GG dem Menschen ein Grundrecht auf Achtung und Schutz seiner Würde?", in: WILKE/ WEBER (Hrsg.), KLEIN-Gedächtnisschrift [1977], S. 245-287
Landshut, Siegfried (Hrsg.)	Karl MARX. Die Frühschriften, Kröner, Stuttgart 1953
Lang, Joachim	„Familienbesteuerung. Zur Tendenzwende der Verfassungsrechtsprechung durch das Urt. des Bundesverfassungsgerichts vom 3.11.1982 und zur Reform der Familienbesteuerung", StuW 1983, S. 103-125
Larenz, Karl	Methodenlehre der Rechtswissenschaft, 6. Aufl., Springer, Berlin 1991
Lassalle, Ferdinand	Arbeiterprogramm. Über den besonderen Zusammenhang der gegenwärtigen Geschichtsperiode mit der Idee des Arbeiterstandes 12. April 1862/ Anfang Januar 1863, in: FRIEDERICI, Hans Jürgen (Hrsg.), Ferdinand LASSALLE. Reden und Schriften, Reclam, Dresden 1987
Lehner, Moris	Einkommensteuerrecht und Sozialhilferecht. Bausteine zu einem Verfassungsrecht des sozialen Steuerstaates, Mohr Siebeck, Tübingen 1993

Liesegang, Helmuth C. F.	„Zentralfragen eines verfassungsgemäßen Grundrechtsverständnisses", JuS 1976, S. 420-424
Link, Christoph (Hrsg.)	Der Gleichheitssatz im modernen Verfassungsstaat. Symposium zum 80. Geburtstag von Gerhard LEIBHOLZ, Nomos, Baden Baden 1982 [LEIBHOLZ – Festschrift]
Listl, Josef/ Schambeck, Herbert (Hrsg.)	Demokratie in Anfechtung und Bewährung. Festschrift für Johannes BROERMANN, Duncker & Humblot, Berlin 1982 [BROERMANN-Festschrift]
Löw, Konrad	„Ist die Würde des Menschen im Grundgesetz eine Anspruchsgrundlage?", DÖV 1958, S. 516-520
Lübbe-Wolff, Gertrude	Die Grundrechte als Eingriffsabwehrrechte. Struktur und Reichweite der Eingriffsdogmatik im Bereich staatlicher Leistungen, Nomos, Baden Baden 1988
Lücke, Jörg	„Soziale Grundrechte als Staatszielbestimmungen und Gesetzgebungsaufträge", AöR 107 (1982), S. 15-60
Luhmann, Niklas	Grundrechte als Institution, 3. Aufl., Duncker & Humblot, Berlin 1986
Lüke, Gerhard/ Beck, Matthias	„Grundgesetz und Unpfändbarkeit eines Fernsehgeräts – BFHE 159, 421", JuS 1994, S. 22-26
Magen, Rolf-Peter	Staatsrecht. Eine Einführung, 7. Aufl., Springer, Berlin/Heidelberg 1985
Mangoldt, Hermann von / Klein, Friedrich / Starck, Christian (Hrsg.)	Das Bonner Grundgesetz. Kommentar. Band 1: Präambel, Artikel 1 bis 19, 4. Aufl., Vahlen, München 1999 [Grundgesetz I^4]
Mangoldt, Hermann von / Klein, Friedrich / Starck, Christian (Hrsg.)	Das Bonner Grundgesetz. Kommentar. Band 2: Artikel 20 bis 78, 4. Aufl., Vahlen, München 2000 [Grundgesetz II^4]
Martens, Wolfgang	„Grundrechte im Leistungsstaat", VVDStRL 30 (1972), S. 7-42
Marx, Karl	Zur Kritik der HEGELschen Rechtsphilosophie [1844],

	in: LANDSHUT (Hrsg.), Karl MARX. Die Frühschriften, Kröner, Stuttgart 1953
Marx, Karl	Zur Judenfrage [1843], in: LANDSHUT (Hrsg.), Karl MARX. Die Frühschriften, Kröner, Stuttgart 1953
Maunz, Theodor (Hrsg.)/ Dürig, Günter (Hrsg.)/ Herzog, Roman (Hrsg.)	Kommentar zum Grundgesetz (Loseblatt), 41. Erg.-Lfg., Beck, München, Stand 2002 [Grundgesetz^{41}]
Maunz, Theodor (Hrsg.)/ Dürig, Günter (Hrsg.)/ Herzog, Roman (Hrsg.)	Kommentar zum Grundgesetz (Loseblatt), 43. Erg.-Lfg., Beck, München, Stand Februar 2004 [Grundgesetz^{43}]
Maurer, Hartmut	Allgemeines Verwaltungsrecht, 15. Aufl., Beck, München 2004
Mayer, Franz (Hrsg.)	Staat und Gesellschaft. Festgabe für Günther KÜCHENHOFF zum 60. Geburtstag am 21. August 1967, Schwartz, Göttingen 1967 [KÜCHENHOFF-Festgabe]
Mergler, Otto/ Zink, Günther (Begr.)	Bundessozialhilfegesetz. Kommentar (Loseblatt), 37. Erg.-Lfg., Kohlhammer, Stuttgart, Stand März 2004 [BSHG^{37}]
Merki, Hubert	Bearbeitung des Schlagworts „Ebendbildlichkeit", Spalte 459 - 479, in: Klauser, Theodor (Hrsg.), Reallexikon für Antike und Cristentum. Sachwörterbuch zur Auseinandersetzung des Christentums mit der antiken Welt, Band 4, Hiersemann, Stuttgart 1959
Mrozynski, Peter	„Grundsicherung für Arbeitssuchende, im Alter. Bei voller Erwerbsminderung und die Sozialhilfereform", ZFSH/SGB 2004, S. 198-221
Müller, Georg	2. Bericht zum Beratungsgegenstand „Der Gleichheitssatz", VVDStRL 47 (1989), S. 37-62
Münch, Ingo von / Kunig, Philip (Hrsg.)	Grundgesetz-Kommentar, Band 1 (Präambel bis Art.19), 5. Auflage, Beck, München 2000 [Grundgesetz I^{5}]

Murswiek, Dieter	„Grundrechte als Teilhaberechte, soziale Grundrechte", in: Isensee (Hrsg.)/ Kirchhof (Hrsg.), Handbuch Staatsrecht V² [2000], § 112
Mutius, Albert von	„'Grundrechte als Teilhaberechte' – zu den verfassungsrechtlichen Aspekten des 'numerus clausus'", VerwArch, 64. Band (1973), S. 183-195
Neumann, Franz L./ Nipperdey, Hans Carl/ Scheuner, Ulrich (Hrsg.)	Die Grundrechte. Handbuch der Theorie und Praxis der Grundrechte. Zweiter Band. Die Freiheitsrechte in Deutschland, Duncker & Humblot, Berlin 1954 [Grundrechte II]
Neumann, Volker	„Menschenwürde und Existenzminimum", NVwZ 1995, S. 426-432
Neumann, Volker	„Sozialstaatsprinzip und Grundrechtsdogmatik", DVBl. 1997, S. 92-100
Neumann, Volker	„Sozialstaatsprinzip und Sozialpolitik", in: HARMS (Hrsg.), Sozialstaat und Marktwirtschaft [1987], S. 2-28
Oberbracht, Dirk	Die Parlamentarisierung des sozialhilferechtlichen Regelsatzes, Nomos, Baden Baden 1993 [Parlamentarisierung]
Ossenbühl, Fritz	„Die Interpretation der Grundrechte in der Rechtsprechung des Bundesverfassungsgerichts", NJW 1976, S. 2100-2107
Otto, Volker	Das Staatsverständnis des Parlamentarischen Rates. Ein Beitrag zur Entstehungsgeschichte des Grundgesetzes für die Bundesrepublik Deutschland, Rheinisch-Bergische Druckerei- und Verlagsgesellschaft mbH, Düsseldorf 1971
Parlamentarischer Rat, Ausschuss für Grundsatzfragen	Akten und Protokolle, in: DEUTSCHER BUNDESTAG/ BUNDESARCHIV (Hrsg.), Parl. Rat 5/ I [1993]
Parlamentarischer Rat, Ausschuss für Grundsatzfragen	Akten und Protokolle, in: DEUTSCHER BUNDESTAG/ BUNDESARCHIV (Hrsg.), Parl. Rat 5/ II [1993]

Parlamentarischer Rat	Verhandlungen des Hauptausschusses Bonn 1948/49, Bonner Universitäts-Buchdruckerei Gebr. Scheur, Bonn 1948/49
Peter, Gabriele	„Rechtsschutz für „Niedriglöhner" durch Mindestlohn", ArbuR 1999, S. 289-296
Pico della Mirandola, Giovanni	De hominis dignitate [1496], Neudruck von BUCK (Hrsg.) lat./ dt., Meiner, Hamburg 1990
Pieroth, Bodo/ Schlink, Bernhard	Grundrechte Staatsrecht II, 20. Aufl., Müller, Heidelberg 2004
Podlech, Adalbert	Kommentierung zu Art. 1 Abs. 1 GG, in: WASSERMANN (Hrsg.), AK-Grundgesetz² [1989], Art. 1 Abs. 1
Pufendorf, Samuel von	Acht Bücher vom Natur und Völkerrecht/ mit des weitberühmten Jcti. Johann Nicolai HERTII, Johann BARBEYRAC und anderer Hoch-Gelehrten Männer außerlesenen Anmerckungen erläutert und die Teutsche Sprach übersetzt [1711], 2. Nachdruck, Olms, Hildesheim Zürich New York 2001 (Einheitssachtitel: De iure naturae et gentium (dt.))
Richardi, Reinhard	„Welche Folgen hätte die Aufhebung des Tarifvorbehalts (§77 III BetrVG)?", NzA 2000, S. 617-621
Ritterspach, Theo/ Geiger, Willi (Hrsg.)	Festschrift für Gebhard MÜLLER. Zum 70. Geburtstag des Präsidenten des Bundesverfassungsgerichts, Mohr Siebeck, Tübingen 1970 [MÜLLER-Festschrift]
Rothkegel, Ralf	„Bedarfsdeckung durch Sozialhilfe – ein Auslaufmodell?", ZFSH/ SGB 2003, S. 643-652
Rothkegel, Ralf	„Der Bedarfsdeckungsgrundsatz der Sozialhilfe", ZFSH/ SGB 2000, S. 259-275
Rothkegel, Ralf	„Der rechtliche Rahmen für die Pauschalierung von Sozialhilfeleistungen – insbesondere zur Experimentierklausel des § 101 a BSHG", ZFSH/ SGB 2002, S. 58-593 und 657- 668
Rothkegel, Ralf	Die Strukturprinzipien des Sozialhilferechts. Bestand,

	Bedeutung und Bewertung, Nomos, Baden-Baden 2000 [Strukturprinzipien]
Rüfner, Wolfgang	„Verfassungs- und europarechtliche Grenzen bei der Umgestaltung des Sozialstaats im Bereich des Sozialhilferechts", VSSR 1997, S. 59-70
Rüfner, Wolfgang	„Grundrechtliche Leistungsansprüche", in: GITTER/ THIEME/ ZACHER (Hrsg.), WANNAGAT-Festschrift [1981], S. 379-390
Rupp, Hans Heinrich	Aussprachebeitrag zum Beratungsgegenstand „Grundrechte im Leistungsstaat", VVDStRL 30 (1972), S. 180-181
Rupp, Hans Heinrich	„Vom Wandel der Grundrechte", AöR 101 (1976), S. 161-201
Rupp - von Brüneck, Wiltraut	„Darf das Bundesverfassungsgericht an den Gesetzgeber appellieren?", in: RITTERSPACH/ GEIGER (Hrsg.), MÜLLER-Festschrift [1970], S. 355-378
Sachs, Michael (Hrsg.)	Grundgesetz. Kommentar, 3. Aufl., Beck, München 2003 [Grundgesetz³]
Sartorius, Ulrich	Das Existenzminimum im Recht, Nomos, Baden-Baden 2000
Schaub, Günter	„Tarifrecht 2000", NzA 2000, S. 15-17
Schellhorn, Helmut/ Schellhorn, Walter	Das Bundessozialhilfegesetz. Ein Kommentar für Ausbildung, Praxis und Wissenschaft, 16. Auflage, Luchterhand, Neuwied 2002 [Bundessozialhilfegesetz]
Schellhorn, Walter	„Das Sozialhilferecht", in: WANNAGAT (Hrsg.), Jahrbuch Sozialrecht, Band 8 [1986], S. 275-290
Schellhorn, Walter	„Einordnung des Sozialhilferechts in das Sozialgesetzbuch – das neue SGB XII", NDV 2004, S. 167-176
Schellhorn, Walter	„Neues Bedarfsbemessungssystem für die Regelsätze der Sozialhilfe: Ableitung der Regelsätze für sonstige Haushaltsangehörige", NDV 1989, S. 157-161

Schellhorn, Walter	„Einführung eines neuen Bedarfsbemessungssystems für die Regelsätze in der Sozialhilfe", NDV 1990, S. 14-16
Scheuner, Ulrich	„Die Funktion der Grundrechte im Sozialstaat. Die Grundrechte als Richtlinie und Rahmen der Staatstätigkeit", DÖV 1971, S. 505-513
Schlachter, Monika (Hrsg.)/ Ascheid, Reiner (Hrsg.)/ Friedrich, Hans-Wolf (Hrsg.)	Tarifautonomie für ein neues Jahrhundert. Festschrift für Günter SCHAUB zum 65. Geburtstag, Beck, München 1998 [SCHAUB-Festschrift]
Schlenker, Rolf-Ulrich	Soziales Rückschrittsverbot und Grundgesetz. Aspekte verfassungsrechtlicher Einwirkung auf die Stabilität sozialer Rechtslagen, Duncker & Humblot, Berlin 1986
Schnapp, Friedrich E.	„Was können wir über das Sozialstaatsprinzip wissen?", JuS 1998, S. 873-877
Schneider, Ulrich	„Expertise zur Frage der bedarfsgerechten Fortschreibung des Regelsatzes für Haushaltsvorstände gem. § 22 BSHG", SF 2001, S. 239-244
Schoch, Dietrich	Sozialhilfe. Ein Leitfaden für die Praxis, 3. Aufl., Heymanns, Köln 2001
Schoch, Dietrich	„Der Gleichheitssatz", DVBl. 1988, S. 863-882
Scholler, Heinrich	Die Interpretation des Gleichheitssatzes als Willkürverbot oder als Gebot der Chancengleichheit, Duncker & Humblot, Berlin 1969 [Gleichheitssatz]
Scholz, Rupert	Koalitionsfreiheit als Verfassungsproblem, Beck, München 1971
Schulte, Bernd	„Neues Bedarfsbemessungssystem und aktuelle Regesätze der Sozialhilfe", NVwZ 1990, S. 1146-1149
Schulte, Bernd/ Trenk-Hinterberger, Peter	Sozialhilfe, 2. Aufl., C. F. Müller, Heidelberg 1986
Schwabe, Jürgen	Probleme der Grundrechtsdogmatik, 2. Aufl., Eigenverlag, Darmstadt 1977

Seewald, Otfried	Gesundheit als Grundrecht. Grundrechte als Grundlage von Ansprüchen auf gesundheitsschützende staatliche Leistungen, Athenäum, Königstein/ Ts. 1982 [Gesundheit als Grundrecht]
Sendler, Horst	„Teilhaberechte in der Rechtsprechung des Bundesverwaltungsgerichts", DÖV 1978, S. 581-589
Sieveking, Klaus	„Änderung des Asylbewerberleistungsgesetzes - weitere Strukturveränderungen des Sozialhilferechts", info also 1996, S. 110-115
Söhn, Hartmut	„Verfassungsrechtliche Aspekte der Besteuerung nach der subjektiven Leistungsfähigkeit im Einkommenssteuerrecht: Zum persönlichen Existenzminimum", Fin. Arch. N. F. 48 (1988), S. 154-171
Sommermann, Karl-Peter	Kommentierung zu Art. 20 GG, in: V.MANGOLDT/ KLEIN/ STARCK (Hrsg.), Grundgesetz II^4 [2000]
Spranger, Tade Matthias	„Der sozialhilferechtliche Anspruch auf das Existenzminimum aus verfassungsrechtlicher Sicht", Verwaltungsrundschau 1999, S. 242-245
Stahlmann, Günther	„Regelsatzschlamassel - Zu GIESEs Anmerkung (ZfF 1990 S. 49) zu einem Urteil des OVG Lüneburg (ZfF 1990 S. 62 = NDV 1990 S. 116)", ZfF 1990, S. 124-126
Ständige Deputation des Deutschen Juristentages (Hrsg.)	Verhandlungen des fünfundfünfzigsten Deutschen Juristentages, Band II (Sitzungsberichte), Beck, München 1984 [Verhandlungen 55. DJT II]
Starck, Christian	„Die Anwendung des Gleichheitssatzes", in: LINK (Hrsg.), LEIBHOLZ – Festschrift, S. 51-82
Starck, Christian	„Staatliche Organisation und staatliche Finanzierung als Hilfen zu Grundrechtsverwirklichungen?", in: STARCK (Hrsg.), BVerfG-Festgabe II [1976], S. 480-526
Starck, Christian	„Menschenwürde als Verfassungsgarantie im modernen Staat", JZ 1981, S. 457-464
Starck, Christian	Bundesverfassungsgericht und Grundgesetz. Festgabe aus Anlaß des 25jährigen Bestehens des Bundesverfas-

(Hrsg.)	sungsgerichts. Zweiter Band. Verfassungsauslegung, Mohr Siebeck, Tübingen 1976 [BVerfG-Festgabe II]
Statistisches Bundesamt	Statistik der Sozialhilfe für das Jahr 2003, 2004, abrufbar unter http://www.destatis.de/presse/deutsch/pm2004/p3280081.htm.
Stein, Ekkehart/ Frank, Götz	Staatsrecht, 18. Aufl., Mohr Siebeck, Tübingen 2002
Stern, Klaus	„Menschenwürde als Wurzel der Menschen- und Grundrechte", in: ACHTERBERG/ KRAWIETZ/ WYDUCKEL (Hrsg.), SCUPIN-Festschrift [1983], S. 627-642
Stern, Klaus	Das Staatsrecht der Bundesrepublik Deutschland, Band III/1, Beck, München 1988 [Staatsrecht III/1]
Stolleis, Michael	„Möglichkeiten der Fortentwicklung des Rechts der Sozialen Sicherheit zwischen Anpassungszwang und Bestandsschutz". Referat auf dem 55. Deutschen Juristentag in: Ständige Deputation des Deutschen Juristentages (Hrsg.), Verhandlungen 55. DJT II [1984], Teil N, S. 9 - 73
Stolleis, Michael	„Die Rechtsgrundlagen der Regelsätze unter besonderer Berücksichtigung verfassungsrechtlicher und sozialhilferechtlicher Grundsätze", NDV 1981, S. 99-103
Thoma, Richard	„Kritische Würdigung des vom Grundsatzausschuß des Parlamentarischen Rates beschlossenen und veröffentlichten Grundrechtskatalogs. 25. Oktober 1948", in: DEUTSCHER BUNDESTAG/ BUNDESARCHIV (Hrsg.), Parl. Rat 5/ I [1993], S. 361-379
Timmermann, Jens (Hrsg.)	Immanuel KANT. Grundlegung zur Metaphysik der Sitten (Neudruck), Vandenhoeck & Ruprecht, Göttingen 2004
Tipke, Klaus	„Unterhalt und sachgerechte Einkommensteuerbemessungsgrundlage", ZRP 1983, S. 25-28
Trenk-Hinterberger,	„Würde des Menschen und Sozialhilfe", ZfSH/ SGB

Peter	1980, S. 46-53
Tsai, Wei-in	Die verfassungsrechtlichen Schutzstrukturen sozialrechtlicher Positionen, Diss. München 1997
Vitzthum, Wolfgang Graf	„Die Menschenwürde als Verfassungsbegriff", JZ 1985, S. 201-209
Vitzthum, Wolfgang Graf	„Gentechnologie und Menschenwürdeargument", ZRP 1987, S. 33-37
Wannagat, Georg (Hrsg.)	Jahrbuch des Sozialrechts der Gegenwart, Band 8, Schmidt, Berlin 1986 [Jahrbuch Sozialrecht]
Wassermann, Rudolf (Hrsg.)	Kommentar zum Grundgesetz für die Bundesrepublik Deutschland. Band 1. Art. 1 – 37. Reihe Alternativkommentare, 2. Aufl., Luchterhand, Neuwied 1989 [AK-Grundgesetz^2]
Weber, Werner	„Die verfassungsrechtlichen Grenzen sozialstaatlicher Forderungen", Der Staat 4 (1965), S. 409-439
Wenzel, Gerd	Kommentierung zu § 12 BSHG, in: FICHTNER (Hrsg.), Bundessozialhilfegesetz^2 [2003]
Wenzel, Gerd	„Zur Festsetzung der Regelsätze nach der Reform des Sozialhilferechts", NDV 1996, S. 301-310
Wertenbruch, Wilhelm	Grundgesetz und Menschenwürde. Ein kritischer Beitrag zur Verfassungswirklichkeit, Heymanns, Köln 1958
Wertenbruch, Wilhelm	„Sozialhilfeanspruch und Sozialstaatlichkeit", in: MAYER (Hrsg.), KÜCHENHOFF-Festgabe, S. 343-357
Wiegand, Dietrich	„Sozialstaatsklausel und soziale Teilhaberechte", DVBl. 1974, S. 657-663
Wilke, Dieter/ Weber, Harald (Hrsg.)	Gedächtnisschrift für Friedrich KLEIN, Vahlen, München 1977 [KLEIN-Gedächtnisschrift]
Wilke, Helmut	Stand und Kritik der neueren Grundrechtstheorie. Schritte zu einer normativen Systemtheorie, Duncker & Humblot, Berlin 1975

Wingen, Max	„Hindernis für "Neujustierung" der Tarifpolitik?", Der Arbeitgeber 1994, S. 912-915
Wintrich, J. M.	„Die Bedeutung der „Menschenwürde" für die Anwendung des Rechts", BayVBl. 1957, S. 137-140
Zacher, Hans F.	„Das soziale Staatsziel", in: ISENSEE/ KIRCHHOFF (Hrsg.), Handbuch Staatsrecht I [1987], § 25
Zacher, Hans F.	„Soziale Gleichheit", AöR 93 (1968), S. 341-383
Zippelius, Reinhold	Juristische Methodenlehre. Eine Einführung, 6. Aufl., Beck, München 1994
Zippelius, Reinhold	Kommentierung zu Art. 1 Abs. 1 und 2 GG, in: DOLZER/ VOGEL/ GRAßHOF (Hrsg.), BK-GG [2004]
Zippelius, Reinhold	1. Bericht zum Beratungsgegenstand „Der Gleichheitssatz", VVDStRL 47 (1989), S. 7-36

Aus unserem Verlagsprogramm:

Katja Wilking
Die „Schwachen" vor den „Faulen" schützen?
*Die Bedeutung von Kriterien der Hilfewürdigkeit
in Sozialhilferecht und -praxis*
Hamburg 2005 / 264 Seiten / ISBN 3-8300-1970-X

Sascha von Berchem
**Reform der Arbeitslosenversicherung und Sozialhilfe
– Markt, Staat und Föderalismus**
Hamburg 2005 / 472 Seiten / ISBN 3-8300-1842-8

Götz Blankenburg
Globalisierung und Besteuerung
Krise des Leistungsfähigkeitsprinzips?
Hamburg 2004 / 280 Seiten / ISBN 3-8300-1486-4

Markus Stefan Jungbauer
**Die Verwendung des Begriffs der "Gerechtigkeit"
in der Rechtsprechung des Bundesverfassungsgerichts**
Hamburg 2002 / 336 Seiten / ISBN 3-8300-0728-0

Dirk Rahe
**Die Sozialadäquanzklausel des § 86 Abs. 3 StGB
und ihre Bedeutung für das politische Kommunikationsstrafrecht**
*Eine strafrechtsdogmatische Untersuchung
unter Berücksichtigung verfassungsrechtlicher Aspekte*
Hamburg 2002 / 408 Seiten / ISBN 3-8300-0608-X

Michael Terwiesche
Die Begrenzung der Grundrechte durch objektives Verfassungsrecht
Hamburg 1999 / 261 Seiten / ISBN 3-86064-920-5